“中外教育史研究论丛”总目

1. 中国高等教育百年史论（田正平、商丽浩主编）
2. 中国中小学教研组百年史论（胡艳著）
3. 20世纪中国教育学史（侯怀银著）
4. 新中国教育科研通论（曾天山等著）
5. 教育史学通论（周洪宇主编）
6. 西方教育史学百年史论（史静寰、延建林等著）
7. 外国职业教育通史（贺国庆、朱文富等著）
8. 现代西方道德教育理论研究（戚万学著）
9. 西方教育思想史（李明德著）
10. 英国教育思想之演进（朱镜人著）

本书为
国家社会科学基金教育学一般课题
“我国中小学教学研究小组发展史研究”
（课题批准号 BAA110012）
之成果

丛书责编　刘立德

本书责编　杨　燕

中国中小学教研组百年史论

胡艳 著

教研组是中国本土基础教育实践的独特创造，体现了鲜明的中国特色和中国经验。我国建立了学校教研和区域教研两个独立又相互支持的教研体系，形成了独特的教研制度、方式和途径，创造了形式多样的教研模式，这一优良传统在新时代要进一步发扬光大、与时俱进。

国家社会科学基金教育学一般课题研究成果

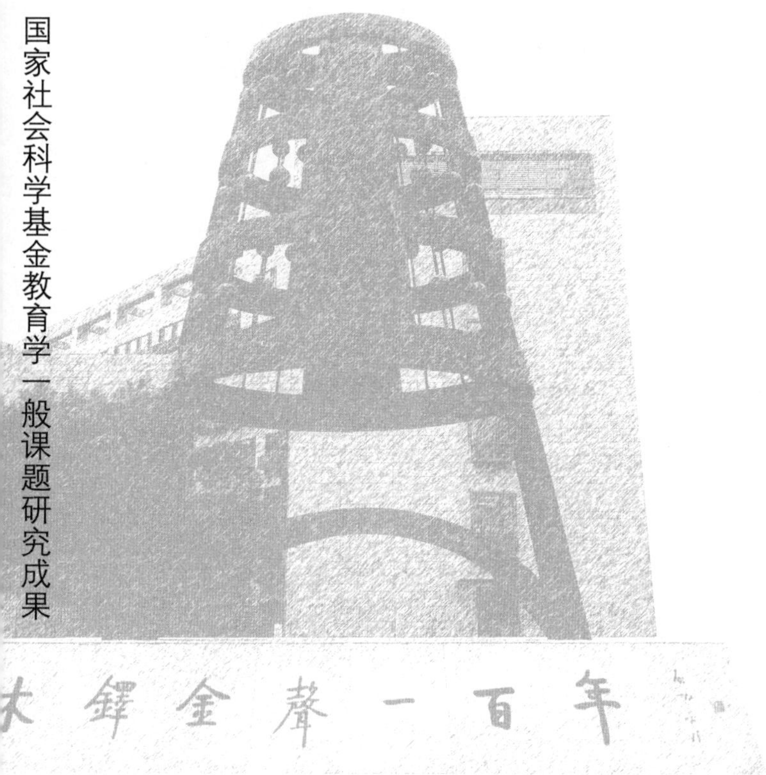

中国教育出版传媒集团
人民教育出版社
·北京·

图书在版编目（CIP）数据

中国中小学教研组百年史论 / 胡艳著. —北京：人民教育出版社，2023.3
ISBN 978-7-107-36928-5

Ⅰ. ①中… Ⅱ. ①胡… Ⅲ. ①中小学—教研组—工作—教育史—研究—中国 Ⅳ. ①G632.4

中国版本图书馆CIP数据核字（2022）第158182号

中国中小学教研组百年史论

出版发行 人民教育出版社
（北京市海淀区中关村南大街17号院1号楼 邮编：100081）
网 址 http://www.pep.com.cn
经 销 全国新华书店
印 刷 北京华联印刷有限公司
版 次 2023年3月第1版
印 次 2023年3月第1次印刷
开 本 787毫米×1 092毫米 1/16
印 张 23
字 数 285千字
印 数 0 001~1 500册
定 价 65.00元

序

关于中国教育早期现代化，学术界已有比较一致的看法是在19世纪60年代拉开序幕，其标志是京师同文馆的创办。到19世纪末，建立起来的近30所新式学堂主要有语言学堂、军事学堂和技术学堂。在这些学堂中，担任主要学科教学工作的多为外籍教师，大多数中国教师做一些辅助性的工作。外籍教师各有一套教学方法，现存的文献很少有关于他们在学校里探讨教学工作和教学方法的记载。这也难怪，当时的学校规模小且数量少，零零星星地分布在全国各地，并且一门课程仅由一位教习担任，任课教师很难找到一起商量的对象。

20世纪初，情况发生了很大的变化。随着清政府举全国之力推行现代学校制度，新式学堂的数量以前所未有的速度增长。据统计，1907年全国有普通学堂35 241所，学生958 600人；1909年，普通学堂增至51 238所，学生增至1 573 491人。两年里，普通学堂净增15 997所，增幅达45%；学生净增614 891人，增幅达64%。新式学堂的大多数课程由中国人担任，但是，很大一部分教师是从塾师转来的。根据1909年学部的统计，在当时的初等、高等小学教师中，42%的人从未进过新式学校。面对算术、格致、地理、图画、体操等完全不熟悉的教学内容，这些原来以教读“三百千”和儒家基本典籍为生的新式学堂教师面临着严重的生存挑战，他们亟须熟悉新的教学内容和相应的教学方法以保住自己的饭碗和前程。另外，1905年学部成立后，在清政府的督促下，各地教育行政机构纷纷设立，到1909年，全国府、州、厅、县设有劝学所 1 588 所，有劝学员 23 645 人，全国仅有五分之一以下的府、州、厅、县尚未设立教育行政机构。各地教育行政机构的重要职责是督促和协助私塾的改造、提高各类学堂师资的教学水平。此外，这一时期全国各地自发组织的各种教育团体如雨后春笋般纷纷成立，它们不仅把研究教育、兴学育才作为头等大事，而且把介绍新知、改进教学、培训师资作为日常工作。正是在上述诸多因素的综合作用下，随着 20 世纪初新式学校制度的推广，一种扎根于中小学并且旨在改进和提高在职教师教育教学水平的教研组织随之萌发和建立。

可以说，在中国教育早期现代化时期，以及在中华人民共和国成立至今的 70 多年里，中小学的教研组织虽然历经称谓的变更、存在形式的变化和创办主体的改变，但始终都存在，并且留下了一条绵延百余年的历史轨迹。

也许自己的阅读范围有限，我总觉得对此知之甚少是遗憾。关于这一出现和建立于 20 世纪之初、一个多世纪以来对中国教育现代化和对提高广大中小学教师的教育教学能力发挥过重要作用的基层教研组织及其活动，不要说迄今没有看到全面的、系统的、深入的研究成果，即使是零星的研究也不多见。无论从学术研究的立场看，还是就服务现实而言，这一现象不能不说是一种缺憾。

现在，这种缺憾可以说得到了一定程度的弥补。北京师范大学教师教育研究中心的胡艳教授经过多年的努力完成了这部《中国中小学教研组百年史论》，在这方面做出了有益的探索。胡艳教授曾跟随著名教育史专家王炳照先生攻读博士学位，接受过严格的学术训练；她的博士学位论文以“中国近代私立学校研究”为题，在写作过程中广泛收集了晚清至中华人民共和国成立之前有关中小学教育的各种史料。

毕业后，她也一直在北京师范大学从事教师教育的教学和研究工作。她自述：

> 笔者对教学研究小组研究的兴趣源于10多年前，在开始涉足中小学教师研究之时。在与一线教师的接触过程中，笔者发现原来习以为常的学科教研组在中小学教学质量的监控和提升方面发挥着重要的作用……与学校学科教研组相比，省、市、县（区）层面的教研室除有与学校学科教研组一样的职责之外，还需要对区域范围内学校的教学质量进行评估和监控。可以说，这两个系统是世界上大多数国家所没有的，它是中国独创的教师学习研究组织。

正是这一带有中国独创性质的教师学习研究组织引发了她的研究兴趣。她结合自己多年来对中国近现代中小学历史的研究和积累，决定从源头梳理和考察这一问题：

> 本书希望在更广阔的历史时间轴中，从中国教育的现代化进程和教师专业化路径中，看待教研组织及其实践活动。在勾勒一百多年我国教研组织及其实践从萌芽到建立再到变革的历史脉络的同时，探讨在中国教育现代化和教师专业化的过程中，教研组织的角色、价值、问题与成就。

在2017年11月下旬举办的全国教育史学科建设研讨会上，胡艳教授和我谈起她的专著写作情况，并希望我给她的书写个序。诚然，我对这一问题没有进行过专门的研究，但是，一听说这一题目，我几乎没有太多的犹豫就答应下来。但回到学校后真的有点后悔，岁末年终事情特别多，我怎么敢贸然接受这么一份自己并不很熟悉的工作？当我断断续续地读完她的专著之后才弄明白自己当时勇气的来源，那是因为一种直觉告诉我，这是非常有意义的选题，它不仅有重要的学术价值，也有很强的现实意义。一百多年来，在传统教育向现代教育的转型进程中，我们始终把学习西方国家的教育经验作为主要的甚至是唯一的途径，在很大程度上忽视了我国的优秀传统，忽视了本土的丰富理论和实践经验。这样一种思维定式导致我们走了不少弯路，付出了沉重的代价。胡艳教授的《中国中小学教研组百年史论》从一个侧面展示了一百多年来我国教育界的志士仁人对如何提高中小学教师的教育教学水平这样一个永恒主题进行了创造性的探索。相信广大读者阅读全书之后，除增长这方面的历史知识之外，还会对中国教育现代化问题产生深入的思考。

是为序。

田正平

2022 年 9 月 10 日

（田正平先生现任浙江大学文科资深教授、中国教育学会教育史分会第八届理事会顾问）

目录

引言

笔者对教研组研究的兴趣源于10多年前，在开始涉足中小学教师研究之时。在与一线教师的接触过程中，笔者发现原来习以为常的学科教研组在中小学教学质量的监控和提升方面发挥着重要的作用。我国的中小学都有这样的组织，如某某学科教研组，某某学科备课组，学科备课组是小规模的学校以年级为单位的学科教研组。学科教研组的主要职责有三个方面：一是带领教师开展课堂教学研究，以保证教学质量和提升教师的教学水平；二是组织开展关于党的教育方针政策和教育理论的学习；三是组织教师开展教学经验的交流。这些学科教研组/备课组有专门的负责人（即教研组组长/备课组组长），有系统的学习和工作计划，并定期开展教师学习和教学研究活动。与此同时，我国还有一个涵盖范围更大的、成系统的、类似教研组的机构——省、市、县（区）层面的教研室。这些教研机构在所辖范围内召集中小学教师开展教学研究、教学质量监控等活动，特别是县（区）层面的教研室，通过有计划地和有组织地开展区域范围的教研活动，监督并提升了区域范围内学校的教学质量和教师教学水平，为教师的发展提供了更广阔的平台。与学校学科教研组相比，省、市、县（区）层面的教研室除有与学校学科教研组一样的职责之外，还需要对区域范围内学校的教学质量进行评估和监督。可以说，这两个系统是世界上大多数国家所没有的，它们是中国独创的教师学习研究组织。

笔者在与一线教师的接触中发现，很多教师对教研组织的价值存有质疑，不少研究者也存有质疑。在现实的场景中，教研组的活动流于表面化、形式化，教研质量并不令人满意，教师参与的积极性也不高。若非制度的要求，我国教研组的工作可能会呈现另外一种场景。[①]究其原因：(1)教研组的性质兼具行政与专业，由此带来的地位与角色定位使其难以发挥专业自主性，难以开展有针对性的、符合本校教师需求的教研活动；[②](2)不少教研组的内部并未形成一种合作的、共享的教师文化，教师之间难以形成一股凝聚力，更像一盘散沙，每个人都孤立地在自己的工作岗位上单打独斗，缺乏合作的兴趣与动机；[③](3)教研组成员的交流限于内部，这导致教师在一个相对封闭的环境中对话；[④](4)缺乏高水平的专业引领者，教师之间难以通过此活动实现彼此思想的碰撞和升华。[⑤]很多办学质量平平的普通校、薄弱校，偏远的农村校，因教师的整体水平不高、教研组组长的专业领导力不足，教师教研活动的质量受到严重影响，并且一些县(区)教研室领导的教学研究活动也存在类似的情况。这就带来了一个问题：我国的学校教研组和县(区)教研室对学校办学质量、教师发展到底有怎样的价值，这一组织系统的存在是否有必要？

21世纪初，西方学术界的共同体、教师专业学习共同体、学习型组织等概念进入我国后，许多学者开始从教师共同体、学习型组织等视

① 刘尧、盖庆春著：《中学教研组建设论纲》，西北大学出版社2001年版，第4页。

② 胡艳：《新中国17年中小学教研组的职能与性质初探》，《教师教育研究》2011年第6期；胡惠闵：《教师专业发展背景下的学校教研组》，《全球教育展望》2005年第7期；王永和著：《教研组建设简论》，华东师范大学出版社2008年版，第6—7页。

③ 张平：《基于共同体文化教研组建设的实践探索》，《全球教育展望》2012年第5期；李政涛：《什么是"教研组文化"？——"教研组文化"系列之一》，《上海教育研究》2006年第7期。

④ 代蕊华主编：《教师专业发展与校本培训》，教育科学出版社2011年版，第27页。

⑤ 张秀荣：《领导学视角下中小学教研组长的角色定位与素质探析》，《教育探索》2010年第9期；王雪茹：《学校转型性变革背景下教研组长的角色定位》，《中小学管理》2011年第12期。

角研究教研组织。从西方的共同体视角研究我国这一独特的组织很难完全套用西方的话语，这是因为在西方的文化中，通过上级的行政手段建立的民间组织并借此开展集体性的、有计划的、有目标的活动的组织很少。相对于西方较为松散的、自发性的教师发展组织，我国的教研组织是根据国家法令和教育行政部门的强力推行而设立的，是集教师管理、教学管理和教学研究等任务于一身的基层组织。通过与境外学者交流，我发现我国独特的教研组织体系是令很多西方国家的教师和教育主管部门羡慕不已的教师发展组织。不过，我国的教研组织问题重重、效率不高也是不争的事实。因此，我们不得不思考：在越来越强调教育创新和越来越要求发挥教师专业自主性的今天，我们的教研组是否应该存在？应该以怎样的方式存在？我国的教研组与西方教育学概念中的教师专业学习共同体的精神、气质有何不同？我国应该拥有怎样的教研组文化？

要回答这些问题需要追溯历史的渊源，探讨我国的教研组及其类似的组织（如学校备课组、区域教研室）产生的背景、性质及其存在和发展变化对中小学的教师、教学、学生的价值和意义？我国存在于中小学内外的、类似于今天教研组的组织自清末新学制产生之前就已出现，迄今已有一百多年的历史。[①] 虽然教研组及类似组织在性质、职能、组织、活动方式等方面发生了许多变化，但它随着我国现代教育的开始而设立，并随着现代学校的发展而成体系，今天它依然发挥作用。我们很难用简单的功过来评价这个已存在一百多年的组织，在从现代社会向后现代社会迈进而教师面临前所未有挑战的今天，我国的教研组织何去何从成为教育研究者必须回答的问题。

我个人非常赞同滕尼斯提出的共同体的概念：共同体是持久的和真

---

① 胡艳：《晚清我国中小学教师的教学研究机构及其活动》，《教师教育研究》2017 年第3期。

正的共同生活，是一种原始的或者天然状态的人的意志的完善的统一体，人类就是在不同的共同体中生活。[①] 出于自愿的、自发的，为了自身和群体的健康发展而设立的共同体在剧烈的社会变迁中、在一个高度分化及技术化的社会结构中能显示出更大的价值。在现代社会向后现代社会转型、教师职业面临越来越多挑战的今天，教师共同体，或者更小范围的教师专业学习共同体，能够把这些有着共同利益、面临相同挑战的教师团结起来，相互间提供专业的、情感的、精神的支持。我们需要的是涂尔干所说的具有“有机体团结”特征的共同体，这一共同体是基于功能上的耦合而连接起来的，是以个人的相互差别为基础的，即个体通过自己的专业与别人建立联系。我们需要的不是那种具有“机械团结”特征的共同体，那种共同体基于所有群体成员的共同情感和共同信仰，集体人格完全取代个人人格，“我们与我们的群体完全是共同的，因此我们根本没有自己，而只是社会在我们之中生存和活动”[②]。我们需要的是一个在共同情感和共同信仰的基础上，能“把我们的人格和特征表现出来，使我们变成了个人”[③] 的共同体。

我们迫切需要把教研组这个制度化的组织体系和相应的机构建成教师专业学习共同体。从专业角度看，建立教师专业学习共同体旨在帮助教师在共同学习、共同提升的同时，在精神上相互扶持，在文化上相互包容，并且教师独特的个性和风格在共同体中不会被泯灭。这对于教师这样一种承担文化传承使命的职业而言是否过于理想？笔者认为，教育原本就是一种践行理想的活动，一个为社会培养未来人才的教师职业需要为理想而奋斗。从这个角度看，为了实现建立有机的教师专业学习共

---

① ［德］斐迪南·滕尼斯著，林荣远译：《共同体与社会：纯粹社会学的基本概念》，商务印书馆 1999 年版，第 54、58 页。

②③ ［法］涂尔干著，渠东译：《社会分工论》，生活·读书·新知三联书店 2000 年版，第 90、90 页。

同体的理想，我们需要对我国一百多年来的教研组织进行研究，并希望探究历史的经验、问题及其背后的原因，以便为我国教师共同体的建设提供借鉴。

长期以来，我国教研组织历史的研究较少受到关注，现有的研究大多关注中华人民共和国成立以后学习苏联所形成的制度性教研组织，忽视甚至无视中华人民共和国成立以前教研组织存在的历史。本书希望在更广阔的历史视野中研究教研组织及其实践活动，不仅勾勒我国一百多年教研组织及其实践从萌芽到建立再到变革的历史脉络，而且探讨在中国教育现代化和教师专业化的过程中教研组织的角色、价值、问题与成就。此外，还探讨各个历史时期中小学教研组的性质、功能及其在教师专业发展、教师专业地位提升方面的作用和存在的问题，为教师发展和教师专业学习共同体的建设提供历史借鉴。

对教研组概念的认识见仁见智，不少研究者把教研组的概念限定在学校领域，有学者提出它是中小学按学科设置的教学研究单位[①]，也有学者提出它是由相同或相近学科教师组成的，以研究教学问题、探索教学规律、改进教学方法、提高教学质量为宗旨的学术团体，是落实国家教育方针、法规和对教师、教学进行管理的组织。[②]目前，学界对教研组公认的定义是教研组指中小学校内由相同或相近学科教师组成的教研组织。

一百多年来，我国先后出现了多种类型的教研组机构，主要有三种：一是学校内外设立的学科/跨学科教学研究小组，包括学校自己设立的教研组、备课组和学校间合作设立的跨校教研组。二是教育行政部门设立的、成体系的国家、省、市（地）、县（区）各层面的教研室，

① 顾明远主编:《教育大辞典（增订合编本）》，上海教育出版社 1998 年版，第 721 页。

② 刘尧、盖庆春著:《中学教研组建设论纲》，西北大学出版社 2001 年版，第 8—9 页。

它们直属于教育行政部门，或附设于教育学院、教师进修学校、教育科学研究所。区域教研室在不同时期和不同地区的名称并不相同，如有的地方称教学指导组/室，有的地方称中小学教材编辑室、中小学教材教学研究室、普通学校教育教学研究室等。三是民间团体自发设立的，以教师学习和教学研究为主要内容，以规范和提升教师的教学能力、提高教学质量为目标的组织，如晚清和民国时期设立的教学研究会、教学指导小组、教员研究会等。这些机构的目标、职能一致，工作内容和方式相同，本书把上述机构均纳入研究范围。

在本书中，中小学教研组织一般简称“教研组”。为了便于区别理解，参考现行的称谓，本书一般把学校内部的学科教学研究小组（包括备课组）统称为“教研组”，把学校外的和区域层面的教学研究机构称为“教研室”。不过，在本书的各部分中，为了区分各层次的研究主体，也为了还原历史，笔者还会依照当时的名称进行描述。在论述某些宏观教研状况时，本书未将“教研室”与“教研组”严格区分，在不同语境中有时也将“教研组”等同于“教研组织”。此外，书中引用的原始资料的字词，如制订（定）、作（做）、试（实）验等，涉及多个不同的历史时期，为反映原貌，本书没有按上述括号中的文字进行技术性处理，敬请读者注意。

第一章

中国中小学教研组织的萌芽（1901—1912 年）

晚清是我国现代化的开端时期，也是教育从古代教育迈向现代教育的变革时期。由于社会的急剧变化，教育作为社会变革的重要领域，在历经造兵、练军、变法之后不得不开展变革。[①] 这一时期还是以举业为目的的传统学堂（包含私塾、书院等）向以培养现代人才为目的的新式学校转变的初期。

这个时期，古代教育的内容、形式、体系等随着社会的转型而被迫变革，现代教育处于萌发、初建、形成之中。作为教育活动重要承担者的教师随教育变革的大潮而不得不转型，从私塾先生[②] 转变为现代专业的教师。在社会建立现代教育体系、培养现代新式人才的进程中，师资的现代化是重中之重。因此，各种正规与不正规的师资培养方式应运而生。初建的、独立的师范教育制度很难在短期内培养新教育所需要的现代师资，一些提供短期师资培训的机构如师范传习所、教员研究所等出现，教师的集体学习与教师间的教学研究则成为这些短期训练班重要的培训方式。师范传习所、教员研究所成为塾师转型和现代教师造就的重要途径，也就是说，以规范教学、提升教学质量和教师发展为主要目的，以教师学习、教学研究为主要活动内容的组织在清末即已萌芽，但远未普及，更谈不上制度化。研究晚清教研组织出现的原因和运行方式，探究其对教育现代化、教师现代化的价值，不仅有助于我们了解晚清时期我国教师学习研究的状况，还有助于厘清我国教研组织的起源、发展，把握中国特色教师学习研究组织的发展脉络，以及为今天教研组的建设发展提供借鉴。

---

① 1919 年，蔡元培在《告北大学生暨全国学生书》中提出：“我国输入欧化，六十年矣，始而造兵，继而练军，继而变法，最后乃始知教育之必要。”

② 本节以“私塾先生”作为古代有诸多身份的教师的总称。

第一节 早期教育现代化的滥觞

一、师夷长技以制夷

晚清中国社会遭遇“三千年未有之大变局”。自给自足的传统农耕社会在西方的坚船利炮之下不堪一击。在签订割地、赔款、开放通商口岸等丧权辱国的条约之后，有识之士突然发现“人为刀俎，我为鱼肉”，泱泱中华竟然任由西方列强宰割。由此，民间的和官方的救亡图存探索开始了。

中国救亡图存的努力是在吸取丧权辱国的惨痛教训之下，从被迫放下自以为“宇宙中心”的自傲与自尊、踏上了“师夷长技以制夷”征途而开始的。鸦片战争失败后，魏源在《海国图志》中提出“师夷长技以制夷”，指出夷之长技有三：一战舰，二火器，三养兵练兵之法。林则徐主张学洋人制造船炮，开办军事工业。随后，以曾国藩、李鸿章、左宗棠、张之洞为代表的洋务派则以“富国强兵”为主要目标，掀起了轰轰烈烈的洋务运动。

一方面，开办现代军事企业。在抵御西方列强和镇压太平天国的过程中，洋务派认识到武器在战争中的作用，开始积极筹建军事工业。1861 年两江总督曾国藩在安庆设立军械所，1865 年两江总督李鸿章在上海成立江南制造总局，1866 年闽浙总督左宗棠在福建创立福州船政局，等等。这些官办军事工业在技术和生产资料上依赖外国，实施封建家长式管理，缺乏工业管理、军事技术、技术工人等各种现代人才，大多经营不善。其生产的武器造价高、质量低，事实上，连李鸿章的淮军都不用江南制造局制造的来福枪。

另一方面，开办洋务学堂。由于缺乏掌握现代知识和技术的企业人才，缺乏善于与外国人打交道的外交、商业人才，洋务派不得不在开办洋务企业的同时培养人才，他们开设翻译学堂、军事学堂、技术学堂等。1862 年，第一所洋务学堂京师同文馆在北京设立。然而，没有现代意义上的基础教育，没有完整的现代学制和现代学校管理制度，没有掌握现代科学文化知识的教师，根本不可能培养出具有现代技术、现代管理知识的人才。

中日甲午战争实际上是对洋务运动及洋务教育的检验，在新技术和洋务教育支撑下的清朝海军依然不敌日本海军。甲午战争的失败，宣告了自 19 世纪 60 年代开始的以自强求富为目标、以追求工业和军事近代化为主要内容的洋务运动的失败。①

二、教育乃救亡图存之重器

甲午战争惨败后，清政府被迫签订了《马关条约》，割地赔款，朝野上下受到了强烈的刺激和巨大的震撼。正如李鸿章在下关和谈中会见伊藤博文时所说："日本非常之进步足以使我国觉醒。我国长夜之梦，将因贵国的打击而破灭，由此大步进入醒悟之阶段。"② 随后，以康有为、梁启超为代表的维新派开始了维新变法运动。在甲午战争前就注意收集日本维新变法情报的康有为，在《上清帝第四书》中称："日本蕞尔三岛，土地人民不能当中国之十一"，但通过变法，却使"国日富强，乃能灭我琉球，割我辽台"。1895 年康有为、梁启超发动了著名的"公车上书"，提出"下诏鼓天下之气，迁都定天下之本，练兵强天下之事，变法成天下之治"。他们认为中国要改变落后挨打的现状，就必须学习

① 1896 年，御史陈其章在《请整顿同文馆疏》中认为同文馆开馆三十余年，竟无建树："计自开馆以来，已历三十余年，问有造诣精纯，洞悉时务，卓为有用之才乎？所请之洋教师，果确知其教法精通，名望出众，为西国上等人乎？授受之法，故不甚精，而近年来情弊之多，尤非初设馆时可比。"转引自田正平分卷主编：《中国教育史研究 · 近代分卷》，华东师范大学出版社 2001 年版，第 79 页。

② （日）信夫清三郎著，吕万和、熊达云、张健译：《日本政治史》（第三卷），上海译文出版社 1988 年版，第 300—301 页。

日本，走变法自强之路，而变法之本在教育，“今日为中国前途计，莫亟于教育”。西方正是因教育的普及，才使工农业生产迅速发展。

维新派认为救亡之道应从改良教育入手，提出废科举，兴学堂，开民智，举师范，引进西方和日本的教育制度，在全国各省、府、州、县、乡普遍设立学校，形成了从初等教育到高等教育贯通、普通教育与专门教育并举的学校教育体系。

但因清统治者的僵化、昏聩，戊戌变法历经短短百日遂告失败。“百日维新”虽失败，但西方列强咄咄逼人的侵略气势让清廷认识到再不进行改革将无存身之地。清廷被迫进行有限度的改革，在全国范围内推行所谓的“新政”，以此作为摆脱政治危机的手段。虽然维新派的很多政治主张被束之高阁，但一些教育改革的主张得以实施。1901 年，清政府颁布“兴学诏书”，提出：

> 人才为政事之本，作育人才，端在修明学术，历代以来学校之隆，皆以躬行道艺为重，故其时体用兼备，人才众多。近日士子，或空疏无用，或浮薄不实，如欲革除此弊，自非敬教劝学，无由感发兴起。除京师已设大学堂，应行切实整顿外，著各省所有书院，于省城均改设大学堂，各府及直隶州均改设中学堂，各州县均改设小学堂，并多设蒙学堂。①

1902 年，清政府颁布了由管学大臣张百熙以日本现代学制为基础拟定的《钦定学堂章程》。因这年为旧历壬寅年，该学制被称为“壬寅学制”。由于学制本身的不完善和清廷对张百熙存有疑忌，这部学制虽公布但未实施。1904 年 1 月 13 日，在“壬寅学制”基础上，由张百熙、张之洞、荣庆拟定的《奏定学堂章程》颁行。因这年是旧历癸卯

---

① 朱有瓛主编：《中国近代学制史料》（第一辑下册），华东师范大学出版社 1986 年版，第 453—454 页。

年，该学制又被称为“癸卯学制”。“癸卯学制”是中国教育史上第一个正式付诸实施的现代学制系统文件，它的颁行标志着中国现代教育制度的建立。

三、新式学堂犹如雨后春笋般出现

晚清政府并非中国新教育的首倡者。事实上，之前很多传教士和有识之士已经建立了有别于传统私塾、书院的新式学堂。“癸卯学制”颁布后，新式学堂更是如雨后春笋般涌现。

1. 教会学校进入中国

我国现代最早的新式学堂是由西方传教士创办的教会学校，它以传教为目的，以西方的现代学校为模板开办。中国近代最早的教会学校是马礼逊（Robert Morrison）于1818年在马六甲创办的英华书院（Anglo-Chinese College）。1843年，该校迁至香港，实行英文教学，是香港英文学校的鼻祖。1835年，印度与东方女子教育促进会在澳门设立女学，由英国传教士古特拉富夫人（Mrs. Gutzlaff）主持。1839年，古特拉富夫人与美国传教士布朗（Samuel Robbins Brown）在澳门开设马礼逊学堂，1942年该校迁往香港，包括容闳、黄宽在内的学生共5人随之迁往香港。1844年，英国东方女子教育协会会员、传教士爱尔德赛（Miss Aldersey）在宁波开设女塾。1845年，美国长老会在宁波开设崇信义塾。之后，上海英华书院（1850年）、圣芳济书院（1850年）、清心书院（1860年）、育婴学堂（1864年）、贝满女塾（1864年）、潞河男学堂（1867年）等教会学校在中国先后建立并发展。截至1912年，我国有基督教教会学校学生138 937人，天主教小学6 877所，学生126 306人。[①]

---

① 王炳照主编，吴霓、胡艳编写：《中国古代私学与近代私立学校研究》，山东教育出版社1997年版，第400页。

虽然传教是教会学校的主要目的，但办学中的课程和教学模式基本沿袭了传教士来源国学校的模式。相比中国人自己创办的学校，教会学校中的传教士教师对现代教学的适应性更强，但依然存在一些缺乏虔诚的受过师范训练的、高质量的教师等问题。教学方法不当、辱骂殴打学生的教师不在少数。

2. 现代私立学校在民间兴起

中国历来有民间办学的传统。两次鸦片战争的失败促使一些有胆识、有实力的绅士、商贾认识到人才培养对国家独立富强的重要性。特别是以早期改良派和维新派为代表的开明绅士，不仅积极鼓吹建立西式教育制度，而且直接参与了西式学堂的建立，成为近代较早设立新式学堂的先驱者。

1878 年，上海邑绅张焕纶“抱经世之志，以吾国人材多汩没于虚浮无用之学，慨然以改良教育为己任”[①]，联合邑绅姚天来创办了正蒙书院。浙江绅士、清代朴学大师孙诒让指出：“瑞安褊小，介浙闽之间，僻处海滨，于天下形势，不足为重轻，然储材兴学，以待国家之用。而出其绪余以泽乡里，则凡践土食毛者皆与有责焉，故不容以偏远而自废也。”[②] 出于兴学育才的使命感，他于 1896 年在浙江瑞安创办学计馆，后又创办瑞安方言馆、永嘉蚕学馆、瑞平化学馆、瑞安普通学堂、蒙学堂、高等小学堂、女子初等学堂等，为浙江新教育的创建做出了重要的贡献。宁波商人叶澄衷于 1902 年在上海浦东创办澄衷学堂，上海巨商杨斯盛于 1906 年创办上海浦东中学。[③] 在这些有识之士的影响下，各地特别是经济、教育、文化素来发达的东南沿海地区、京津等地，纷纷

---

①② 朱有瓛主编：《中国近代学制史料》（第一辑下册），华东师范大学出版社 1986 年版，第 570、365 页。

③ 王炳照主编，吴霓、胡艳编写：《中国古代私学与近代私立学校研究》，山东教育出版社 1997 年版，第 269—271 页。

建立了新式学堂。

3. 官办新式学堂出现

最早的官办新式学堂是洋务派举办的洋务学堂，但制度化、规模化并成体系的新式学堂的出现是在 1904 年《奏定学堂章程》颁行之后。该章程要求各地官员必须承担起办理新式学堂的责任。

《奏定初等小学堂章程》规定："国民之智愚贤否，关国家之强弱盛衰；初等小学堂为教成全国人民之所，本应随地广设，使邑无不学之户，家无不学之童，始无负国民教育之实义。今学堂开办伊始，虽未能一律齐设，所有官厅州县之各城镇，应令酌筹官费，速设初等小学以为模范。"并明确"地方官有承办本地小学堂之责任"。①《奏定中学堂章程》更是要求："中学堂定章各府必设一所，如能州县皆设一所最善；惟此初办不易，须先就府治或直隶州治由官筹费设一中学堂，以为模范，名为官立中学。"② 为此，地方各级政府官员多方筹措资金兴学。研究发现，张之洞主政湖北时抽收盐厘金作为兴学的费用，加之其他筹措，1904 年筹集办学经费白银 75 万两，1905 年激增至 128 万两，1907 年跃升为 206 万两，一时间，"湖楚教育之盛，甲于全国"③。

自 1904 年"癸卯学制"颁行后，清廷开始强制性地在全国建立新式学堂。1905 年，清政府废除了沿袭 1300 多年的科举制度，为兴学扫除了障碍。在清政府的提倡、鼓励和社会各界的努力下，在那个内忧外患、社会动荡、经济困顿的时代，新式学堂的建立还是取得了一定的成绩。截至 1907 年，清末公、私立学堂获得了较大的发展（见

①② 朱有瓛主编：《中国近代学制史料》（第二辑上册），华东师范大学出版社 1987 年版，第 175、382 页。

③ 金林祥主编：《中国教育制度通史》（第六卷），山东教育出版社 2000 年版，第 335 页。

表 1–1[①])。到 1909 年，其总数更是增至 59 117 所。其中小学堂 50 394 所，学生 1 492 147 人；中学堂 460 所，学生 40 468 人；各类高等学堂 331 所（其中大学 3 所，各省高等学堂 243 所，专门学堂 83 所，私立大学 2 所），学生 20 596 人（不包括私立大学）；师范学堂 514 所，学生 28 572 人；各种实业学堂 254 所，学生 16 649 人。[②] 到清朝灭亡之际，各类新式学堂 52 500 所，学生 1 284 965 人（根据 1910 年的数据）。[③] 可见，新式教育的发展还是比较迅速的。

表 1-1　清末公、私立学堂发展状况表

学校类型	1902 年	1903 年	1904 年	1905 年	1906 年	1907 年
官办学堂（增长率）	133 所	427（221%）	1 040（144%）	1 812（74%）	4 070（124%）	6 563（61%）
公立学堂（增长率）	73 所	121（65%）	349（188%）	900（173%）	5 204（478%）	7 744（49%）
私立学堂（增长率）	16 所	79（394%）	251（218%）	721（187%）	1 934（168%）	2 588（34%）

注:《奏定学堂章程》规定，各府、厅、州、县官费设立的学堂为官立学堂，一人独资设立的学堂为私立学堂，各城镇乡村利用公款或以捐款设立的学堂为公立学堂。见朱有瓛主编:《中国近代学制史料》（第二辑上册），华东师范大学出版社 1987 年版，第 175、189—190 页。

如果仅看数字，清末新式教育发展的速度可谓惊人，但当时的学堂数远不能满足适龄儿童入学的需求。据时人 1906 年推测:“（当时中国人口）就四百兆人计算，成人与儿童为百与七之比例，则全国应有儿童

① 各省学堂历年增减表,《第一次教育统计图表》，1907 年，转引自王炳照主编，吴霓、胡艳编写:《中国古代私学与近代私立学校研究》，山东教育出版社 1997 年版，第 276页。

② 学部总务司:《光绪三十三年分第一次教育统计图表》（单印本），1907 年;《宣统元年分第三次教育统计图表》（单印本），1909 年。转引自金林祥主编:《中国教育制度通史》（第六卷），山东教育出版社 2000 年版，第 336—343 页。

③ 金林祥主编:《中国教育制度通史》（第六卷），山东教育出版社 2000 年版，第 336 页。

二千八百万人，即应有能容百人之小学二十八万所。”[1] 据统计，1907 年全国学校为 33 605 所，仅占 28 万所预算数的 12%，入学儿童仅占适龄儿童的 3.19%。据统计，1912 年全国儿童入学率仅为 1%。[2] 新式学堂教育开展不力的重要原因之一是现代师资的缺乏。

第二节　新教育呼唤新教师

晚清中小学教师的教学研究活动与新教育的推进方式、中国缺乏新教育的师资等有关。

一、新式学堂的创立

在一个缺乏现代教育基础且财力、师资匮乏的国家，其推行新式学堂的困难可想而知。为此，清政府采取多种措施推广新式学堂：①强制要求各地方官建立本地新式学堂；②责令地方绅士履行襄办学务之职责；③废除实行了 1300 多年的科举制度；④奖励学堂出身；⑤通过改良私塾的方式以快速设立新式学堂。

由于缺少充足的经费和合格的师资，晚清兴办的学堂很多是由书院、私塾改良而来的。早在“戊戌变法”期间，清政府就提出改书院为学堂。

> 将各省府厅州县现有之大小书院，一律改为兼习中学西学之学校。至于学校阶段，自应以省会之大书院为高等学，郡城之书院为中等学，州县之书院改为小学，皆颁给京师大学堂章程，令其仿照办理。其地方自行捐办之义学社学等，亦令一律中西兼习，以广

---

① 《学务刍言》，《东方杂志》1906 年第 11 期。

② Marianne Bastid. translated by Paul J.Bailey. *Educational Reform in Early* 20th *Century China*. Ann Arbor: The University of Michigan, 1988, Center for Chinese Studies, p.82.

造就。[①]

1904年"癸卯学制"颁行后，清政府更是倡行改良私塾。1904年的《奏定初等小学堂章程》明确提出："各省府厅州县，如向有义塾善举等事经费，皆可酌量改为初等小学堂经费。""凡有一人出资独立设一小学堂者，或家塾招集邻近儿童附就课读，人数在三十人以外者，及塾师设馆招集儿童在馆授业在三十人以外者，名为初等私小学，均遵官定章程办理。"[②]

1909年，学部要求："凡京外所设私塾均应按照本部奏定初等小学简易科课程切实教授。"[③] 同年，《河南提学司详定改良私塾章程》要求："以化私塾为学堂，企教育之普及为宗旨。""以各属劝学所为改良私塾机关，各属教育会副之，不再立私塾改良会，以一事权。"[④] 可见，各地均把改良私塾作为发展小学教育的重要路径。

笔者尚未查到全国改私塾、书院为小学堂或中学堂的具体数量和比例。从各地办学的情况看，多数学校特别是小学堂是由私塾、书院改良而来的，这说明晚清中小学堂的教师多为旧式知识分子。

二、新式学堂的师资

新式学堂的教育教学工作必须由受过现代教育并经过师范专业训练的教师承担。我国最早的私立师范学堂为盛宣怀于1897年创办的南洋公学师范院和张謇于1902年创办的通州师范学校。这两所学堂因非官办，经费和其他资源有限，所以规模很小。由于种种原因，南洋公学师范院于1903年春被撤销。最早的官办师范学堂是1902年设立的京师大学堂师范馆，其他师范学堂是在"癸卯学制"颁行之后才出现的。截

---

① 朱有瓛主编:《中国近代学制史料》(第一辑下册)，华东师范大学出版社1986年版，第442页。

②③④ 朱有瓛主编:《中国近代学制史料》(第二辑上册)，华东师范大学出版社1987年版，第175、309、331页。

至 1909 年，师范学堂有 514 所，学生 28 752 人。其中，简易师范有 284 所，学生 14 871 人，占师范生总数的 51.72%。师范教育的发展总体上一直落后于新式学堂的发展。[①] 这就意味着新教育在推行过程中，必须网罗各种资源以充实新学堂的教师队伍。

当时新学堂的教师可分为五种：①传统书院和私塾的教书先生，他们主要担任国学的教学；②西方来华的传教士和其他人员；③新式学堂的毕业生，如教会学校和中国人办的新式学堂的毕业生；④师范学堂的毕业生；⑤留学归国人员，其中多数是赴日学习速成师范者。后四者主要担任外语教学和自然科学课的教学。

对于新式学堂的教师，时人的评价较客观。早在 1896 年，梁启超就在《变法通议》的《论师范》中指出：书院的山长、蒙学馆学究之流，多为科第出身，“今之府州县学官，号称冷宦，不复事事，固无论矣。此外握风气之权者，为书院山长，为蒙馆学究，车载斗量，趾踵相接。其六艺未卒业，四史未上口，五洲之勿知，八星之勿辨者，殆十而八九也”。这样的人去开民智，结果必然是“欲开民智而适以愚之，欲使民强而适以弱之”，而聘请外国人做教师又存在许多弊病：

> 西人言语不通，每发一言，必俟翻译展转口述，强半失真，其不相宜一也。西人幼学，异于中土，故教法亦每不同，往往有华文一二语可明，而西人衍至数十言者。亦有西人自以为明晓，而华文犹不能解者，其不相宜二也。西人于中土学问，向无所知，其所以为教者，专在西学，故吾国之就学其间者，亦每拨弃本原，几成左衽，其不相宜三也。所聘西人，不专一国，各用所习，事杂言

① 金林祥主编:《中国教育制度通史》(第六卷)，山东教育出版社 2000 年版，第 341 页。

庞。……其不相宜四也。西人教习，既不适于用，而所领薪俸，又恒倍于华人，其不相宜五也。[①]

而聘用师范学堂和新学堂的毕业生到新学堂任教，又有人数有限的问题。初创时期，学校的规模很小。1907 年学堂总数为 34 033 所，教员总数为 34 763 人，学生总数为 900 364 人。学堂与教员的比例为 1∶1.02，学堂与学生之比为 1∶26.46。[②] 可见，初创时期的小学堂和私塾相差无几，基本是由一位教员掌管一所学校，一身而多任。

不仅教员数量少，受过专业训练者更少。据统计，1907 年全国共有高小教员 10 429 人，其中未毕业或未入新式学堂者占 49.96%。初等小学堂和蒙养园共有教员 24 334 人，其中未受师范教育者达 60.27%。绝大多数教师仍以传统的教学内容、教学方式从事小学教育。[③] 同年，全国各省中小学教员共计 36 974 人，其中师范毕业者 13 728 人，占 37.12%。到 1909 年，全国中小学教员 84 684 人，师范毕业者 41 063 人，占 48.48%。[④] 可见，虽然师范学堂获得了不小的发展，但师范学堂不能提供足够数量与质量的师资已是一个不争的事实。

三、新式学堂的教学

在一个没有现代教育基础的国家建立完备的现代教育体系，其困难可想而知。开办现代学校，不仅要求学校的基础设施现代化，而且要求办学目标、课程设置及学校管理等诸方面现代化，还要求教师的教学现代化。在当时，所谓教学的现代化主要体现在教师能在班级编制下、按

---

① 陈学恂主编:《中国近代教育文选》，人民教育出版社 2001 年版，第 143—144 页。

②③ 金林祥主编:《中国教育制度通史》(第六卷)，山东教育出版社 2000 年版，第 340、340 页。

④ 学部总务司:《光绪三十三年分第一次教育统计图表》(单印本)，1907 年;《宣统元年分第三次教育统计图表》(单印本)，1909 年。转引自金林祥主编:《中国教育制度通史》(第六卷)，山东教育出版社 2000 年版，第 336—343 页。

学科定期开展班级授课制的教学。但当时的师资不论是在知识体系方面还是在教学方式方面，与现代教学的要求都有很大差距。

尤其那些由书院、私塾改良为学堂的学校，更改名称容易，但要名副其实则非一日之功。其主要原因在于，私塾以举业为目的，它的办学目的、教学目标和教学方式等与现代新式学堂有很大不同，而且私塾先生的知识体系和教学方式很难适应现代的班级授课制教学。这导致当时学堂的教学质量普遍不佳，从文献记载中可窥得一二。例如，

前日观里仁仓小学，其中学生仅八人。学务处颁发之书，虽已发给而不能用，所读者，不过仍《三字经》、《千字文》、四书之类。西坛村之小学，在一破庙中，坛宇颓剥，芜秽不治，不过六十九岁之聋老翁，环守村童八九人而已。①

这是顺天府涿州里仁仓小学的状况，河北保定涞水县小学的状况同样不容乐观：

该学堂全因书院旧址，毫无改作，斋舍只九间，学生十名……了无条规，一切寝食出入，并无一定钟点，宛然一书院性质。教员为博野冯廷杰，所定教科书全为师范学堂讲义。……至初等小学，据该县言已办有十处。查学堂等亲至西北关两处察看，一八人，一十八人，实皆高读《杂字本》《百家姓》，与冬烘乡塾无异。欲为之亲试教授法，并黑板皆无。②

顺天府武清小营村的初等小学堂也是如此：

教员林成材，系城内传习所卒业生，于一切教授管理法未能实力奉行。学生亦未一律用教科书。学董文德，诚朴而讷，未知教育

①② 朱有瓛主编：《中国近代学制史料》（第二辑上册），华东师范大学出版社 1987 年版，第 273、274 页。

关系，商令逐件改良。①

中学堂的情形更糟糕。1907 年《直隶高等学堂各府学生禀复各该府中学堂情形公函》中写道：

> 中学堂无教长，首重者即在监督，非热心教育、深明学务者，不足当斯任。……乃竟委之腐败迂拙某县儒学教官之手。该监督年近八十，耳目昏花，问以学务，则曰不知，询以教育，则曰未谙。
>
> ……
>
> 洋文教员某君，程度不过二年，无兼人之资，又不好学，任意妄为，毫无忌惮，且饮酒为淫，赌博为乐，于常狎游于前经厅某公馆，缘是经厅之子共与为奸也。彼既以夜为昼，势必俾昼作夜，致使酣睡到午时，有午饭将鼓，彼始昏昏上堂。虽至浅近之文法算术，辄形竭舌搁笔，妄自武断，将误就误。②

可见，那时所谓的新式学堂的管理和教员教学皆不善。1907 年学部视学官调查河南学务的报告书曰："中学堂学生之程度，亦至乎参差，且辰下无一学力合格教员，而遽欲办正科，果谁为传之，谁为受之乎？"③

不少私塾先生的教学能力不足，"近来各处塾师者，除举贡生外，直有文理不通、句读不明、居然拥皋比之位者……此等自害害人之塾师最足阻文明之进步"④。并且私塾没有课时的观念："西人从学者有功课之时刻，有休息之时刻，故其学生有活泼之兴趣，无呆滞之心思。中国人之从学者，自早晨入塾至午时暂放片刻，午后入塾至日落后始放馆，学生终日闷坐，即功课已完，亦必须静坐以待，有拘禁之苦，无优游之乐，既无休息之时，故课功时亦多疲玩懈怠，不能奋发其精神。此中之

---

①②③　朱有瓛编：《中国近代学制史料》（第二辑上册），华东师范大学出版社 1987 年版，第 279—280、511—512、531 页。

④　《整顿蒙塾议（续）》，《大公报》（天津）1902 年 12 月 19 日。

弊害深矣。"[1] 当时的私塾已经腐朽之至，如沈颐所描述："塾师守其十年前腐旧故智，而喜冒用学堂之名（每过私塾之门，见有悬牌作标识者，或云'四书经训速成学堂'，或云'中西论孟学堂'，其他类此者，尚不胜枚举），愚固者不识内容，亦往往送其子弟就学。然而入其室，则几案纵横，视其书，则讲章数册，涕洟满地，作辍不时。"[2]

笔者查阅当时各地调查新式学堂办学状况的文献发现，类似上述内容的描述比比皆是。这些学堂多设在庙宇、祠堂、书院、私塾之中，并无适宜的教室、课桌、黑板、教具等基本的教学设施和教学工具。教师多是由传统私塾先生变换身份而来，有教员之名，无教员之实。他们的教学内容和教学方式沿袭旧式私塾的方式，既没有课时的观念，也无学科、课程的观念，更不知如何管理一班之学生。正如吴研因、翁之达在《三十五年来中国之小学教育》一文中所说：

> 这一个时期，可以说是小学教育的草创时期。小学教育差不多完全没有甚么根基，学生多半是年岁较幼的"童生"，教师是年龄较长的"秀才"们。课程则注重读经、策论，也是科举的遗传。至于训育及教学方法，自然更谈不到了。而且所谓小学，也是举贡生监等所谓士人子弟的专有物，根本不能算是"国民教育"，和大多数的国民，并不发生甚么关系。[3]

在这种情况下，为了成为真正的培养新国民的新式学堂，改良的书院和私塾要进行管理和教学的革新。

---

① 《整顿蒙塾议（续完）》，《大公报》（天津）1902 年 12 月 20 日。

② 朱有瓛主编：《中国近代学制史料》（第二辑上册），华东师范大学出版社 1987 年版，第 317 页。

③ 庄俞、贺圣鼐编：《最近三十五年之中国教育》，商务印书馆 1931 年版，第 3 页。

第三节　民间教育团体主导的新教育教研组织及其活动

建立真正能培养现代人才的新式学堂，培养和造就合格师资成为一项必须解决的问题。这通常有两条途径：一是开办师范教育，二是改良现有师资。由于国家经济实力有限，当时师范院校的数量少、规模小，缺乏足够高质量的教师教育者，因此，第二条改良现有师资的途径，把已有的教员通过某种方式改造成新式师资，似乎是一条可行之路。改良师资的方式主要有开办简易师范、速成师范和开展在职教师的培训、学习、研究两种。

为使书院、私塾的先生及未受过师范训练的新式学堂的毕业生尽快更新知识和掌握新式教学方法，以便有效地开展班级授课制的教学，一些私人和民间教育团体帮助私塾改良，尽力提升教师的教学能力。

晚清时期知识分子面对国破家亡，通过不同的方式救亡图存。他们或推动改良运动，如以康有为、梁启超为代表的维新派通过光绪帝发动了戊戌变法；或建立反清革命团体，如孙中山建立了兴中会；或建立实业，进行“实业救国”，如李鸿章创办了轮船招商局和开平煤矿，张之洞创办了汉阳铁厂和湖北织布局。此外，还有一些人通过建立各种社团组织来推动社会进步。

就教育而言，一些富有远见、使命感的知识分子纷纷成立各种教育团体，致力于新教育的推广，以实现“教育救国”之目的。据统计，截至 1904 年，各地教育会达 21 个，如 1903 年严修、张伯苓在天津设立的普通学社、师范补习所、教员研究所，1904 年袁希涛、沈恩孚等人在上海建立的教育研究会，1905 年成立的江苏学务总会、上海私塾改良总会、天津广育学会，等等。

1904 年“癸卯学制”颁行后，清政府更是希望借助民间力量推广新式教育。当时“学堂教育方见萌芽，深明教育理法之人殆不数觏”，清政府学部遂于1906年颁布《奏定各省教育会章程折》，规定各省、府、州、县均可设立教育会作为各级教育行政的襄助机关：“期于补助教育行政，图教育之普及，应与学务公所及劝学所联络一气”“上下相维，官绅相通，借绅之力以辅官之不足”“互相切劘，互相研究”，以“尽劝导之责，备顾问之选”。[①]

此后，各省纷纷响应，由热心教育人士牵头，成立各级教育会。到1909年，各地公开成立的教育会已有723个，会员人数达48 432人。[②]其中影响力较大的是由江苏学务总会发展而来的江苏教育总会，其他如广西、安徽、江西、山东、福建、湖南、河南均成立各自的教育总会。这些教育社团开展引进西方教育理论，推广新式教学方法，组织教师培训、教育实验、教育调查，出版教育刊物等活动，我国晚清新教育因它们的存在而进步不少。教学研究就是在它们的推动下逐步走向组织化、规范化。

一些有识之士率先认识到现代师资缺乏严重妨碍了新教育的普及。1904年1月2日，天津童生吴治平等上书府宪恳请整顿私塾。

> 为蒙塾林立，规法冗滥，恳求明定章程，严加整顿，以广造就而补学堂之不及事。国家力图富强，以兴学育才为急务，除京师设立大学堂外而各省各府县亦皆创立大、中、小各学堂，招生肄业以广造就，人才之兴可指日而待，何幸如之。奈民间待学之子弟甚多

① 清学部《奏定各省教育会章程折》，朱有瓛等编：《中国近代教育史资料汇编·教育行政机构及教育团体》，上海教育出版社1993年版，第247页。该章程规定教育会可行之事：（1）设立教育研究会，以求增进学识，选聘讲师，定期讲演（教育史、教育原理、教授法、管理法、教育制度及他种学科），会员一律听讲；（2）设立师范传习所，选聘讲师，至短以一年为期，传授师范学科。

② 桑兵著：《清末新知识界的社团与活动》，生活·读书·新知三联书店1995年版，第276、274页。

而学堂终属有限，盖库款支绌，国家不能多立，蒙小学堂势不能不由绅商合力创设。无如就天津一县论之，其由绅商所立之半日学堂仅三处，每一处收学生二百人，共才收学生六百人。若论天津待学之子弟奚止数千，除得入学堂读书者外，其余不能不仍从学于各蒙塾。而各蒙塾之教法之规制仍一如其旧，误人子弟，实为可虑。若不严加整顿，恐蒙塾与学堂背道而驰，殊足阻碍学务之进步。查天津生员刘孟扬上年曾著有《整顿蒙塾议》一篇，颇可采用，今特抄呈请阅。可否照其所议，酌为变通……明定章程，严加整顿，以广造就而补学堂之不及，学界幸甚，国家幸甚。①

鉴于晚清新式学堂，尤其是由私塾、书院改良而成的新式学堂，管理混乱，教授不当，一些民间团体组织教学示范观摩，以研究推广新式教学。由此，教育领域里出现了一场先由民间倡导后由官方推行的私塾改良运动。这场运动大致分为调查劝导、召开观摩会、设立研究所、甄别改造塾师、认定塾堂等步骤。②晚清的教师学习研究组织在个人和民间团体的努力下逐步兴起，各种活动渐次开展起来。

一、严修、张伯苓设立普通学社、师范补习所、教员研究所

严修和张伯苓是中国现代教育中两位重要的人物，对中国教育的现代化有重要的影响。他们在“癸卯学制”颁布之前就设立了普通学社、师范补习所、教员研究所，致力于教师的知识更新和教学改良。

1898 年 10 月，张伯苓受严修之邀，担任英文、数理教习，1901 年，张伯苓又受王奎章之邀在王馆教授英文、数理。③张伯苓是当时极少数能教授现代西学知识的教师之一。鉴于当时新式教师匮乏、新教育

---

① 《禀请整顿蒙塾禀稿并批照录》,《大公报》(天津) 1904 年 1 月 2 日。

② 贾国静:《清末的私塾改良及其成效》,《安徽史学》2006 年第 4 期。

③ 梁吉生撰著:《张伯苓年谱长编》(上)，人民教育出版社 2009 年版，第 18 页。

推行困难，为了储备师资人才，1903年2月21日，张伯苓“与王寅皆、林墨青、严修发起成立普通学社。每星期六在第一小学堂集合开会，组织讨论教育问题。是日，第一次会议召开，到会者四十余人”①。同年3月7日下午，普通学社举行第三次会议，到会者四五十人，会上，张伯苓演示加减算法，另有他人讲演教育、翻译、动植矿物等课。之后，他们每周都组织当地的教员集会，讲授算学、几何等内容。据记载，1903年3月21日，学社的集会人数达到160余人。② 从活动的形式和内容看，这个普通学社是教师集体学习的场所，学习方式是请相关人员讲解新式中小学课程的新知识。

1903年底，在严修的倡议下，张伯苓等人又设立了师范补习所，③ 定期开展活动。这个师范补习所和前面的普通学社一样，是教师集体学习的场所。据记载，张伯苓本人在这里为教师传授新知识，内容涉及算学、公倍数与代数、几何、物理、制造与化学、光学、电学等内容。④

1903年，严修和张伯苓还创办了教员研究所。教员研究所每周末集合天津市各小学堂教师及有志者研究如何改进课程和教学的方法，研究活动结束后举行各种体育活动。⑤ 根据《张伯苓年谱长编》的记载，1903年底，张伯苓参加过三四次教员研究会的活动，活动的内容涉及“听教育次序的演讲”“讨论修身教科书事宜”“研读胡玉孙《东游见闻记》”“听关于植物分类的讲演”“参加体育活动”等。⑥ 关于“癸卯学制”颁行前后几年的这类教学研究活动的记载很多。天津教员研究所的研究活动与现在的跨区教师教研活动十分相似，教师们聚集在一起研究和改进课程、教材与教学，听有关新知识的讲座等。可见，天津教员研

①②④⑤⑥ 梁吉生撰著:《张伯苓年谱长编》(上)，人民教育出版社2009年版，第25、30、30—33、31、30—33页。

③ 濉青、苏弘毅:《严修教育思想论略》,《河北师范大学学报(教育科学版)》2001年第4期。

究所的组织较正规，活动较正式，对提高教师的教学水平有帮助。

除此之外，严修、张伯苓还参加了其他类似的活动，但更注重帮助教师探索或实验新的教学方法。1905 年 10 月 15 日，严修、张伯苓、李琴湘赴“批评会”，演习者为展香谷、王翊庭，评论者为日本人渡边龙圣。同月 29 日上午，张伯苓又与季牧、严修到单级小学堂“听刘、庞、白、牛四教师讲实验教学法”[①]。这种称为“批评会”的教师活动更像今天集体教研活动中的“听评课”，主讲教师在其他教师面前展示自己的教学，有专门的人员评论其教授方法。在这个过程中，无论是主讲者还是评论者、观摩者，都会受到很多的启发。

我国私塾先生向来有独立从教的传统，教学切磋、研究从未纳入他们的视域，而张伯苓、严修早年在从事教育活动的时候，与日本友人、教习交往密切。例如，1902 年 6 月天津暴发瘟疫，张伯苓于 6 月 9 日与韩诵裳率严修的子侄严智崇、严智怡等人赴浙江乡祠拜访日本友人橡树村矿太郎时，花费 5 元购买药水四瓶用以帮助他们清洁卫生，并向居室内外墙壁涂抹石灰用以消毒。不久，张伯苓又与日本人藤井交谈预防瘟疫的办法。1902 年 8 月 10 日至 1902 年 11 月 27 日严修还赴日考察。[②]严修回来后不久，于 1903 年 2 月 21 日成立普通学社。1903 年 6 月，张伯苓又赴日本大阪博览会，并考察教育和购买多种理化仪器。[③]综上可见，1901—1911 年，严修、张伯苓或在国内，或赴日，常与日本友人一起交流教育问题，开展了筹划普通学社、教员研究所等活动。可见，我国教师的学习、研修活动受到了日本方面的影响。

天津地区是新教育推行较早且发展较快的地区，在“癸卯学制”颁

---

①②③ 梁吉生撰著:《张伯苓年谱长编》(上)，人民教育出版社 2009 年版，第 50、27—28、30 页。

行之前，天津已经开始建立新式学堂，培养新式教师。究其原因，主要是严修、张伯苓等先进知识分子殚精竭虑地创办新式学堂，同时通过建立普通学社、师范补习所、教员研究会等类似于今天的教研组织，聚集了一批塾师和新学堂的教师，定期开展活动，更新他们的知识，推广新式教学方法，进行新式教学的研究。这些活动为天津新教育的发展奠定了基础。

二、天津广育学会推动塾师改良

天津不仅有严修、张伯苓等开明绅士推广新教育，还有一些民间团体致力于此类活动，其中影响比较大的是天津广育学会。1905 年，天津绅士、小学教习王新铭发起组织广育学会，“以改良教育为宗旨。……其大旨不外参用学堂规模，变通家塾课程，使家塾与学堂得划一之教育”[①]。广育学会是致力于改良私塾的民间组织。它在推进私塾改良的过程中，通过召集私塾先生开展集体学习、教学研究等活动，使之快速转为新式学堂教师。该学会制定的《天津广育学会章程》规定凡参加该学会的私塾，“平时理课，仍在原塾，惟每月月考，每季季考，则在学会，以期相观而善”，“本学会聘巡行教习一员，随时参考，以期改良”，并规定每星期一、星期四、星期日晚间，各塾师齐集学会，研究改良方法。[②] 广育学会在致力于私塾改良的同时开展塾师的集体学习和教学研究，以改进塾师的教学。

三、私塾改良会开展教师培训和教学研究

私塾改良是清政府新教育推进过程中不得已之举措。私塾改良什么、如何改良、由谁来改良是颇费心血和财力之事。由于内忧外患、经费和人才不足，清政府把教育上的主要精力放在新式学堂的创设上，

① 《联合家塾小启》，《大公报》（天津）1905 年 5 月 24 日。
② 《天津广育学会章程》，《教育杂志》（天津）1905 年第 7 期。

无力进行私塾改良。此时，民间人士和团体承担了这项工作。虽然学界对清末私塾改良的成效有不同的评价，但塾师的培训和教学研究是私塾改良中的重要举措得到了认可。由此，我国的教学研究活动开始出现。

1904 年，沈戟仪先后在川沙镇和苏州设立了私塾改良会。之后，法华、黄渡、南翔、嘉定、太仓、刘河、常昭、新桥、虹桥、苏州的醋库巷等处也纷纷设立私塾改良会[①]。改良颇有成效，影响日渐扩大。1905 年，上海的一些开明绅士提出“拟仿办私塾改良会，筹集经费”，并请经验丰富的私塾改良先导者沈戟仪具体负责改良事宜。鉴于当时私塾集中于村镇，会议“决议先从劝导乡镇入手”，并以参署东首之龙门精舍为该会办事处，“兼设初等小学师范讲习所”，以培训私塾先生。会后，沈戟仪随即前往各乡镇宣传劝导私塾改良事宜，“颇日起有功”。[②]可见，江苏、上海的私塾改良会是开明绅士自筹经费、自己创办并开展相应活动的组织。在他们的影响下，全国其他地方的开明绅士也自筹经费进行私塾改良。在私塾改良的过程中，各地私塾改良会除调查、督促私塾按学制章程的要求开设课程、采用部定教材、购买黑板等教具之外，还要求各地设立师范讲习所，建立会课制度，设立教员研究会/所，具体情况如下。

1. 设立师范讲习所

师范讲习所类似张伯苓、严修创办的师范补习所或普通学社，与今天的在职教师培训班也相似，塾师和其他未受过师范训练者在有过专业训练的师范生的教导之下，补习现代学科知识和开展教育教学研究。

---

① 贾国静:《清末的私塾改良及其成效》,《安徽史学》2006 年第 4 期。

② 朱有瓛主编:《中国近代学制史料》(第二辑上册)，华东师范大学出版社 1987 年版，第 320—321 页。

1905年，上海绅士创办私塾改良会，其《上海私塾改良总会章程》规定："请师范毕业生数人按期轮流与会所，与各私塾教员及有志教育诸友研究教育之理，教授之法，并补习算学、舆地、历史、理科、体操各普通学，以扩新知而补不足，期实副改良二字之名义。"①

2. 建立会课制度

在私塾改良的过程中，上海、江苏的私塾改良会设立了会课制度。会课制度类似区域内塾堂的会考，其作用是评估、改良私塾的教学质量和评估塾师教学方法的善恶，统一各塾堂的教学进度和教学范围。

《上海私塾改良总会章程》的会课制度要求私塾先生通过会课，集思广益，敬业乐群②，以"教授悉用新法""照本会所定分年课程单循序渐进，期达改良之目的，与学堂办法无稍歧异"③。私塾先生"照常各自收徒讲授，馆室照旧，脩金照旧，惟教授悉用新法，重讲解不重背诵，先求讲明蒙学新书，然后由浅入深，实事求是，务求到馆一日，即获一日之进益"④。为督促塾师改进教学和提升教学质量，该章程要求塾师按照新的教学方法授课："每月择星期下午（各私塾相去路程稍远者，或全日会课，预备便饭）举行会课一次，或两次。各教习率学生聚集于适中之公地，如庙宇善堂之类，由社中各干事员（如乡僻之区，干事员不足，则即择私塾教员数人，帮同考课）将各塾学生分班考试酌定分数，半年一结算，择优给奖。"⑤这里的会课指相近的塾堂的学生一起参加考试，目的是了解塾师的教学质量和敦促塾师改进教学："有会课然后有比较，有比较然后师生皆有竞争之心而各自奋勉，借以集思广益，敬业

---

①②④⑤ 朱有瓛主编:《中国近代学制史料》（第二辑上册），华东师范大学出版社 1987 年版，第 319、318、317、317—318 页。

③ 陈元晖主编，朱有瓛、戚名琇、钱曼倩等:《中国近代教育史资料汇编·教育行政机构及教育团体》，上海教育出版社 2007 年版，第 437 页。

乐群，其效犹大。”[1]

为了使会课活动取得切实的效果，《上海私塾改良总会章程》之《各塾教课细章》要求：“一会须公推一人主政，庶课程划一。各教习须平心商酌，化私见而顾大局。每一会课期之前，必预定应考某书，自某课至某课，逐班派定，功课繁简有差，俾各塾师生预先讲习。”[2] 这些规定体现了私塾改良会实施教学管理、督促教师开展教学研究的意思。《上海私塾改良总会章程》还明确提出筹集经费、定期开展“合五六塾或七八塾为一会课”的计划。

当时，江苏、上海一些地方的私塾改良会已举行会课活动，会课不单纯是统一考试，还有师生演讲、教学演示等活动。1905 年 4 月 10 日，苏州私塾改良会举办第四次会课活动。“是日，绅士王胜之太史、尤鼎甫部郎、陶念乔太守、吴卓臣大令等均往，会同干事员三十余人察课。”[3] 此次会课活动有四项内容：①不同塾堂学生会考；②师生演讲，常熟公立小学堂教习演讲私塾改良的意义和此次活动对常熟办新学的启发，学生演讲“一说天足会之益，一说鸦片烟之害”；③由社长沈戟仪劝勉私塾教员，告知他们“本月即须将已见进步之各学堂发送学堂牌号”，劝诸教习按时到师范讲习所听讲，“无有作辍”，随后安排私塾改良社今后的工作；④诚正、化固两所学校的学生演示游戏、唱歌、体操等。

这种会课制度在严格意义上讲不是教师进行学习和教学研究的组织，而是一种管理、监督的手段，但它通过教学示范和教学观摩，对私塾先生改进教学发挥了重要的作用。

---

①②③ 朱有瓛主编：《中国近代学制史料》（第二辑上册），华东师范大学出版社 1987 年版，第 318、318、321 页。

3. 设立教员研究会 / 所

教员研究会 / 所是当时民间推动私塾改良的另一种组织，其主要工作是组织塾师在业余时间参加研究所的活动，如听演讲、研讨和改良教授法等，以改善塾师的教学能力和提升教学水平。前述张伯苓、严修创办的教员研究会就是这类组织，杭州仁钱在私塾改良会附设的会员研究所也是这类组织。①

四、江苏教育总会设立单级教授练习所

江苏教育总会是近代较有影响力的民间教育组织。在江苏学务总会的基础上发展起来的江苏教育总会的宗旨是"专事研究本省学务之得失，以图学界之进步，不涉学界外事"②。主要任务有五项：①注重师范，劝导各道或各府建立师范学校，养成教员、管理员，多设初级小学校，以谋教育之普及；②考求实业，劝设实业学校，养成农、工、商实业人才；③提倡尚武精神，各学校均宜注重体育；④预备地方自治；⑤联合本省学界。其中与教学研究有关的活动是开办各种讲习所、研究会。③

江苏教育总会设立的单级教授练习所是教师培训机构，培训方式是教师集体学习和教学研究。"癸卯学制"颁行后，清政府要求各地兴办多级或单级小学堂。江苏教育总会基于当时的形势，开办单级教授练习所，以培养能从事单级授课的教师。

> 盖由乡僻兴学，筹款维艰，创办一校而必多设课堂，广延教习，势有所难，故编制全校儿童于一学级而以一教员同时分班授

---

① 《私塾改良会设立研究所》，《申报》1909 年 8 月 19 日。

② 《江苏学会暂定简章》，《东方杂志》1905 年第 12 期。

③ 江苏教育总会主要从事四类活动：一为会务活动；二为开办各种讲习所、研究会；三为调查各地方办学情形；四就各种纠纷提出解决办法，影响行政当局，促使问题的解决。转引自孙广勇：《社会变迁中的中国近代教育会研究》，华中师范大学博士学位论文，2006 年，第 109 页。

课，谓之单级小学，其性质略近乎旧时之家塾，而教授管理，迥不相侔。……坐是有以少数学生分为多级之弊，经费之虚耗者既多，即教育进步，不免因之阻碍。……敝会相度目前之所急，其在辅助教育行政之范围者，惟筹设单级教授练习所，最为切要之图。[①]

1909年8月，江苏教育总会在上海创办的单级教授练习所主要招收年龄在20—30岁、品行端谨、朴实耐劳、已从初级师范学堂或师范传习所毕业的、有经验的教员为学员，学习时限为20周。[②]单级教授练习所共举办了两届培训班，前后共计一年半。首届学员由省内各州县选送，均为各地优良小学教师。第二届学员来自各省，为各省内优良教师。培训由讲课、实习两部分组成。讲课只半天，均在下午，每日不过两小时。杨保恒讲训育，周维城讲单级通论，俞子夷讲教法实际。讲座之后是实习，实习分三步进行：第一步，确立实习场所，该练习所借用两所初小，经过改进之后作为学员实习之地。第二步，示范，先是教员示范一周，随后学员参观，周维城和俞子夷各教一周课，“每日一堂算数，两堂国文，前后六天，十八堂，无一堂不在二十余学院监视下进行”。第三步，学员轮流实习，第一轮过后，两组学员“交互观摩，还举行了几次全体参加的演示，事后开全体讨论会”，教员的责任是指导实习，一般在下午课后指导学员备课。[③]

虽然江苏单级教授练习所不是严格意义上的教研组织，而是一种培训机构，但它把在职教师召集起来，开展教学法培训和相应的观摩研讨

① 《江苏教育总会咨呈江督筹设单级教授练习所文》，陈学恂主编：《中国近代教育史教学参考资料》（上册），人民教育出版社1986年版，第666页。

② 肖朗、杨卫明：《江苏教育总会与清末“单级教授”的导入和推广》，《华东师范大学学报（教育科学版）》2009年第4期。

③ 陈学恂主编：《中国近代教育史教学参考资料》（上），人民教育出版社1998年版，第672—678页。

活动，具有与今天的教育学院或教师研修学院相似的功能，教研是重要的活动内容。

当时各地设立了许多教育会，教育会在推进教学研究方面可谓不遗余力。1911 年 4 月发布的《各省教育总会联合会决议案》特别强调师范学校的教职员要研究教育：

> 各职员教员应注重训练及研究教育。小学教师，为国民之模范，师范学堂不仅使生徒具有教师之学识，又当使生徒具有教师之品格。故各职员教员，应注重于训练。又各职员教员，均有指导师范生研究教育之责，而欲指导研究，不可不先自研究，故又当注意于研究教育。①

可以说，开明绅士、先进知识分子及民间教育团体在推动晚清塾师的转型、新教师的培养造就方面发挥了重要的作用，而在这个过程中，教师集体的学习、研究是推动塾师转型和培养新教师的重要手段。

第四节　教育行政部门主导的新教育教研组织及其活动

在私人和民间团体通过设立各种社团组织教师更新知识、改进教学时，清政府教育当局也开展了相关的工作。晚清推广新教育的一项重要工作是改良私塾。改良私塾以晚清政府发出调整政策为先声，如“癸卯学制”要求学额 30 人以上的私塾转变为小学堂。私塾先生转化为新式学堂教师的工作首先由民间推动，地方政府随后，中央政府最后发力。

1910 年，清学部颁布《改良私塾章程》，明确各级政府必须承担改良私塾的工作：“改良私塾以私塾教授渐期合法，并补助地方教育为宗

---

① 朱有瓛主编:《中国近代学制史料》(第二辑下册)，华东师范大学出版社 1989 年版，第 278 页。

旨。”因此，地方教育当局在改良私塾中具有举足轻重的作用：“筹办改良私塾事宜，在京责成督学局分饬局员，各省责成提学司督饬地方官劝学所认真经理。”[①] 为了更好地开展工作，学部要求各地方劝学所做好三个方面的工作：第一，划定学区，分区调查私塾状况；第二，劝导私塾进行改良；第三，对改良办法、认定办法及考试予以明确。其实，改良私塾的关键是改良塾师的教学方法。在此之前，一些地方政府就开展了相应的活动推进新式教学和改良私塾。在这个过程中，教师的学习和研究活动随之产生。

一、京师学务局开展教师培训与教学研究

清末，各地教育当局开展教师培训和教师的教学研究，成绩突出者有京师学务局，它下设劝学所，主要开展的活动包括调查（调查了解私塾的教学状况）、劝导（劝导塾师改良教学）、研究（研究新式教学和管理）、甄别（举办私塾观摩会评定塾师的教学等级）、奖励（对中等以上教学等级的塾师加以奖励）和扩充（对按照初小简易科授课的私塾认定为改良私塾，对能按程度划定年级并用部定教科书讲授者认定为私立初等小学堂），等等。具体实施情况如下。

1. 调查私塾、义学，了解塾师的教学状况并上报学务局。如“调查私塾须将各塾教授方法及教科用书详细录入劝学日记，以凭月终汇齐送局酌定办法”[②]，“其有教法不善，经劝学查明指示须从速改良”[③]。

2. 开设夜班师范传习所，改良塾师的教学。设立师范传习所是晚清各地为弥补师范学堂不足而采取的权宜之计，目的是举办教师速成培训。如 1906 年 3 月，京师学务局“设立内外城夜学师范传习所 5 处，示知附近小学堂教员及塾师入所传习”。它所采取的工作方式：一是

①②③ 朱有瓛主编：《中国近代学制史料》（第二辑上册），华东师范大学出版社 1987 年版，第 311、323、325 页。

“注重讲明教育原理及教授法、管理法”；二是练习新式教学方法并考试验证，如要求：“各夜学、师范传习所，定期就本所小学班，按照本局发给之初等小学国文教授书第一册，实地练习，并由局派员考验。”①举办讲座、练习新式教学方法和给考试合格者发证书是师范传习所的主要工作。

3. 组织塾师研究教育。具体做法是学务局督促建立塾师改良研究会，以开展教育教学研究。1907 年 3 月 15 日，京师学务局要求：“内外城各学区组织私塾改良研究会，由劝学所规定会期，并酌定分驻各区师范生应办事项。”②1907 年 5 月 12 日，“京师劝学所内附设夜学、师范讲习所，以备各私塾塾师研究教育，由局谕知听讲各员奋勉求学”③。区立的各种教育研究会的具体工作包括两个方面：一方面“研究教授管理法”，具体时间是每周一、三、五、日午后的七八点钟和九十点钟，满一学期之后参加由劝学所学董主持的考试，合格者给予修业凭单；另一方面开展教师培训，“每日晚间研究两小时，以一时讲教育学及教授管理法，以一时讲私塾师应行预备之学科（讲经、国文、算术三者最要），每月或二次或三次私塾会议，一次由劝学员评议，以征实验。”④教师培训的前半段是教育学、教授法的讲座，后半段是备课和评析，这些体现了在职教师学习的内容与方式是致力于教师知识的更新和开展集体的教育教学研究。例如，研究会第十次会议集中讨论了教法改良问题。

（一）各科图画标本不宜遍悬堂中，图画之用所以引起学童之兴味及注意，如讲至某科某课，即以某课之挂图悬示而施问答之法，用意极为完善，惟讲解既毕即将该图撤去不可经久悬挂，其课外图画尤不宜悬之讲堂，若图画满室则学生之眼光精神必因之扰

①②③④　朱有瓛主编：《中国近代学制史料》（第二辑上册），华东师范大学出版社 1987 年版，第 322—324、323、325、328 页。

乱，恐难专心致志沉默听讲云。

（二）国文教授书之教授法、教授书者所以备教员应用，非练之逐字逐句拘拘焉；对学生以讲解也，如学部国文教授书第一册第一课提示段第二节“人”字之读法云云。非若教习体会原文按法实行，徒将此段对学生逐字直讲一过，成何道理。总之，教科书为学生应用者。教授书为教习应用者，务宜分别研究其教授方法更宜速为练习也。①

上文描述了教师研究教学的具体过程和具体内容，反映出当时塾师对于教具的使用、教授书（指教师用书）及教科书的应用都很陌生，也反映了塾师对教学法讨论反思的情况。

4. 举办私塾观摩会。其主要目标是评定塾师的教学质量。观摩会有两项工作，一项是把塾师组织在一起开展教学观摩，另一项是举行塾堂学生的统考，以此了解学生的学习成绩及塾师的教学质量。观摩会类似前述的江苏教育总会实施的会课制度，劝学员将学区内正在进行改良的私塾组织起来，通过教学观摩和统考活动进行等级划分。

最优者——教授管理得法，学生多，校式校具略备，观摩会考取前列者多；优等——教授管理得法，学生多，校式校具略备，观摩会考取前列者不多；中等——教授管理微有未合，学生尚多，校式校具略备，观摩会有考取前列者；下等——教授管理未合，学生尚多，校式校具略备，观摩会考验平平；最下等——名为改良，考验毫无实际者。②

可见，观摩会的目的是甄别教师。学务局通过组织学区范围内的塾

① 《私塾改良会之提议》，《大公报》（天津）1908 年 5 月 7 日。

② 朱有瓛主编：《中国近代学制史料》（第二辑上册），华东师范大学出版社 1987 年版，第 329 页。

师开展教学观摩，了解塾堂的规模与设备状况及塾师的教学得法与否，通过学区统考明了改良私塾的教学质量。1949 年以后区县教研室的工作与上述工作并无二致。

定期或不定期的讲习所、研究会也开展教师改进的活动。1908 年 4 月 24 日，“京师劝学所开办小学教育研究会，各私塾均到会研究”。同年 5 月 3 日，京师劝学所“令改良私塾塾师参观外城官立第一两等小学堂单级教授法”①。15 日，京师劝学所筹议：“各区私塾改良研究会每星期一次为期太少，应各就本区情形酌量增添会期。”②

由此可见，京师学务局开设夜班师范传习所、私塾改良研究会、私塾观摩会等，均是以改良塾师的教育教学、短期内快速提升教学能力为目的，具体的方式是组织塾师开展短期教育理论和教学法培训，开展教学观摩、教育教学研究等。其工作目标、内容和方式与当今学区教师研修学院的工作相似，对塾师改良发挥了重要的作用，也为我国在职教师更新知识、提升教育教学能力留下了历史经验。民国以后，这些形式的教师学习和教学研究延续了下来。

二、直隶提学使建立观摩会和私塾改良研究会

为了加强直隶地区塾师的教学经验的交流，1908 年直隶提学使通饬城乡市镇筹设学务改良研究会：“联合塾师萃聚于内，研究科学，交换智识，每星期由各塾师率所教学生到会一次，或习操法，或听宣讲，为观摩讨论之地，并由各县劝学总所按季考成，塾师优者奖给名誉金奖。”③同年，静海县（今静海区）设立私塾改良研究会，饬令各塾师研究教授管理方法。1910 年 2 月，良乡县劝学总董因本县“师资之缺乏，

①② 朱有瓛主编:《中国近代学制史料》(第二辑上册)，华东师范大学出版社 1987 年版，第 325、326 页。

③ 《拟上直隶提学使禀》,《大公报》(天津) 1908 年 11 月 6 日。

复款项之艰窘，以致从前私塾仍多蹈常袭旧不知变，计新学进机阻滞实甚，欲求教育之普及”，开办改良私塾研究所，于每年暑假集合塾师开展研究。一年两次，达到三次即可毕业。除此之外，还请名誉讲员吕植讲演教授管理各法，到开学时仍令各塾师归本塾改良教授。[①]

在开明绅士的倡导下，天津地方教育当局也开始关注私塾改良，并通过各种教师学习研究活动促进新教师的养成。1907 年 8 月 16 日，天津县正式发布改良私塾示谕：

> 教育之道贵乎普及，而教育之普及要在私塾与学堂相联络，津邑自兴办学堂以来，仰蒙督宪热心提倡，迄今各小学堂次第成立，然私塾之及时改良者固属不少，而习惯积久，其学科与教授管理各法尚未合格者，亦所在多……各区塾师应就各传习所一律研究，以备将来担任学级，以半年为限，至期满后再行分别考验，其成绩较优者，准派充各小学堂教员，或径改称私立某某初等小学堂，以符定章而资推广，至终不及格者即令另谋生业……[②]

天津把学科、教法、管理法的研究作为私塾改良的重要手段，主要方式有设立观摩会和改造塾师两种。

第一，设立观摩会。

天津的塾堂观摩会与江苏、上海的会课制度一样，也以区域统考评定私塾教学质量为主要目标。

1909 年，天津拟定观摩会的宗旨为“取相观而善之义，只分等第，不加去取”，评定标准为：

> 暂酌定甲、乙、丙三级以便分配。甲、国文能作二十句上下者，笔算两三位除法或加减乘合问；乙、国文能作十余句者，笔算

① 《良乡县惠令年详开办改良私塾研究所文并批》，《北洋官报》1910 年 2 月 23 日。

② 《天津县正堂章改良私塾示谕》，《大公报》（天津）1907 年 8 月 16 日。

三位乘法或一两位除法；丙、国文能作两三句者，笔算减法或一位乘法。[①]

据此，天津举办了多次塾师观摩会。1907年，天津县正式发布私塾改良令，到1911年，劝学所举办过五次大规模的私塾改良观摩会，皆以区域内私塾学生统考为主要形式。第一次观摩会的具体情况如下。

第一次观摩会：时间为1909年7月7日；地点为河北宣讲所；参加的私塾有17所，参加学生131人；考试科目有修身、默经、国文、笔算。[②]

第一次观摩会的试题和等第的情况不详。

第二次观摩会的情况如下。

第二次观摩会：时间为1909年12月30日；地点为西马路宣讲所；参加的私塾有27所；参加学生220余人。考试科目有国文、算术、默经。

试题：甲、乙、丙三级。国文：甲级，说人不识字之苦。乙级，说手足。丙级，说洋车、马路。

算术：甲级，今有洋五千五百三十五元，令四十五人分之，每人应得若干？今有人卖鸡子两次，第一次三筐，每筐七十五枚，第二次五筐，每筐六十五枚，后卖去四百五十枚，问尚存鸡子若干？今有数为七九八五三，以七二四乘之，问得若干？乙级，今有稻米一百三十五包，令九人分之，每人应分几包？今有烟煤二百五十八吨，每吨买洋十二元，共该买若干元？今有数为九七六五以二乘之，问得若干？丙级，有九个人，各出洋钱十二元，问共多少元？

---

① 《会章已定》,《大公报》(天津) 1909年12月9日。
② 《纪私塾观摩会》,《北洋官报》1909年7月9日。

默经：甲级，子入太庙至古之道也。乙级，不详。丙级，有子曰信近于义至可宗也。[①]

等第：甲级，最优等刘致怀等二十一名。乙级，最优等胡景莱等十九名。丙级，最优等孙辅臣等十七名。[②]

虽然观摩会还不是直接的研究学习，但它让塾师认识到自己教学的质量及问题，为其后续的教学改进提供了依据。

第二，改造塾师。

天津改造塾师的办法不外乎设立私塾改良研究会、讲习所等，其活动的目的是帮助教师开展学习和研究，以提升教学水平。天津较早的在官方的介入下成立的教师讲习所是 1908 年 6 月在河北大寺学堂内开办的私塾塾师讲习所。[③] 该塾师讲习所经常召集塾师研究教育改良之法，成效显著。在它的带动下，东马路劝学所组织河东各私塾于 1909 年 4 月 15 日起，每逢星期二、星期四和星期六晚八点至十点在河东粮店街行宫庙官小学内开办私塾传习所，研究珠算、笔算等。[④]

1902 年，天津劝学所在河北宣讲所内召开私塾改良研究会，到会塾师 40 余人，县视学华芷龄参加。会议确立了四条议案，内容大致为："①各塾师每月须会集两次，讨论一切应行改革事项，并借以交换智识……；②每月添国文、算术小课一次……；③各私塾应将修身、读讲经、国文、笔算、珠算之必须各科一律设齐，以期教科划一……；④各私塾如有程度较高之学生，务将国文、算术加意练习，其次者亦宜注重讲解。"[⑤] 研究会召开的时间："第一次为每月第二星期日晚间八点至

① 《纪观摩会》,《大公报》(天津) 1910 年 1 月 2 日。
② 《观摩揭晚》,《大公报》(天津) 1910 年 1 月 19 日。
③ 《开私塾塾师讲习所》,《大公报》(天津) 1908 年 6 月 1 日。
④ 《推广研究》,《大公报》(天津) 1909 年 4 月 28 日。
⑤ 《纪私塾改良研究会》,《北洋官报》1909 年 4 月 6 日。

十点在甘露寺宣讲所内……第二次则为每月第四星期日下午一点半至四点钟在东马路宣讲所内。”①

1909年11月，天津劝学所所长兼总董华芷龄及省视学陈庶圃在西马路宣讲所开塾师改良演说会，到会五六十人，演说改良教法十条，“闻者颇为感动”。改良教法十条的具体内容如下：

①教员须以大慈大悲的心行普及教育的事。

②教员须知一己之责任用力担当教育的事。

③教员须知私塾与学堂同是培养青年子弟之地。

④教员须知旧法教授不利于儿童，故必挽用新法广布德意。

⑤教员须将全塾学生分班教授执简御繁，事半功倍。

⑥教员须有勤苦耐烦不避劳怨之美德。

⑦教员须常开父兄乐贤会以启悟一般社会人之思想。

⑧教员须劝学生购用教科书随时讲解，每晚必须自己预备功课。

⑨功课注意讲解，门类分修身、国文、算学，若体操则为随意科。

⑩塾中形势亦须合格，如墙上涂青灰以代漆板，白土子以代粉笔，桌凳虽旧亦可用，只是众生俱要面向讲桌。

另附塾师五勿、五免：

五勿：勿苟难，勿苟同，勿固滞，勿冷淡，勿懈怠。

五免：免淘汰，免饥寒，免两误，免人言，免烦难。②

可见，劝学所和私塾改良研究会以改造私塾先生、造就新式教师为目的。形式为讲座和教师间的教学研究，讲座的目的是更新塾师的教育理念和知识，定期定时的教师集会的目的是“交换智慧”。当今的教研

① 《纪私塾改良研究会》,《北洋官报》1909年4月6日。
② 《改良教法》,《大公报》1909年11月6日。

组会议或教师集体研究学习活动中的经验交流与这些活动有相似之处。

三、河南提学司设立师范研究所

1909 年，《河南提学司详定改良私塾章程》提出，以“化私塾为学堂，企教育之普及”为宗旨，要求设立劝学所。[①] 劝学所开展调查、改良、考察、研究等工作。调查的主要内容是私塾种类、学生的多寡、塾师的资格。改良指塾师进入师范研究所，学习新式课程、教科用书、教具、学校规则等。考察指劝学员和省视学检查私塾办学情况，确定需要保护者和需要改良者。研究指组织塾师和新式学堂教师开展教育教学研究。“研究分为职员研究及塾师研究。职员研究，遇凡关于改良重要事由，劝学所及教育会各员研究办法是也。塾师研究，系劝学所召集各塾师研究一切改良教授等方法是也。”[②] 职员研究是私塾改良工作的研究，塾师研究才是塾师的学习和研究提升。为了切实展开塾师的研究工作，《河南提学司详定改良私塾章程》对研究的种类和时间予以规定，塾师研究分夜班研究、星期研究、暑期研究三种。为了使研究有切实的依托，劝学所必须设一研究所，各乡应酌量情形分设，或数区共设一所，或一区独设一所，由劝学总董商、劝学员及学董组织。人口密集的城镇，拥有十所以上私塾的地区必须设立一研究所，于每晚课毕，召集诸塾师到所研究。虽属城镇但私塾较少的地方要求每星期开展一次研究。地方辽阔、私塾稀少的地方则于暑期开展研究。研究分两期，第一期研究者为教授法、管理法、算术、体操，第二期研究者为历史、地理、教授法及最浅近之格致。两期结束后，凡考试合格者才能获得劝学所的文凭，才能充任本区初等小学教员。[③] 可见，河南塾师研究所设立的目的也是塾师的甄选与改良，主要工作是更新塾师的知识和提升塾师的教学

①②③ 朱有瓛主编:《中国近代学制史料》(第二辑上册)，华东师范大学出版社 1987 年版，第 331、335、335 页。

水平。

四、四川、贵州等地开展塾师教学改进活动

四川、贵州等地也开展塾师教学改进工作。1909 年，四川学务公所颁布的《改良私塾简章》指出："私塾改良，为图教育普及起见，各属地方官绅务宜协力实行，俾私塾一律改良，不惟可补官学所不足，且使乡村学究知新章教授并不繁难，儿童父兄知现在学堂实有裨益。"[①]，另外，改良后的私塾在课程、教法和管理等方面与新式初等学堂整齐划一，能达到"新旧"递嬗于无形之中的目的。重庆南川开办师范讲习会和私塾改良会，给小学堂教员和私塾教员讲授科学、教授和管理等方法，所到者达 360 余名，督宪因之称赞："沟通新旧倡导有方。"[②]

1908 年 3 月 28 日，贵州提学使柯绍忞在贵阳达德学堂设立改良私塾研究会，黄干夫为会长，张彭年为副会长，凌秋鹗、黄齐生等为教员。每逢星期日，研究会集合省城各私塾教师，讲解新知识，研究新教法。1909 年，谘议局第一届会期的议案提出了《推广教育案》，其中第二项《改良私塾》列举了七条改良办法，包括：

> 甲、饬令塾师入讲习所，研究教授管理诸法。乙、限定学生年龄不许大小过差，相差不得过十岁。丙、限定学生人数，不许多寡悬殊，最少以五人为限，至多不得过二十人。若人数在二十名以上，即可酌情改为学堂。丁、拟定授课时间，不许迟早不齐。戊、变通课室布置，勿使过于狭窄。己、编订学生坐次，不许搞乱秩序。庚、选用审定课本，不许自为风气。[③]

---

① 《改良私塾简章》,《四川教育官报》1910 年第 1 期。

② 《南川县详开办师范研究会及私塾改良会一案》,《四川教育官报》1910 年第 1 期。

③ 覃川阁、简井谈:《浅谈贵阳私塾及其变迁》,《云岩文史资料选辑》(第四辑), 政协贵阳市云岩区委员会文史资料委员会 1986 年编印，第 133 页。

在晚清社会变革急剧的背景下，教育的变革被裹挟其中。由于当时我国正处在向现代工业社会变革的早期，在一个有着浓厚封建社会特征的国家移植并建立一套基于西方工业社会的现代教育制度，其困难程度可想而知。研究发现，建立现代教育不仅在于教育制度、课程、教材、设备等外在的条件，更在于具有现代教育的精神和人才培养理念的，能够实施现代教学（即在教育学、心理学基础上实施的班级授课制教学）的教师队伍，也就是说现代师资的造就是建立现代教育的重中之重。在当时师范学堂的培养能力尚不足的情况下，在职教师的学习和教学研究是促进教师改良和新教师造就的重要方式。可以说，教师的集体学习、教学研究在晚清新教育产生初期即已出现，而且一开始就是以改良教师、促进教师发展为目的。

官绅合作对推动教师学习研究发挥了重要作用。晚清先进的知识分子是开风气之先者，新式学堂的建立者，更是教师学习研究活动开展的重要推动力量。他们以儒家“天下兴亡，匹夫有责”的使命感，或自己直接设计规划并亲力亲为开展教师学习和研究活动，如张伯苓、严修；或号召绅士筹款共同建立致力于新教育的养成和旧式私塾先生改良的民间团体，如江苏教育总会、天津广育学会，使得教师学习研究组织和所开展的活动成为改造、造就新式教师的重要渠道。但所有这些努力，如果没有清政府自“新政”时期对民间兴学的鼓励，没有“癸卯学制”责令地方绅士“襄办学务之职责”[①]的规定，以及后来鼓励民间创办各省教育会、私塾改良会等组织，民间的教师学习研究活动就很难展开。同时，必须承认，各地教育行政部门如学务局、提学司及其下属的劝学所、私塾改良会等，也积极建立教师学习研究组织，开展教师学习和研

① 朱有瓛主编:《中国近代学制史料》(第二辑上册)，华东师范大学出版社 1987 年版，第 190 页。

究活动。难能可贵的是，教育当局开展的活动是有计划、按区域展开的，从京师学务局、河南提学司、天津县教育当局的政策及其行动中都能看出，他们把地方划分为若干学区，在片区内设立相应的组织，开展片区内的教师学习、教学研究和教学督导等活动，这已经有了当今区域教研室的特性。

在新教育建立初期，教师学习和研究机构在推进旧教师改良、新教师造就上发挥了重要作用。当时，民间和官方建立了各种致力于教师知识更新、教学改良的教研组织机构，如师范补习所、教员研究会、私塾改良研究会、小学教育研究会、单级教授练习所等。这些组织机构脚踏实地地开展了一些致力于教师专业化、教育现代化的活动，如现代科学和教育理论知识的传授，新式教学方法的演示、推广，以及教师间教学的相互切磋、观摩会课、批评会等活动。这些在教师之间开展的以相互学习、改良教学为目的的活动，具有当今教学研究的性质。这些组织具有三个方面的意义：第一，为我国新学制的落地和教育现代化发挥了重要的作用；第二，富有成效地推进了我国教师的专业化进程；第三，建立了我国最早的现代教师专业学习的共同体。上述组织把区域内的教师集合起来，通过定期的讲座、会课、教学批评等教研活动，使教师获得了专业素质提升。虽然它还不是完全意义上的现代学科教研组织和教研活动，但在内容和形式上已经很接近了。

| 第二章 |

中国中小学教研组织的发展（1912—1949 年）

民国时期是大力推行现代教育并取得成效的重要阶段。晚清时期在塾师改良、新式教师造就上发挥重要作用的官方、民间的教师学习和教学研究机构，在民国时期依然活跃，并为我国现代教师的形成、教师专业身份的确立及现代教师职业特性的形成发挥了重要作用。

从政权更替和社会治理的角度把民国分为北京政府统治时期和南京政府统治时期。但从教学研究机构的发展和相应活动的开展方面看，两个时期却存在相当的延续性。下文以北京政府和南京政府这两个时期为宏观历史背景，以政府、民间团体、学校三者在教师的学习和教学研究机构的活动为研究对象，探讨民国时期教研组织机构的发展情况。

第一节　民国时期中小学教研组织发展的动因

推行新教育遇到的最大问题是师资。民国时期，师资队伍和教学状况存在以下四个方面的问题。

一、受过专业训练的师资匮乏

民国时期是我国现代学校教育快速发展的时期，现代中小学的数量和规模都有较大发展。以小学为例，1909 年，我国有现代小学 51 678 所，在校生 1 532 746 人，每校规模近 30 人。到 1945 年，小学学校数达到了 269 937 所，学生数是 21 831 898 人，每校规模约 80 人。1945 年学校数和学生数分别比 1909 年增长 4.2 倍和 13.2 倍。[①]

民国时期，教育规模扩大，但接受过师范训练的教师的数量并没有增加。由于缺乏在职教师学历和专业背景的完整数据，这里用师范生数

① 1922 年以前的小学的数据来自《初等教育与义务教育之部》,《丙编　学校教育概况》,蒋致远主编:《中华民国教育年鉴》(第一次第三册)，宗青图书公司 1991 年印行，第 423 页；1945 年的小学的学校数和学生数来自《第三编　初等教育，第一章　概述》，蒋致远主编:《中华民国教育年鉴》(第二次第一册)，宗青图书公司 1991 印行，第 230 页。

量代替受专业训练教师的数量。虽然两者并不一致，但相当程度上能反映当时教师的专业背景。从表 2-1 可知，民国时期，师范学校的数量和规模极小，培养的师范生非常有限。1931 年之前（1930 年的数据奇高，与其他年份差距太大，笔者认为不可靠，此处把它除外），各地中等师范学校培养的师范生数额（非仅毕业生人数）在整个小学教师中的比例在 17% 以下。1931 年之后，师范毕业生在整个教师队伍中的比例在 5% 以下。可见，教师队伍中受过师范专业训练的人少之又少。更何况，当时师范教育的质量并未得到社会一致的认可。① 这些都影响了现代教学方式的应用和新教育的普及。

表 2-1　民国师范院校毕业生在教师总数中的比例

年份	师范学生数 / 人	小学教职员总数 / 人	比例 /%	附：师范学校数 / 所
1912	28 605	214 453	13.3	253
1913	34 826	270 544	12.9	314
1914	26 679	294 269	9.1	231
1915	27 975	312 097	8.96	211
1916	24 959	296 319	8.4	195
1922	43 846	264 818	16.6	385
1925	37 992	未知	未知	301
1928	29 470	未知	未知	236
1929	65 695	407 044	16.1	667
1930	514 609	553 985	92.9	2 992
1931	未知	564 032	未知	未知

① “师范教育程度太低，不足应高深学问研究的要求”“师范毕业生的成绩与普通中学并无差别”等，参见朱有瓛主编：《中国近代学制史料》（第三辑下册），华东师范大学出版社 1992 年版，第 507 页。

续表

年份	师范学生数 / 人	小学教职员总数 / 人	比例 /%	附：师范学校数 / 所
1932	未知	557 840	未知	未知
1933	未知	556 451	未知	未知
1934	未知	570 434	未知	未知
1935	未知	610 430	未知	未知
年份	**师范毕业生数（包括各类师范）**	**小学教职员总数**	**比例 /%**	**附：师范学校数**
1936	24 162	702 831	3.44	未知
1937	9 396	482 160	1.95	未知
1938	11 200	432 630	2.59	未知
1939	12 478	427 454	2.92	未知
1940	18 964	490 053	3.87	未知
1941	23 065	547 737	4.21	未知
1942	22 931	669 616	3.42	未知
1943	24 525	696 757	3.52	未知
1944	26 808	655 611	4.09	未知
1945	28 163	785 224	3.59	未知
1946	47 784	未知	未知	未知

资料来源：① 1931 年之前的小学教职员数引自《初等教育与义务教育之部》，《丙编：学校教育概况》，蒋致远主编:《中华民国教育年鉴》（第一次第三册），宗青图书公司 1991 年版，第 423 页；1931 年之后的小学校教职员数引自:《第三编初等教育第一章概述》，蒋致远主编:《中华民国教育年鉴》（第二次第一册），宗青图书公司 1991 年版，第 230 页；② 1931 年之前的师范学校数、学生数引自《第二章师范学校》，《丙编：学校教育概况》，蒋致远主编:《中华民国教育年鉴》（第一次第二册），宗青图书公司 1991 年版，第 311 页；1931 年之后的师范学校毕业生数引自:《第七编　第二章　师范教育设施》，蒋致远主编:《中华民国教育年鉴》（第二次第三册），宗青图书公司 1991 年版，第 929—930 页。

注：民国时期的统计数据原本不全。

师资力量的不足必然造成学校的困顿。正如贾丰臻在《说教育界之破产》一文所说：

今试就教育界之现状而观之，中央减政首主此说。各省高师，迟迟不发。中学师资，无所取法。滥竽充数，不可殚述。时则有若教育部，无米之炊，巧妇技拙。省校七成，县校八折，市乡如之，入不敷出。实业学校，亦遭殃及。高等专门，势难建设。失学之祸，不可终日，时则有若吾苏。邻省财政，更形竭蹶。中小学校，几近中辍。与其分利，不如消灭。忍心害理，莫此为甚。①

并且，民国中小学教师的质量也不高。民国初年巡视员巡视各地教育时对此有普遍的反映。当时湖北教育当局考察各校情况时对师资状况如是描述：

所有现充各校教员，知名之士固多，滥竽充数者亦复不少。有虽毕业科学，不知门径者。有冒称毕业而实未入校者。一知半解之徒，莫不以攫取金钱为目的，纷纷钻营请托。而长教育者，不问资格，不查程度，一经私人之关说，权要之介绍，遽予委派。及上堂授课，几至有不能讲解，即讲解而错误多端者，以致排斥教员之事，各校时有所闻。②

这种情况在整个北京政府时期没有大的改善。

南京政府末期，教师队伍的状况依然如此，有学者撰文道：

抗战期间，小学教育确是退步，其原因，不消说是师资的贫乏。十九省国民教育师资，不合格的占46%，全国小学教师62万，师范毕业的不过82 000，小学毕业教小学的，倒有85 000。我在民国20年到内地去，听说有许多地方小学毕业生要避免兵役，就

---

① 贾丰臻：《说教育界之破产》，《教育杂志》1913年第9期。

② 《鄂省考查学校教员之提议》，《教育杂志》1913年第5期。

在本乡当小学教师，招十几个小孩子，挂一块“国民学校”的牌子，其贻误儿童，不堪设想。①

还有文章写道：

中学程度之低落，已成为现今教育上最严重的问题之一。六年一贯制中学之试行，以及大学之所以补授基本学科者，率由乎此。而其所以然者，中学师资之不良，实为一大原因。查战前之调查，中学教师之具有大学毕业程度者，在文化水准较高的各省，约已占半数（郑西谷氏于24年调查12省3市98校3 188名教师之结果：大学毕业者占40.28%，专门学校毕业生占14.11%，高师或师范专修科毕业者占12.99%，师大或教院毕业者占11.35%，留学外国而有学位者占5.02%），但多半系因无正当出路，相率在中学任教，学非所用，用非所学，完全是一种不正当的现象，不足为训。观乎已受专业训练者之少（上述高师师专与师大教院毕业生合计不过占24.34%），以及任课不专之情形，思过半矣。②

教师数量不足，又缺乏职前专业训练，只好在实践中学习提升。因此，教师的在职学习研究显得格外重要。

二、中小学教师的现代教学技能不足

新式学堂教师多由塾师改良而来，其知识体系和教学方式很难适应现代工厂制时代的班级授课制教学，也不利于新教育的发展。这种情况在民国时期并没有得到根本的改变，民国初年就有一些省份“借口办学无效，遂欲停办高初小学，提倡私塾”③。当时教育部派员视察各地教育，发现很多问题，具体如下。

---

① 吴增芥：《战后中国的初等教育》，《教育杂志》1947年第2期。
② 林本：《战后中国的中学教育》，《教育杂志》1947年第1期。
③ 朱有瓛主编：《中国近代学制史料》（第三辑上册），华东师范大学出版社1990年版，第276页。

第一，教师普遍不会“编制教授细目”，不能活用教科书。“编制教授细目”类似今天的教学安排：“编制细目时在以各科教授之事项详细分节配置于各学期及各星期，使各教员以施行其教授。而其依据各教科书也，当活用之而不宜墨守；分量过多者宜省之，不足者补之，或因地方情形不必须者以必须者代之，而后能尽教授之能事。今各校但有教授周录，而鲜教授细目之编制，对于教科书必无能活用者，此宜改良者一。”①

第二，教师不能很好地运用现代教学方法。当时因生源少，多年级混合授课现象普遍。教师教学多用注入式，授课时难以兼顾不同年级学生，教学机械。② 即便采用当时所倡导的启发式教学也是问题重重。“此次参观各学校之教授，教师之能用启发式者甚多，然用讲解式以注入者，亦复不少。于儿童自己活动方面，似少注意。即用启发式教授者，亦不过教师发问，儿童答之而已。至于学生能自己研究，有疑难而问者，未之见也。”③“今之学校于教育方法，往往取貌遗神，以至所获之结果，恰恰与其目的相反。”④

第三，教师不能关注所有学生，不能激发学生的主动性。“今各学校教员授课时，其精神之所及，限于接近学生，而位置之在后者，凡轶出于教鞭势力范围之外而精神不能贯注。”“今观各校教员授课，多向优等生发问，又学生多因教员发问而回答，不见学生因自动而质问。”⑤ 至于如何设问、发问，教师也没有章法。如黄炎培在考察江西教育时发现，有些教师不会课堂设问。他曾观摩某高等小学地理课，教师在黑板上写下“安徽在何地”让学生回答，由于缺乏明确的指向，学生既可

---

①②③⑤ 朱有瓛主编：《中国近代学制史料》（第三辑上册），华东师范大学出版社 1990 年版，第 262、302、273—274、262 页。

④ 黄炎培：《考察本国教育笔记（再续）》，《教育杂志》1914 年第 5 期。

以回答在地球上，也可以回答在中国，还可以回答在某个省的某个位置。[1]这样的设问让学生无从下手。

第四，教学思想陈腐，教学方式与日常生活脱离。这尤以私塾先生为甚。不少私塾先生用新瓶装旧酒的方式进行教学，课时安排缺乏时间观念，仍以私塾惯用的方式安排时间。教授科目还以《三字经》《百家姓》《幼学琼林》《龙文鞭影》和“四书”“五经”等为主要内容，灌输封建思想，与民主共和的理念不符。私塾先生为学校教师的，“不惟教授法无可观，即其思想亦少嫌陈腐。譬如作文命题，往往是三代秦汉间史论，其所改笔，往往是短篇之东莱博议，而其评语，则习用于八股文者为多”[2]。不少教师教授作文，“论内容则乏新知识与新思想，论形式则不注意于日常应用之文体；而字句间尤往往有不妥洽不完全不正确处。此在初等小学尤甚”[3]。其结果：“私塾改良之结果，可以使校数骤增，而不能使教育改进。且不惟不改进而已，紫可乱朱，则为紫者众矣。”[4]私塾改良的任务颇重，直至新中国成立也没有最后完结。

第五，教师不能把学生的考试成绩作为帮助自身改进教学的依据。[5]虽然民国时期通过考试来衡量和比较教师的教学状况，不少地方也以区域为单位实行统考，但很少有教师把学生的考试成绩作为反思教学问题和改进教学的依据。

可见，当时很多教师不能很好地使用现代教学方法，不能有效地开展教学。湖南省教育司司长在评价民初湖南各地教育和教师时说：“前清办学，夤缘者多。所有教员等，或不知教育而坐拥皋比，耗费金钱，贻误学子。此弊中学犹少，小学更多。民国伊始，绝不能仍蹈前辙。”

①③④　黄炎培:《考察本国教育笔记（再续）》,《教育杂志》1914年第5期。

②⑤　朱有瓛主编:《中国近代学制史料》(第三辑上册)，华东师范大学出版社1990年版，第297、262页。

他提出实施严格的证书制度："所有小学教员，一体考验，非得有证书，不能执教育之权。"[①]1922年以后，由于"壬戌学制"取消独立师范教育制度，而且教师资格检定制度又没有得到较好的实施，任何中学毕业生都可以申请到小学教书，所以合格教师缺乏的状况依然没有改变。如何培养合格教师是当时急需解决的问题。

因经费匮乏、师资紧张，采取私塾改良的政策推广新教育不过是用新瓶装旧酒。其实，"学校私塾本无歧异，而教授方法之当同趋于一轨，自无庸疑，否则南辕而北其辙"，因而，"改良私塾必先以改良教授方法为第一要义"。[②]但"与其认定私塾或学校等机关而改良之，无宁从事改良教师之为扼要也"[③]，尽快让教师掌握并灵活使用新式教学方法乃是新教育在我国顺利推行的重要基础。

三、教师互研互助需求迫切

学者徐珍认为："我国自采行新教育以后，教学法随之开始模仿欧美国家。在1923年采行新学制以前，有些教学法经由日本间接传入我国，后来才有国人自创的教学法。"[④]晚清至民国，我国学习西方现代教学法历经六个时期：①团体教学时期（自兴办学堂至颁布《奏定学堂章程》期间），该期自晚清学习新教育开始直至私塾消亡。它是由以学生编组为班级的团体教学代替传统私塾的个别教学时期。此期历时最长，是我国教师学习现代教学的重要时期。②五段教学时期（1903—1911年），这个时期是团体教学法的标准化时期，即教师在开展团体教学之时，注重步骤整齐划一。此期教师奉赫尔巴特的五段教学法为圭臬，也有人称为"注入教学时期"。③启发教学时期

① 《各省教育司之政略》,《教育杂志》1912年第6期。
② 王邦达:《江宁改良私塾商榷书》,《教育杂志》1914年第11期。
③ 黄炎培:《考察本国教育笔记（再续）》,《教育杂志》1914年第5期。
④ 徐珍编著:《中外教学法演进》，群言出版社1996年版，第33页。

（1912—1915 年），由注入式教学转变为启发式教学时期。④自学辅导时期（1916—1919 年），由启发式教学转变为自学辅导教学时期。前期启发式教学儿童仍为教师傀儡，未能真正发挥其主动性。该法主张教学以儿童为中心，教师只是一个指导者、协助者。⑤个性适应期（1920—1927 年），国外学者来华讲学，各种新式教学方法传入我国，其中影响较大的有设计教学法和道尔顿制。⑥自创外传期（1928—1949 年），各地在前期盲目学习的基础上，国人自己研究自创多种教学方法，如教学做合一法、廉方教学法、导生传习教学法、分组编制教学法等。[①] 无论是西方新式教学方法的引进还是国人自创教学方法的实验推广，都非教师个人能独立完成，因此，教师间的相互学习和教学研究十分必要。

民初设立的学校的规模普遍较小。当时，小学分初等和高等两级，由于校长的管理能力和教师的教学水平都有限，初等小学和高等小学通常分开设立，不少学校是单级小学（即一所学校一个班，一个班由若干年级的学生组成，类似现今的复式班），教师开展教学很困难。而且，当时没有统一的教科书，各校所用教科书或采自商务印书馆，或取自中华书局，使用某一种教科书的习惯养成后就很难改变，这导致了学生转学困难。因此，"宜合城内各小学校联络一气，开会讨论教科若何支配，书籍若何采用。公同决定，见诸实行，继以趋于一致。为正当办法"[②]。与此同时，教师普遍存在不知道如何开展新式教学、如何组织课堂、如何编制测验、如何教授学生理化实验和使用理化教具等一系列问题，因此，当时急需教师间的相互学习和研究活动。

① 徐珍编著:《中外教学法演进》，群言出版社 1996 年版，第 33—35 页。
② 杨国华:《参观后对于宁垣小学之意见》，《教育杂志》1913 年第 4 期。

第二节　教育行政部门助推教研组织发展

民国时期，有一定规模的、有计划的教师培训因战乱频仍、政府无能、经济困顿，教育还处于初创阶段等原因难以开展。如何在可控的范围内（如在学区、学校内）帮助广大教师开展有效教学，尤其是未接受过师范专业训练的私塾先生、非师范毕业生，是当时学校需要解决的问题。

民国政府教育主管部门沿袭晚清政府的政策，联合民间力量提升教育的现代化水平，特别是在敦促设立不同层级的教师学习研究机构，切实组织开展教师学习、教学研究活动，推动教师的专业化等方面有很大的成绩。由于民国两个时期中央政府的权威不同，它们在教师的学习和教研组织的活动中的作用不同，下文分而述之。

一、北京政府时期教育行政部门推动教研组织的发展

（一）制定政策并督促各地设立教师教研组织

第一，发挥各地教育会的作用。

民国时期，民间教育团体仍是推进教师学习研究的重要组织。1911—1927 年，新成立的民间性质的教育社团有 85 个，而官方性质的教育团体仅有 16 个。①

为了发挥民间教育团体在新教育推进中的作用，北京政府出台了相关的法律法规，明确了“教育会”设立的目的、性质、任务、成员组成等，使之成为政府促进现代教育发展的教师学习研究机构。1912 年公布的《教育会规程》提出：设立省、县、城镇乡三个层次的教育会，互

① 杨东平编著:《艰难的日出——中国现代教育的 20 世纪》，文汇出版社 2003 年版，第 40—41 页。

为联络，不相统辖[1]，即把教育会作为各地教育行政部门的重要辅助力量，协助研究、改进地方教育，推动现代学校发展。1944 年 10 月修订的《教育会法》明确规定："教育会以研究教育事业，发展地方教育，并协助政府推动教育政令为宗旨。"教育会是独立法人，由相应级别的政府部门管理，主要任务有地方教育研究的设计与实施、指导知识的传授、开展教育调查统计及编纂、举办各种教育研究会议及学术演讲会等。成员由下列人员组成：在职公私立中小学教职员、师范专科或师范院校毕业生、师范专科毕业生并从事教育工作一年以上者、曾在公私立学校或教育机关服务三年以上、对教育确有研究者。[2]

在中央政府的倡导下，地方政府也注重利用各地教育会组织教师开展教学研究。1914 年，江苏巡按使公署饬文云，准许江苏省教育会为研究机关，组织各种研究会。[3] 同年 9 月，江苏省召开视学会议，讨论众多事件，其中特别提出视学视察各校时的注意事项："（甲）劝导小学校教员，随时预编各科简单教授案。（乙）留意小学校教员国文教授，并劝导各县县教育会组织小学校教员国文教授之研究会。"[4] 教学研究和改进成为教育会的重要职责。

第二，督促各地设立教员研究会。

除利用各地教育会开展新教育推广工作外，一些地方政府要求各地设立教员研究会，促进地方教育的进步。1918 年，浙江省教育厅厅长训令各县知事："小学教育为培养国民之根源，亟宜加意讲求"，"欲

---

① 陈学恂主编：《中国近代教育史教学参考资料》（中册），人民教育出版社 1987 年版，第 281 页。

② 宋恩荣、章咸主编：《中华民国教育法规选编》，江苏教育出版社 2005 年版，第 75—76、78 页。

③ 《研究教育之召集》，《教育杂志》1914 年第 9 期。

④ 《江苏视学会议》，《教育杂志》1914 年第 7 期。

谋教育之进步，必以集合研究，彼此参观，二者为必要之举”。[1] 为此，要求将之前假期设立的小学教员研究会改为常设机构，附设于县劝学所，劝学所所长为研究会会长。研究会“以该所长为会长，以各小学职教员为会员，其办法以通函研究为主，不限日期，不分区域，凡为小学教员者，皆得随时随地，以书函投送，互相咨询，互相答复。至于开会时期，或以月举，或以季举，各就当地情形，酌量规定，照此办理”。[2] 还对劝学所所长和县视学提出要求：“尤应随时指导各教员互相参观，比较得失。盖教员多经一番研究，即于学校多得一层利益，故于小学教育，冀图改进，唯此研究与参观二者，为根本上之最要计划，亟应通饬一律举办云。”[3] 这是县教育当局指导学校设立教师研究机构、敦促区域内学校教师相互观摩和相互研究学习的指导性文件。在浙江教育当局的倡导下，当地不少县劝学所设立小学教员研究会，以开展经常性的教学切磋和研究。

京师也有类似的情况。1918 年，京师学务局颁行《京师小学会议规程》，提倡研究教育，谋地方小学改良。该规程要求京师学务局每年召开小学会议一次，内容涉及教授、训练、养护及学校管理等，参会人员为京师公、私立小学的校长、教员并局辖师范学校附属小学主任、教员。[4] 此种小学会议虽然与纯粹的教学研究会有所差别，但它在教授（教学）、训练、养护等方面的研讨与今天教育教学研究会几乎一致。

第三，要求学校设立分科教授研究会。

除要求各地开展区域教学研究外，中央和一些地方政府也要求中小

---

①②③ 《浙省小学教员研究会》，《教育杂志》1918 年第 2 期。

④ 邓菊英、李诚编：《北京近代小学教育史料》（上），北京教育出版社 1995 年版，第 27—28 页。

学设立学科教授研究会，中学为分科教授研究会，小学为全科或多科教授研究会。

民国初年，我国中学教科书多翻译日本的中学教科书，但我国中学修业年限比日本少一年，使用日本教科书并不合适。为编写和选择适合我国学制的教科书，教师开展教材、教学研究十分必要。1919 年 2 月，教育部训令学校教员组织各科研究会："庶由中学师范各校教员组织各科研究会，就教授经验所得，共同讨论。随时将对于各教科书之意见，陈明本部。其高等小学及国民学校教员并可组合研究，讨论报告，以备参稽而策改进。"① 教育部的这些要求间接督促了中学学科教学研究。

与此同时，一些地方教育主管部门也要求中学设立分科教授研究会。1917 年，为了"唤起教育者之研究心"，京师学务局要求北京教育会附属的小学研究会："应令京师各小学各就原有每周会议之基础，自行组织研究会，研究初等教育。"② 同年，京师学务局颁行《中学教授研究会章程》《中学教授研究会分科研究规程》，要求中学成立分科教授研究会，教师每周两次按照中学课程标准所列科目，开展"分科研究"，会员是担任某科之教员、校长和学监。③

第四，要求设立教师假期讲习会、教员讲习所。

由于民初各校教师的教学质量存在诸多问题，一些教育发达省份的教育官员要求各地利用假期组织短期讲习会，开展教师培训和教学研究。1913 年 10 月，教育部通令各县设立小学教员讲习所。《师范教育令》和《师范学校规程》师范学校须附设小学教员讲习科，遇特别情

---

① 《教育部训令学校教员组织各科研究会》,《教育杂志》1919 年第 4 期。
② 邓菊英、李诚编:《北京近代小学教育史料》(上)，北京教育出版社 1995 年版，第 27 页。
③ 韩朴、田红编:《北京近代中学教育史料》(上)，北京教育出版社 1995 年版，第 147 页。

形，亦可为欲任初等小学教员者设讲习科、副教员讲习科。[1]

1915 年下半年，江苏巡按使要求各道伊令各县知事组织假期短期讲习会，其组织办法随时详报备案查。

> 查东西各国，在学校休假期间，多有短期讲习会之组织。盖教育学理，愈研究愈精微。集群讨论，直接足以促自身学识之进步，间接足以助教育事业之改良。需时无多，收益匪细。今之小学校校长教员，有自负所知，不复虚怀研究以求进益者，亦有志切研究，苦无组织团体以副其所愿者，其何以收吐故纳新之效，而呈日新月异之观。以后凡遇学校休假期间，应提倡组织短期讲习会，不特小学校校长教员为当然入会会员，即其他各项关于教育人员以及私塾塾师，使果有研究兴味者，亦得一体入会，共同听讲，俾有用光阴，不致浪掷，而办学识力，逐渐增加。[2]

从此，江苏多地开展教师假期讲习会，形式有讲座和教育教学研究。当时，浙江省前巡按使公署“曾通令各县有假期小学教员研究会之设，本厅长即遵循此旨，定为通常设置”[3]。

（二）地方当局设立各种教师研究机构

为了推动教师改善教学，教育当局也着手设立各种形式的教师研究机构，如单级小学研究会、教师假期研究会、塾师研究会、校长研究会等，通过组织教师培训和教育教学研究，促进现代学校的切实发展。

第一，单级小学研究会。

民初小学多为单级模式，这就向原本不知道如何开展班级授课教学的教师提出了更大的挑战，于是，各地开展帮助教师在摸索中研究，在

---

① 《教育部咨查地方学务机关》，《教育杂志》1913 年第 6 期。

② 《苏巡按饬学校休假期间组织讲习会》，《教育杂志》1915 年第 7 期。

③ 《浙省小学教员研究会》，《教育杂志》1918 年第 2 期。

研究中实践活动。例如，江苏武进县（今武进区）教育当局设立了单级小学研究会。1914 年，该研究会在市公所举行第二次会议，市立各校校长、教员到会者共有 30 余人。会议研究事项有二：①研究市立第九、第十、第十四、第十五各校规定的授课时间表是否适用；②研究配置授课时间表之方法。第三次会议主题是研究使用教授案之方法。[①]

第二，教师假期研究会。

如前所述，民初江浙一带的教育行政当局要求各地利用假期设立教师假期研究会，促进教师改良。此种活动在其他地方也盛行，形式是教师讲习会和研究会。1915 年，“各地教育界，恒利用夏期休假，组织小学教师讲习会，俾一般教育者之学识，得有增进，此诚可喜之事也”[②]。这种暑假讲习会犹如今天的暑期培训班，但讲授内容只有教育学和教学法，很少开展教学研究。随着规模的扩大，假期讲习研究会的研究功能增强。1926 年暑期，第四届苏浙皖三省师范附属小学联合会召开，会上各代表提出的议案主要是教材教学研究：“第一日第三案，编辑发扬国民性教材案；第四案，本会各校应先施行给假研究制案……第六案，请本会各校协调查小学自然科最小限度之教具设备，以供各小学参考。”[③] 与此同时，与会当局鼓励教师在假期开展研究，并把研究心得在开学时报给学校。

第三，塾师研究会。

清末民初新教育推进的主要渠道是私塾改良，私塾改良的关键是改良塾师教学方法和教学管理方式。为了把私塾改良成真正的新式小学堂，各地沿袭晚清做法，设立塾师研究会。民国初年，上海有私塾

① 《单级教授之兴起》，《教育杂志》1914 年第 10 期。
② 朱元善：《夏期讲习会之学科问题》，《教育杂志》1915 年第 7 期。
③ 《苏浙皖三省师范附小联合会之议案》，《教育杂志》1926 年第 6 期。

2 000 余处，学生 6 万多人。为了使塾师更快开展现代教学，1916 年，上海塾师研究会“特组织学艺会展览成绩，游涌艺术，以资参摩观感”，“故为塾师者，不得不行研究以期教授之改良，学艺之增进。此次学艺会之设，为实验改良教授后之成绩起见，俾各塾互资观摩共励进行”。[①]塾师间的教学观摩和教学研讨是塾师研究会的重要活动方式。除此之外，教育行政部门还安排塾师到各新式学堂观摩和研究教师上课。此类研究会为塾师改良做出了重要的贡献。

第四，校长研究会。

据 1913 年第 5 期《教育杂志》记载，由于初办，很多学校办学中存在颇多问题。为了帮助校长解决办学中的问题和学会管理现代学校，江苏武邑市区学务专员张沂君设立校长研究会，邀集各小学校长利用暑假研究学生学籍、学业、操行考察簿的购买及“与本校教员实行研究改良单合级教授时间之支配，及课室管理诸问题”[②]。教育、教学研究是其中的重头戏。

由此可见，北京政府时期，中央和地方教育行政部门一方面通过制定各种政策倡导和鼓励各地设立教师学习研究组织，另一方面设立各种实体机构组织教师学习研究。这种方式有助于民初各层面教师（塾师、中小学教员、校长等）的现代化和专业化，也为民初浓郁的教育教学研究氛围提供了政策保障和实施支持。

二、南京政府时期教育行政部门敦促地方建立体系化的教研组织

南京政府时期一改民初宽松的风气，实行集权统治。这个时期，中央教育行政部门积极收回各种教育权力，统制各类教育发展。“国家统制教育，使教育为政治的工具，在今日已认为事理之当然。举其荦荦大

---

① 《上海塾师研究会开学艺会》，《教育杂志》1916 年第 10 期。
② 《武进之校长研究会》，《教育杂志》1913 年第 5 期。

者言之，如宪法教育专章的规定，教育宗旨的颁行，课程教材的控制，教育经费的筹支，行政组织的规划，存在均以国家的意志为主体而谋其实现。世界大战已还，各国已舍弃以前的放任政策而谋教育的统制。”[①] 相对于北京政府时期，南京政府时期教育当局更是积极地指导和干预教师学习与教学研究，促进教师的现代化、专业化。

（一）制定政策，敦促各地建立教师研修机构

第一，开展跨校塾师学习研究活动，改良塾师教学。

由于师资匮乏和质量不高的问题一直未得到根本解决，改良塾师是补充教师队伍的重要途径。教育当局依然把改良私塾和改造塾师作为其重要的职责。1937 年 6 月，教育部公布《改良私塾办法》，要求主管机关开展塾师培训和教学研究：①“主管机关应于寒暑假期或相当时期，举行塾师训练班或讲习班”，讲习学科知识与学科教学法之实际研究；②令塾师参加各种改善自身教学的活动，如参加当地小学研究会活动，到附近小学作艺友或参观优良小学；③设立专门的义务教育视导人员，并“由主管人员、教育委员、中心小学或优良小学教职员等组织辅导网”，随时对所辖私塾予以辅导。[②] 其意图有二：一是要求各地教育行政当局组织辖区内的塾师共同学习、研究、参观、辅导，帮助塾师改良教学；二是设置专门教育视导人员和组织辅导网，开展日常教育视导和辅导，改进塾师教学。

第二，成立各级初等教育研究会，加强初等教育教师的教学研究。

1935 年 8 月，教育部颁发《初等教育辅导研究办法大纲》，要求各地组织从省市（行政院直辖市）、省分区、县市到学区的各级初等教育

---

① 樊兆庚:《我国小学教育最近的趋势》,《教育杂志》1937 年第 9、10 期。

② 宋恩荣、章咸主编:《中华民国教育法规选编》(修订版)，江苏教育出版社 2005 年版，第 302 页。

研究会，研究小学行政、课程、教学方法、训练方法等，并对研究会的组织、人员、活动方式、活动频次和活动内容等作出了明确的规定（见表 2-2）。[①]

表 2-2　各级初等教育研究会的构架情况

机构	目的	人员组成	开会频次
全省市初等教育研究会	研究和改进全省市范围内的初等教育	①省市教育厅局长、主管科科长、督学及地方教育指导员（或辅导员） ②省市教育厅局长临时聘任的教育专家 ③省分区或市学区初等教育研究会之代表	全省初等教育研究会至少一年开会一次，全市初等教育研究会至少半年开会一次
各省分区（全省 5—7 县为一省分区）初等教育研究会	研究和改进省分区的初等教育	①省督学 ②本分区地方教育指导员 ③本分区内师范学校校长、主任、教员及教育科教员 ④本分区内师范学校附属小学校长、主任、教员及幼稚园主任 ⑤本分区内省立小学校长、主任、教员及幼稚园主任 ⑥本分区内各县市初等教育研究会之代表	至少半年开会一次
各县市内初等教育研究会	研究和改进本县市初等教育	①县市教育行政长官 ②督学及指导员 ③县市师范学校校长、主任、教员、教育科教员、师范附属小学校长、主任教员及幼稚园主任 ④各学区初等教育研究会代表	至少半年开会一次

① 宋恩荣、章咸主编:《中华民国教育法规选编》（修订版），江苏教育出版社 2005 年版，第 260—261 页。

续表

机构	目的	人员组成	开会频次
市县各学区初等教育研究会	研究改进本学区初等教育	①教育委员 ②本学区小学校长、教员、幼稚园主任及教员	至少每两个月开会一次

为了使各层级的小学教育研究会的工作落到实处，1936年颁行的《小学规程》明确规定小学的责任：隶属学区、县市、省分区、全省市的小学应联合组织本区域的小学教育研究会，研究改进本区域的小学教育；同时，要求小学教员应参加本校及本地的教育研究会。①

为了实现行政当局对研究会的指导和管理，《初等教育辅导研究办法大纲》要求，“省分区以下各级初等教育研究会开会时，应由上级教育行政机关派员列席指导”，其研究报告“应送请上级教育行政机关备案”，“上级教育行政机关，得提出关于初等教育之问题，令由各级初等教育研究会研究具报”。②

由上可见，这个由省市到省分区，再到县市、学区的四个层级的初等教育研究会是以研究和改进区域初等教育为目的、吸纳各地小学教师和初等教育相关人员参与的、成体系的教师研修组织。教员是其最重要的成员，课程、教学和训练方法是其主要的研究内容，教育行政机构对初等教育研究会承担指导职责。

第三，设立乡镇国民学校研究会，改进乡镇国民学校的教育教学。

1939年9月，国民政府颁布《县各级组织纲要》，推行新县制。新

①② 宋恩荣、章咸主编：《中华民国教育法规选编》（修订版），江苏教育出版社2005年版，第271—272、262页。

县制在教育方面的体现是以乡（镇）、保[①]为单位设立学校：每乡（镇）设立中心学校，每保设立国民学校。乡（镇）中心学校和保国民学校，均包括儿童、妇女、成人三部分，使民众教育与义务教育打成一片。[②]由于乡（镇）中心学校和保国民学校是集儿童义务教育与失学成人补习教育于一体的新的学校制度，对教师的教育教学提出了很大挑战。

1944年颁布的《国民学校法》要求每保设立一所国民学校，有特殊情形者为联合数保设立一所国民学校，一乡（镇）范围内应以一校为中心国民学校，兼负辅导各保国民学校的职责。[③]这就意味着以中心学校为核心设立的乡（镇）国民学校研究会是区域范围内的教研组织。

为了确保乡（镇）中心学校和保国民学校的教学质量，1945年9月，教育部颁布《国民学校及中心国民学校规则》，要求中心国民学校开展辅导及研究工作，中心国民学校要承担辅导保国民学校教员的任务：①每两个月召集各校教员，举行乡镇国民学校研究会一次，研究改进教材、教学及训育等事项等；②每三个月至少举行一次观摩教学。由教学方法优良之教员，轮流担任示范教学，以供各校教员观摩，并举行批评会以讨论教学方法之改进；③中心国民学校校长延聘教育专家讲演教育问题以求各校工作的改进；④中心国民学校选购各种教育参考图书，以及教师进修用书，巡回递送各校阅览。[④]

该规则同时要求各省市分别组织省市、县市国民教育研究会，师范

① 南京政府保甲制的基本形式是10进位制（10户为甲，10甲为保，10保以上为乡镇）。后来，鉴于各地地理、交通、经济情况，新县制采取了有弹性的办法，规定“甲之编制以十户为原则，不得少于六户，多于十五户”，“保之编制以十甲为原则，不得少于六甲，多于十五甲”，“乡（镇）之划分以十保为原则，不得少于六保，多于十五保”。

② 蒋志远主编：《中华民国教育年鉴》（第二次第一册），宗青图书公司1991年版，第183页。

③ 宋恩荣、章咸主编：《中华民国教育法规选编》（修订版），江苏教育出版社2005年版，第280—281页。

④ 邓菊英、李诚编：《北京近代小学教育史料》（上），北京教育出版社1995年版，第90页。

学校教育研究会，以督导国民教育研究改进。

第四，明令各校设立学科教学研究会和开展学科教学研究。

除要求加强区域层面的教师学习、研究外，教育当局也要求各校成立类似的组织以加强中小学教师教学研究。民初教育部要求各中学设立分科教授研究会，南京政府则要求中小学均设立类似的组织，并将其纳入学校行政体系。

1936年，教育部修正颁布《小学规程》，要求“小学有教员五人以上者，应组织教育研究会，研究改进校务及教学训育等事项”，并要求每月至少开会一次。除此之外，该规程还明确要求：“幼稚园主任及教员及与小学教育有关系之教育人员，均得参加小学教育之研究。”① 可见，该规程把教师参加教育教学研究作为应该或者必须参与的活动。

1935年颁布、1947年修订的《中学规程》规定，校务会议、教务会议、训育会议、事务会议共同组成中学行政事务组织，研讨和决策学校各种事项。其中教务会议“以校长、各主任、各级任及校医组织之；校长为主席，校长缺席时，教导主任或教务主任为主席，讨论一切教学及图书设备购置事项，每月开会一次”②。在《中学规程》的基础上，1941年，教育部颁布《中等学校各科教学研究会组织通则》，明确要求中学根据所设学科情况组织各科教学研究会。从组织方式、活动内容和与相关部门的关系等规定看，这一时期的中等学校各科教学研究会与中华人民共和国成立后的校内学科教研组几乎一样，具体的内容如下。

其一，设立各科教学研究会。各校各科教学研究会分一般和专业两种：一般的以学科为单位设立，平时以分科为主，“但为谋各科教学

---

①② 宋恩荣、章咸主编：《中华民国教育法规选编》（修订版），江苏教育出版社2005年版，第272、380页。

之联络，亦得联合举行”[1]；专业的包含教育学科教学委员会（在师范学校）和技术学科教学委员会（在职业学校）。

其二，研究会承担教与学的研究与改进工作。具体包括：①课程标准实施结果之讨论；②教学方法之研究；③补充教材之选择；④乡土教材之收集；⑤教科用书及教育参考书之选定；⑥每学期教学进展之预定；⑦实验实习之规划及指导；⑧教学及实验实习设备之规划；⑨教员进修阅读图书杂志之报告及讨论；⑩学生课外读物之调查及指导；⑪学生课外作业之规划及指导；⑫其他关于教学研究等事项。[2]

其三，鼓励跨校教研。“各科教学研究会应与同地各中等学校取得联络。相互参观教学，交换研究意见。如本校该项学科教员人数较少，得与其他学科联合组织，或与同地学校联合组织之。”[3]

其四，接受上级主管部门的管理和督查。要求学期伊始，“拟订本学期研究计划，并于学期终了时，缮具研究报告，由校汇呈省或市教育行政机关审核，并作为学校考成之一项”[4]。至少每月开会一次。

其五，接受地方教育研究会的辅导。“各校一般学科之研究，由该区之中教育研究会辅导之。各专业学科教学之研究，由各省行政机关指定该学区内之省立师范学校或职业学校辅导之。”[5]

1942年颁布的《中等学校校务处理办法大纲》也明确把教学研究等工作纳入校务管理体系中。例如，该处理办法大纲规定，八年级以下中学设教务、训导、体育、卫生等组，九年级以上设立教务、训导、体育、事务四组。教务组负责计划和管理教学工作：拟订或修订各种教学规章、各科教学实施计划、各科教学研究计划、学生实验及实习计划，会同各科教员选定教科书、参考书及教具，查核教员自编讲义及补充教

①②③④⑤ 宋恩荣、章咸主编:《中华民国教育法规选编》（修订版），江苏教育出版社2005年版，第360、360、360、360、360页。

材状况，查阅各级各科教学进展情况，办理教员缺课、补课及调课事宜，等等。其中，“拟订各科教学研究计划”是与教师的教学研究有直接联系的活动。与此同时，该处理办法大纲要求校长：“考察辅导教学、督促研究及协助进修”，校长每周对各科教学、实验等各项作业，轮流考察三次，“考察结果应随时与各该科教员商讨改进，各科教育研究会应出席参加，督促研究，协定进修”①。由此可见，教师的教学研究已经列入学校的日常工作和学校行政体系中，校长、教务部门负有指导教师进行教学研究、进修以教学改进的职责。

此时的学科教学研究会和专业研究会的设立目的、职责、活动方式，学科研究会在学校行政体系的地位，以及它们与地方教育部门的关系等，都与当今的校内教研组非常接近。

（二）地方当局设立各地教师研究会，切实推动开展教学研究

在中央政策的推动下，一些地方政府建立地方教育教学研究会，以切实推动本地教师的学习与研究。

第一，北平设立实验学校，带动区域教学研究。

1934 年，为实验新的教学组织形式、教学方法和引领区域教育改进，北平市社会局按区域设立了四所实验小学，具体情况如下：①西南区，设市立绒线胡同实验小学，实验全日隔时部合式二部制与算术、体育两科；②西北区，设市立报子胡同实验小学，实验半日部合式二部制及社会、美术两科；③东北区，设市立府学胡同实验小学，实验国语、工艺两科及编制实验；④东南区，设市立象鼻子中坑实验小学，实验半日部合式二部制与自然、音乐两科。这四所实验学校按计划开

① 《第二节　中学行政组织》，蒋志远主编：《中华民国教育年鉴》（第二次第一册），宗青图书公司 1991 年版，第 347—348 页。

展了相应的研究。①

第二，江西建立教师修养会，关注教师全面成长。

1933 年，江西省教育厅举办以教师学习、教师发展为目的的江西中等以上学校及省会小学教师寒假修养会②。这个以厅长程时煃兼任会长的修养会以“提倡友教精神，增加身心修养，共谋本省教育之发展”为宗旨，以“训练团体生活为青年的模范、注重身心锻炼为事业的根本、发挥友教精神为修养的工夫”为目的，于每年寒假召开为期一周的会议。会员以中等以上学校及省会小学教师为主体，教育行政人员及省会各社教机关主管人员亦得加入。③

江西教师修养会的活动为讲演、讨论、游艺、运动、集会。从活动内容看，教师的学习研究氛围很浓。第一届修养会根据会员的兴趣和意愿将全体会员分为 10 组，即教育行政组、教学问题组、儿童青年训练组、科学教育组、文学组、体育卫生组、职业教育组、宗教哲学组及其他组，各组研讨相关内容，之后形成决议以供政府决策。据称每组案件均 10 余件，内容大都切实可行。例如，科学教育组提出：“关于本省之科学资料，如瓷器、钨、矿、煤、铁等，应如何做实际之调查研究并介绍给学生，引起严切注意案。决议：请本厅（省教育厅）编辑或征集此项资料，成为若干小册子，作为学校自然科学之补充教材。”④

1934—1937 年，江西省教育厅曾连续举办四届教师寒假修养会，在推动全省教师学习研究、提升教学质量方面发挥了重要的作用。

---

① 邓菊英、李诚编:《北京近代小学教育史料》(上)，北京教育出版社 1995 年版，第 65 页。

② 第一届名为“江西中等以上学校及省会小学教师寒假修养会”，之后三届修养会的名称有变动，改为“江西省全省第 × 届教师寒假修养会”。

③ 《教师寒假修养会简章》,《江西教育旬刊》1933 年第 2 期。

④ 《江西中等以上学校及省会小学教师寒假修养会经过志要》,《江西教育旬刊》1932 年第 9 期。

第三，开展各种形式的教师进修和研究活动。

除要求设立不同层级的教师研修机构外，各地教育行政当局开展相应的教师进修和教学研究活动。

> 近年来，各省教育行政当局及各小学行政当局都同样的感觉，教师的研究和进修不可或少，一致的提倡起来。江苏省教育厅关于督促小学教师进修事宜，有各项设施，如编印小学教师半月刊，悬奖征求进修成绩，举行小学教师进修播音，组织各县小学协进团等，均奏有成效。浙江省教育厅除办理小学师资进修通讯研究外，更由各县分区举行小学教师训练及优良小学举办艺友制等，以为教师进修和研究之一助。其他如江西、安徽、湖北、湖南、福建等省教育厅对于教师进修，亦无不竭力提倡。①

民国时期的政府认识到了教师学习和教学研究的重要性。不论是前期的政府鼓励设立教师的教研组织并开展相应活动，还是后期的以强势的行政力量建立层级性的教师研修网络体系，都可看出教育主管部门把教师的专业化看作分内的工作，并将其纳入了行政工作的范畴。行政介入也是我国教师专业化进程的表现之一。

第三节　民间教育团体推动教研组织的蓬勃发展

民国时期的地方教育会和全国教育会联合会是推动各地教师学习研究的重要组织。它们召开了教师学术演讲会和开展了教育教学研究，对推进我国教育的现代化、教师专业化发挥了重要的作用。

为了推动各地新教育的发展，各地设立了各种教育组织。例如，湖

① 樊兆庚：《我国小学教育最近的趋势》，《教育杂志》1937 年第 9、10 期。

南、湖北成立女教育会，推广女子教育和女教师的发展。湖南女教育会“以联络女界同胞，研究教育进行，共图教育统一为宗旨……拟定应举之事项，如改良家庭教育，扩张实业教育，开设保姆讲习所，开办女子演说会，组织女子阅报社，成立成绩展览会诸事”，湖北女子教育总会“以扩张女学，辅助共和，期达于完全美满之目的为宗旨”。[①]

在各民间团体中，各省教育总会及其下属市县教育会与各省教育总会联合会是影响较大者，各省教育总会及其下属市县教育会是在省以下（包括省）范围内开展工作，各省教育总会联合会则联合各省教育领域的精英研讨全国范围内的教育事宜。北京政府时期，各地教育会甚至承担了一部分教育行政部门的职责：开展教育调查，敦促建立学校改良私塾，研究与改进教学，培训教师，等等，为民初教育的发展发挥了重要的作用。

与教师学习和教学研究联系更多的是各省教育总会及其下属市县的基层教育会，其中以江苏省教育会和浙江省教育会影响最大。教育会在清末民初新教育推进中，特别是在推进教师学习、教育教学研究方面，对整个教师队伍的专业化进程发挥了重要作用，具体如下。

一、全国教育会联合会倡导教师研究

为了加强对全国新教育的促进，1911 年，在各省教育会的推动下，全国教育会联合会成立。在成立大会上，发起人提出了全国教育会联合会的宗旨：

> 谋教育之进步，以身任教育之人联合研究为最要。盖身任教育者，对于其职务必有感受困难之处，彼此切磋则困难解释，而教育得进一步；亦必有堪以自信之处，一经比较，或转未能自信，亟谋

① 《教育会类志》，《教育杂志》1912 年第 1 期。

所以改良，而教育又进一步。若其为同等之学堂，则凡学级之编制，学科程度之支配，教科书之采用，以及教授管理诸方法，尤宜共同讨论，互师所长，则组织各种学堂联合会，其必要矣。①

全国教育会联合会把教师间的切磋研究看作推进教育进步、教师改良的重要手段，要求各地教育会组织各师范学堂职员联合会、各中学堂职员联合会、各事业学堂职员联合会、各小学堂职员联合会开展教师的学习和教学研究活动。

从全国教育会联合会历次年会的议决案可见，它在敦促各地教师开展教学研究、推行新式教学方法方面发挥了举足轻重的作用。例如，第五次年会通过的“革新学校教育方法案”，第七次年会通过的“组织客观测验方法研究会案”“推行小学校设计教学案”，第八次年会通过的“推行中等学生理科实验案”，第九次年会通过的“新制中学及师范学校宜研究试行道尔顿制案”“师范学校各科教员宜注意本科教学法以期增进毕业生之教学效能案”，第十次年会通过的“中等学校宜采用弹性升级考试方法以宏造就而励自动教育案”“促进各省区中小学校自然科学教育案”，等等。②这些议决案都是各地教育会开展新教育推广时发现的亟须解决的问题，从中可以窥出各教育会的研究内容。

当时诸多新式教学方法也是在教育会的努力下推广的，如设计教学法和道尔顿制被认为是先进的教学方法，教育会“指定各省区师范学校将其加以研究，并在师范附属小学及城市规模较大之小学先行实施，作为模范，稗资仿效”③。

---

① 朱有瓛等编:《中国近代教育史资料汇编·教育行政机构及教育团体》，上海教育出版社 2007 年版，第 201—202 页。

② 徐珍编著:《中外教学法的演进》，群言出版社 1996 年版，第 80 页。

③ 邰爽秋:《历届教育会议决案汇编》，第七届全国教育会联合会议决案，第 7 页。转引自张礼永:《教育建设的第三条路——民国时期教育研究组织之探析》，华东师范大学博士学位论文，2011 年，第 66 页。

二、各省市县教育会组织开展教师学习和研究活动

教育会具体工作的承担者为地方教育会。各地教育会开展多种活动，如教师培训、教育教学研究、创办教育杂志、举办学校参观团、开展与办学有关的各种学校联谊活动等。在推动教师学习和教学研究方面，各地教育会设立了不同层级、不同名称的教师研究会，如教员研究会、教育研究会等，它们定期或临时召集县（区）教育会会员、视学、师范学校和中小学的校长或教员代表等开展“普通研究”或“分科研究”，具体如下。

（一）省级教育总会组织各种教育研究会

省级教育会主要是在省域范围内设立各种研究机构，开展相关研究。例如，江苏省教育会在教学研究方面开展了以下三个方面的活动。

第一，指导各市、县、乡开展教育研究。1915 年，江苏省教育会因新教育发展中颇多问题亟须研究，要求各市、县、乡教育会根据各地方的具体状况，酌情开展教育研究。研究问题或由专人发布，或由研究主任员酌定，或由各小学校自拟，即研究学校教师和会员感兴趣的问题。这些研究可由教师自行研究，也可通过开研究会的方式进行，“开会研究时，应由主任员维持研究之秩序”。为了便于推广研究成果，教育会要求研究者在研究结束后撰写报告，并印刷和刊送各小学校供教师学习，同时向省教育会呈送一份报告，以备教育刊物采纳，此外还向省教育会询问对于此项研究报告之意见。[①] 在制度化的教学研究尚未形成之时，江苏省教育会鼓励教师开展教学研究的做法在当时不失为一种可行的方式。

第二，设立各科研究会。为促进教师开展学科教学研究，江苏省教

① 《唤起研究教育之兴味》,《教育杂志》1915 年第 3 期。

育会设立了各科教学研究会，有英文教授研究会、小学教育研究会、理科教授研究会、师范教育研究会、体育研究会五种。除此之外，还开办长期演讲会、小学教授法暑期讲习会等。[①]下文主要以理科教授研究会为例分析其研究活动的具体情况。

民初，江苏省教育会附设理科教授研究会，其会员多为中小学理科教师。1920 年 8 月 15 日，该研究会在上海召开会议，参会人员除会员以外，还有上海及松江、宝山各高等小学校的理科教师。理科教授研究会主要探讨了与理科教学相关的问题，讨论的内容来自各会员的提案，主要有五个方面：①聘请教员教授“各种应用工艺案”；②理科讲习会举行日期案；③通信研究应设专门案；④理科实验室特设管理员案；⑤理科教授设备的改进和教材、教学方式的改进等方案。是年，该会举办理科演讲 17 次，工艺传习会 5 次，理科讲习会 1 次，以改进理科教学。除此之外，他们还开展了审查化学、物理名词，编辑理科丛刊，出版研究报告等活动。[②]

1921 年 8 月 28 日，理科教授研究会再次举行大会。会议除报告该研究会一年来的运行情况以外，还开展了演讲、讨论、提议等活动，具体情况如下。

演讲：①干事章伯寅主讲今后整顿理科教育应注意之事项；②吴和士演讲理科教学法，并报告视察上海算术理科之情形及应改革之点（其最大弊端在于理科无专任教师）。

讨论：由总干事吴和士提出问题数条，供大家讨论。具体包括如下三个方面的内容：①请各县报告各自的理科教材大纲；②函致上海劝学所，建议将上海各校级任兼本级理科教授制改为理科专任制；③函致上

① 《江苏省教育会大会记事》，《教育杂志》1915 年第 10 期。
② 《理科教授研究会大会》，《教育杂志》1920 年第 9 期。

海劝学所，请设置公共学校园。

提议：①会员吴锡嘏提议小学理科应加入主科案。此次理科教授研究会大会议决理科应定为升级及毕业实验主要科目之一，并由研究会致函各县劝学所，以通知各校酌量办理；②吴和士提议理科讲习会翌年是否续办理，大会议决仍于暑假期续办，但办法可以变通；③吴和士提议各县应组织理科教育参观团案，大会议决，由研究会致函各县劝学所，以通知学校组织。参观团除随时互相参观理科教学法及设备外，并于寒暑假及春假内，参观各地农工商真实状况及农工商品之加工方法，以补充理科教授之应用知识；④会员钱梦渭提议组织理科器械审查会，大会议决成立审查部开展相关工作。[①]

从上述内容看，理科教授研究会主要讨论与中小学理科教学有关的事宜，包括课程地位、教学大纲、教学方法、实验仪器、教师培训、理科教育现状及其改进等。其中课程地位、教学大纲、教材教法、教师培训等研究与教师的教学改进和发展有重要的关联。

第三，组织多种教师活动，促进教师素质提升和教学改善。教育会以演讲会、谈话会等形式组织教师学习、研究。1915 年 10 月，江苏省教育会召开演讲会，召集中小学各学校职教员莅会听讲，到会者 100 余人，演讲的内容主要涉及美国学制的介绍、美国学校的现状等。[②]1918 年 12 月，江苏省教育会在上海召集本埠中小学校长及主任教员，开谈话会，到会者 80 余人。会议内容如下：一是讨论全国教育会联合会的议决；二是某君讲座，介绍当前教育现状；三是由“吴怀疚君指示训练之方法”；四是某君谈对各校的希望；五是由“沈信卿君为最后之赠言”

---

① 《理科教授研究会大会》,《教育杂志》1921 年第 9 期。

② 《江苏省教育会讲演会》,《教育杂志》1915 年第 11 期。

等。[①] 据报道，1914—1915 年，江苏省教育会增设蒙台梭利教育法研究会，开展蒙台梭利教学法的实验、研究和推广，轰动一时。后来商务印书馆仿制其教具，对我国幼稚教育产生了相当大的影响。[②]

可见，江苏省教育会的工作丰富多彩，除指导地方开展教育教学研究外，还设立了省域内的各科教授研究会，开展讲座、教学研究、新教学方法实验等。

（二）各县教育会发起教育研究会，开展教师教育教学研究

这一时期，一些县级教育会也很活跃。民国初年，上海县（今属上海市闵行区）教育会会员王立才发起组织小学教育研究会，以“发表教师教育教学心得，讨论疑难”为宗旨。具体如下：“①本会以研究小学校之教授训育养护之实施方法而设，故名小学教育研究机会；②本会以发表心得讨论疑难共谋小学教育之进步为目的；③本会附设于上海县教育会；④凡有志研究小学教育者，皆得为会员。”[③] 显然，该研究会是由小学教师及关心小学教育的人员组成，是以教育教学研究为主要内容、以谋求小学教育进步为主要目的的教师研究组织。

其他形式的教师学习研究组织也相继设立并开展活动。如江苏永嘉设立单级教授研究所[④]，江苏省教育会设立江宁单级教授谈话会[⑤]，均开展了单级教授研究。

此外，组织学校参观团。民初，新式学校缺乏举办现代学校的经验，政府又无力指导，教育会则通过组织学校参观团，为办学者开阔眼界，提供榜样。例如，1914 年，“嘉善县学校，自光复以来，颇为发达，

① 《江苏省教育会谈话会》，《教育杂志》1919 年第 1 期。
② 徐珍编著：《中外教学法的演进》，群言出版社 1996 年版，第 76 页。
③ 《上海小学教育研究会开会》，《教育杂志》1912 年第 8 期。
④ 《永嘉单级教授研究所全体摄影》，《教育杂志》1916 年第 1 期。
⑤ 《江宁单级教授谈话会会员摄影》，《教育杂志》1914 年第 5 期。

各校均锐意进行，不遗余力”①。为了更好地发展地方教育，浙江嘉善县教育会决定组织参观团（每区各举 1 人共 12 人），“往无锡、常州参观各校，以资借鉴而谋改良”②。同期，川沙县（1993 年撤销，今属上海浦东新区）教育会也组织全境教师，分三期出发到上海、无锡等地学校参观。苏州教育会组织学校参观团，“分甲乙两组，乙组定于十九日来申，其领队者，系陆季绶、陆友益、沈禹襄、孔陟岵诸君，沪上有名各学校，已欢迎引导参观矣”③。

学校参观团类似今天的校际参观交流，通过参观办学成绩优良的学校，学习办学经验，改进自身的办学。这些参观学习与教学观摩是教师相互学习和教学改进的重要方式之一。

三、其他教育团体在教师研究学习上的作用

民国前期，民间教育团体极为活跃，对推进新式教育发展和促进教师的专业化做出了重要贡献。其中影响较大的是中华教育改进社。

1919 年 1 月，江苏省教育会、南京高等师范学校、北京大学、暨南学校、中华职业教育社联合发起组织中华新教育共进社，刊行《新教育》杂志，宣传教育革新运动。1921 年 12 月，新教育共进社、《新教育》杂志社、实际教育调查社三者合并成立中华教育改进社，以“调查教育实况，研究教育学术，力谋教育改进”为宗旨，推进教育调查、教育测量和科学教育。中华教育改进社是当时最大的教育社团，对教师开展教育教学研究和提升教师教学能力起到了重要作用。

1922 年“新学制”实施后，面对中学课程亟须改造的现实，中华教育改进社与北京师范大学合作开设中学课程研究班，由该社中学课程研究院张仲述博士担任教授。凡北京各中学的“富有学识经验，而

---

①②③ 《学校参观团之发达》，《教育杂志》1914 年第 2 期。

于中学课程研究有特别兴趣”的教职员及专门学校学习教育学科的高级生，或有相当资格的志愿研究者，均可参与研究。其研究问题如下：①新课程问题之特别性质；②欧美现行中学课程之由来；③新课程改造之运动与方法；④现代思想环境之分析；⑤调查中学学生之性质及其社会背景；⑥拟定新课程之准绳，或名之为课程改造的原则；⑦编制学校生活之内容；⑧实验及推行之机械。研究期限一年，研究时间为每星期三下午二时至四时，研究地点在琉璃厂师范大学校。① 这是典型的民间教育团体与大学合作开展教育教学研究的案例。

1922—1925年，中华教育改进社召开了四次年会，年会按学科分语文教学组、数学教学组、英语教学组、历史教学组、地理教学组、生物教学组、理化教学组、心理教育测验组等，各组就教师在某科教学中遇到的普遍问题进行研究讨论，据称：“(此会)对于当时各科教学之改进，贡献甚大。”②

四、北京政府时期和南京政府时期的不同

民国初年，由于缺乏一个强有力的中央政府，各地政府各自为政，因而，民间教育团体的表现很活跃。当时，各教育团体热衷于介绍西方教育理论、教育思想、教育制度和各种新式的教学方法，对于推动新教育的发展功不可没。以教学方法引进为例，“近数年来教授方法之研究，日益进步，有所谓勤劳主义自学辅导主义者，有所谓筋肉运动主义循环发表主义者，一一皆由理论而进于实验，由实验而见诸成效”③。

南京政府时期，中央政府一方面通过制定各种规章制度，把各级教育发展纳入法制化的轨道，另一方面收回地方乃至民间的教育权力，由

---

① 《北京新组织之中学课程研究班》，《教育杂志》1923年第11期。

② 徐珍编著：《中外教学法演进》，群言出版社1996年版，第80页。

③ 朱有瓛主编：《中国近代学制史料》(第三辑上册)，华东师范大学出版社1990年版，第273页。

政府实行统制，民间团体在教育上的作用受到了限制。

收回教育权力的表现之一是取缔民间团体。1926 年 11 月 8 日，浙江教育厅及省会警察厅奉省长公署第 2432 号令，取缔省教育会，理由为："乃近查省教育会，组织不良，营私把持。甚至假教育会领袖名义，效政客兴味。匪特妨碍教育，抑且贻害地方。若不亟予整顿，彻底改革，将何以重教育而谋发展。应即将该会立予解散，另由教育厅妥拟办法，呈候核定，再行召集组织。"①1927 年，江苏省教育协会成立，取代江苏省教育会。②20 世纪 30 年代，以"盖照党部指导教育会改组及组织办法，自教育会成立总教育研究会，无另行设立之必要云"③的理由，教育部废止浙江省各县市小学教育研究会组织，从此，为江浙教育发挥了重要作用的民间教育团体江苏省教育会和浙江省教育会以及它们的分会消失了。

南京政府时期，一些学会组织也开展了教师教学研究活动。1932 年成立的中国物理学会，"讨论关于物理学之研究及教学种种问题"是其重要职责。④1936 年设立的中国地理教育研究会由全国专门地理学者组成，会员 200 多人，多数会员在国内各大、中学担任教职。该研究会主要从事地理教育研究，编辑出版了《地理教育》月刊、学校应用地理挂图、教科书等教育教学资料。⑤1948 年 5 月，以"联合英语教学专业人士，研究并改进各级学校之英语教学"为宗旨的中国英语教学研究会在南京设立，该会主要从事以下三个方面的工作：①开展有关英语教

① 《浙江省教育会之解散》,《教育杂志》1926 年第 12 期。

② 《江苏省教育会权威之崩溃》,《教育杂志》1927 年第 4 期;《江苏省教育会之末运》,《教育杂志》1927 年第 7 期。

③ 《解散小学教育研究会之部令》,《教育杂志》1931 年第 6 期。

④⑤ 蒋致远主编:《中华民国教育年鉴》(第二次第三册)，宗青图书公司 1991 年版，第 850、846 页。

学的各种研究；②举办在职中学英语教师进修会；③编撰有关英语教学的杂志及图书，当时编印的《英语教学》杂志是其中一种。[①]

总之，民国时期，民间团体主要在北京政府时期发挥了促进教师专业化的作用。由于政府的无能为力，一些民间教育团体，如各级教育会在一定程度上代替政府承担了指导和管理的责任，如倡导、鼓励甚至设立教师研修组织，推动教师开展学习和教学研究活动等。随着南京政府的建立，教育行政部门统管整个教育，民间组织在促进教师专业化和教育现代化方面的作用也越来越小。

第四节　校级教研组织的发展

一、北京政府时期各校开展多种形式的教研

民国时期，成规模的、以学校为主体的校内外教师教学研究活动出现。民国初期，培养现代国民的现代学校获得了较大的发展，但由于师资培养并非一蹴而就，如何使已经承担教学任务的在职教师提高教学质量是各校亟须解决的问题。此时，日本的教学法批评会被引入，推动了中小学教学研究活动的展开。

1913 年，《教育杂志》刊登了陈文钟翻译的文章《教授法批评要项》，该文介绍了日本宫城县师范学校附属小学校教授法批评会及其主要工作。文中特别提出，“凡一学校中，校长教师宜组织教授法批评会（亦可称教授法研究会）”，除此之外，还可组织校际教授法批评会，批评的主要内容包括教授材料、教授方法和教师与学生等。[②]

---

① 蒋致远主编:《中华民国教育年鉴》(第二次第三册)，宗青图书公司 1991 年版，第 848 页。

② 陈文钟:《教授法批评要项（译日本宫城县师范学校附属小学校教授法批评会之要项）》,《教育杂志》1913 年第 4 期。

教授材料批评关注的主要内容：

一、教材之性质是否合于教育原理；二、教材之程度是否合于儿童之脑力；三、教材之分量是否合于教授时间；四、教材之区分及排列是否适当；五、句法及文法是否无谬误及不切当之嫌；六、与他教材之联络处是否合宜。①

教授方法批评涉及的问题：

第一项，教授之阶段。一、目的指示适当否；二、提示新观念时能以旧观念分解整理而使之类化否；三、所提示者确实有把握否；四、新旧观念能互相比较而融合否；五、新观念能得明确之统括否；六、应用及练习能纯熟适合否。

第二项，教式。一、讲话简明否；二、发问正确否；三、示范合体否；四、答问能适当处置否。②

教师批评关注的问题：

第一项，教师之态度及言语。

一、教师之姿态及位置恰当否；二、教师之气象活泼否；三、教师有轻疏之气象否；四、教师之眼光及声调能统御全级否；五、教师之言语清楚高尚，且能适合此学级之儿童否；六、教师之示范有模范之价值否；七、教师能始终诚实热心否。

第二项，教师之训练方法。

一、对于学生违犯规则能有适当之处置否；二、命令能行否；三、能使活动全级儿童之心意，其方法及分量合否；四、使儿童活动有无偏颇否；五、儿童之注意能保始终如一否。③

可见当时日本的教授批评会已经非常有章法，它对教师开展教学研

---

①②③ 陈文钟:《教授法批评要项（译日本宫城县师范学校附属小学校教授法批评会之要项）》,《教育杂志》1913 年第 4 期。

究和批评提出了具体的指导意见和考察维度，这对我国中小学开展相应的活动给予了很好的帮助。在日本教授批评会的影响下，我国一些中小学自发开展各种教师教学研究会和教授批评会，有的还延伸到校外，开展跨校教学研究与批评。

（一）校内教研

民初是教育教学研究的兴盛时期。由于政府的作用有限，民间教育团体、举办学校的知识分子个体在教育现代化方面尽己所能地贡献力量。很多学校通过开展教学研究活动给教师传授现代教学理念，规范其教学行为，从而确立现代教学在学校的地位。当时无论南方还是北方，均有类似的教学研究活动。

第一，利用课余时间开展教学研究。

1914 年，江苏如皋县（今如皋市）县立第四高等小学辟出专门场地，供教师在课余时间开展教学研究。研究关注各年级教学的统一："教员预备室，即谋教授统一之场所。无课时，各教员群居室内，以图预备于课前，处理于课后，使前后联络一致也。""教授之研究：教授本非易事，非极力研究不能达完美之域。故各教员课前相互讨论，课时相互参观，课后相互批评。"① 这一设施供教师在课余时间研讨如何统一教学进度和如何采用适合的教学方法、教学内容等问题。这种状况在民初的中小学很常见。据资料记载，1922 年，"江苏各师范学校的附属小学，其中的教员，都有积极的组合，并且有联合几个学校的教员、从事于某项设施和教授的研究的"。②

第二，开展校内讲习批评会。

讲习批评会类似于日本的教授批评会，形式是教师讲授的公开课而

---

① 参见发表在《教育杂志》1914 年第 5 期上，由黄观艺撰写的介绍该校情况的文章。
② 既澄：《再论教员组合》，《教育杂志》1922 年第 4 期。

向全校师生开放，参加观摩的教师和学生在课后发表意见，内容涉及教材批评、教学法批评、教师批评。

民初，北京地区的一些中小学举办了此类活动。1915 年，京师西郊公立第十初等小学召开教研活动："本校同人每于课业之余会集一室，将一日之间教授上之经验及管理上之施为，各表意见，互相研究，以期得者日多，失者日少，庶于教育前途有裨。"[①] 据 1918 年《京师教育报》报道，京师公立南城小学教员定期开展讲习批评会，1918 年 4—6 月，该校至少召开了九次批评会，每次都针对某位教师的课堂教学开展分析批评。第一次批评会的主题是对国民科教师任长海的《礼让》一课教授状况进行分析和批评，其他八次批评会涉及国文、算术、书法、体操、地理、理科等学科的教学。

研究发现，此类批评会一般在授课以后进行，非常规范、严谨。以第一次批评会为例，会议一开始主席对批评会的方式做了规定："本会系互相讨论性质，对于教者并无何等关系，凡到会诸君尽可自由发言。"发言的顺序是："一、教者自陈。教者自陈不过说明己意及教授上特别情形，非阻遏他会员之批评也。二、他会员批评。批评次序按授课时之坐位以定先后，务请诸君各抒己见，竭力研究以期教法益臻完善。三、主席批评。至主席批评时，凡可研究之点诸君必尽言之矣，不过会员中批评意见有歧异，提出而共公折衷之。"[②] 在具体的评课环节，教者和评者进行了开诚布公的探讨。

讲习批评会非常像今天教研活动中的集体听评课，而各科教学研究会则如今天的学科教研组，其目的是使教法日臻完善。这些活动在当时

---

① 《京师西郊公立第十初等小学校研究事项记录》，邓菊英、李诚编：《北京近代小学教育史料》（上），北京教育出版社 1995 年版，第 328 页。

② 邓菊英、李诚编：《北京近代小学教育史料》（上），北京教育出版社 1995 年版，第 344 页。

已经制度化、常规化，对教师的教学有很大的帮助。

第三，开展教学实验。

20世纪20年代前后，受西方教育理论及杜威、孟禄、迈柯尔等著名学者访华的影响，我国一些教育学者开始实验和推广新式教学方法，其中影响较大、推行较广的为设计教学法、道尔顿制和文纳特卡制。这些教学方法的引进、实验和推广与教师的教学研究密不可分。

其一，设计教学法。设计教学法[①]在我国盛行于20世纪20年代前后。当时，江苏省几所师范学校的附属小学在一、二年级试行此法。南京高等师范学校附属小学（后改为中央大学实验学校）是实验设计教学法的中心。该校从1918年秋起，一部分学级实验“连络教材的教学法”；1919年秋起，实验“设计教学法”；1920年秋起，实验“分系设计法”，实验时把旧有科目分作servation，hand-work，stories，physical exercises几系，“分别把各种问题，设计学习”[②]；1921年秋起，实验自定时间表作业与废除时间表作业；1922年秋起，采用混合设计法；1923年秋起，全校实行设计教学法，实验时一方面打破学级和时间的两种限制，另一方面采用道尔顿制研究室的编制。

该校实验设计教学法经历了小范围实验到全校推广的过程。在实验推广期间，教师们合作开展对设计教学法的学习和实验研究，比如由于目的不同，科目不同，教学内容、阶段、方式也不同，教师单独去完成

① “欲达于生活中学习生活之目的，惟有设计法。设计法之要素有二，一为有目的之活动，一为同时的学习。前者对于一切活动能自知其用意所在而为有系统之计划；后者于活动时以人生之整体为对象而为统合的学习。设计之种类有四：一为生产的，以生产为目的。二为消费的，以享用为目的。三为问题的，重在解决问题。四为训练的，重在技能之练习，或称为特殊学习之设计。前三项为团体的活动，后一项须有个别的训练。故在著者观之，个别教学之道尔顿制等只在第四种设计中仍有相当价值。”徐珍编著：《中外教学法演进》，群言出版社1996年版，第82页。

② 徐珍编著：《中外教学法演进》，群言出版社1996年版，第81页。

很难实行。而且，设计教学法要调动学生学习的积极性和主动性，如何调动是很有挑战性的工作，对那些还处在学习如何开展现代教学的教师而言，更是如此。只有教师们一起研讨、实验，相互鼓励、观摩及借鉴，才能坚持下去。为了实验推广设计教学法，教育界使用的方法可谓多样，参观、演讲、研究、实验等是其主要的方式。

> 设计法流入中国，已有多年。最初只有著名的小学校，人才经济比较充裕些的，提出一二个学级来试验。一般参观的，以为方法新颖，颇感研究兴味，始则为口头或纸上的空谈，继则群起仿效。那时候报章杂志，很多有关于设计法的文字。但是文字内容，非申说原理，便与旧方法作一比较，大半是一种宣传作用，要求切实有用的著作，实不易得。盖大家入手试验之初，只有书本上的知识，没有真实的经验，所以各地暑期学校，虽有设计法的讲演，但是所讲演的都是些空洞的东西。教育家对于设计法的研究兴趣，提得很高，而试验起来，大家没有多大把握，因以惹起不少误会。[①]

其二，道尔顿制。道尔顿制是设计教学法的一种，是美国学者帕克赫斯特（Helen Parkh-urst）于1920年在美国马萨诸塞州的道尔顿中学开展的“作业室计划”。1923年，第九届全国教育会联合会议决议案之第一案为《新制中学及师范学校宜研究试行道尔顿制案》。其理由为：

> 道尔顿制为新式教学法之一种，其用意在适应个性，指导研究，打破学年制，诚改善之教学法也。吾国学生乏研究之心，教师缺指导之力，个性莫由发展，年制又难免除，似非改善不可。现各省新制中学及师范学校日多，似宜择班数较多、设备较完、经济人

① 赵宗预编:《设计式的各种教学法》，商务印书馆1933年版。转引自徐珍编著:《中外教学法演进》，群言出版社1996年版，第93—94页。

才较充之校，酌量试办，而在试办之先，须有充分之研究，如果试验确有成效，不妨逐渐推广。[①]

在全国教育会联合会的倡导下，各地开始实验道尔顿制。1922年冬，东南大学附属中学计划筹备实验道尔顿制。1923年秋，在迈柯尔的赞助下进行实验研究。当时，该中学计划做一种比较的实验，将智力和学力相等的学生分两组：一组用道尔顿制，另一组不用道尔顿制；比较两组成绩的高下。经过两年的研究发现："班级教学果然有缺点，但也有它的特色。我国介绍道尔顿制的人，心太热些，以致攻击班级教学制，几体无完肤。"报告从经济问题、考试成绩问题、个别差异问题、操习问题、系统的知识问题和团体教学问题六个方面，说明了道尔顿制实施的困难。"自从这次实验以后，我们觉得道尔顿制尚有许多问题，一时不易解决。自十三年（1924年）春季起，英文、数理科教学，暂行取消道尔顿制办法，只留国文、数学、地理三科，继续实验。一学期后觉得这个办法很不妥当。因为局部试行，一方面既有了固定的课程表，道尔顿制的作业时间，绝少伸缩，所以决计从缓采用。"[②]继东南大学附属中学之后，北京的艺文中学"采道尔顿制教学原则，以期实现创办艺文宗旨"[③]。

其三，文纳特卡制教学法。该法是美国新教育运动领袖之一华虚朋（C.W.Washburne）于1919年在文纳特卡的公立中学实验而产生广泛影响的新式教学法，其目的是使学校的功课适应儿童的个别差异。1931年春，华虚朋博士来华，沈阳、北平、天津、南京、上海等地的大学和教育团体都请他演讲。1933年，厦门大学附设实验小学用等组

---

①③ 徐珍编著:《中外教学法演进》，群言出版社1996年版，第96—97、97—98页。

② 廖世承编:《东大附中道尔顿制实验报告》，商务印书馆1925年版。转引自徐珍编著:《中外教学法演进》，群言出版社1996年版，第103—104页。

法实验文纳特卡制，开封省立第二小学中级亦曾于1932年上期进行实验。[①]

我们很难想象，没有教师之间的相互切磋、观摩及研究，此类新式教学法如何在我国中小学校内进行传播和实施。总的来说，民国前期，很多学校开展学科教学研究。由于小学是全科教学，而中学是分科教学，各科教师之间独立教学，不能形成教育之合力。“于是，各处之中学校，咸讲求各教师各教科间之联络方法，以为补救之计。或编造联络之教授要目及细目，或于每学期之始，开教授讨论会，或造精密之进行表，或每周开联络会一次，彼此知照学科之教授状况。”[②]但由于各校教师采用的教材不统一，且教师流动性强（当时教师聘期一般为一学年或一学期），教师间的教学研究讨论并不顺利，效果也不佳。

（二）各校联合开展跨校教研活动

民初，为了顺利推进新教育，学校之间也开展了各种形式的跨校甚至跨区域的教育、教学、管理等研究活动，主要有以下五种。

第一，湖北天门设立小学教育研究会。

1913年，湖北天门有县立小学50余所，学校办学各自为政，不相闻问，殊鲜得观摩之益。“现经该县小学管教员黎君际明等，集各校同人，组织小学教育研究会，拟订简章十条，呈请教育司立案。业经省行政公署指令，准予立案。闻该会已择定会所，按期研究，先从讨论各种教科书内容入手云。”[③]这个小学教育研究会是典型的教师自发组织的教学研究机构。

---

① 徐珍编著:《中外教学法演进》，群言出版社1996年版，第105页。

② 天民:《中学校亟须改革之点》,《教育杂志》1918年第9期。

③ 《天门小学教育研究会》,《教育杂志》1913年第7期。

第二，江苏南汇县（今上海浦东新区）设立教员批评会。

民国初年，由于学校规模小，很多学校实行单级编制，教师实施复式教学。当时许多教师不会开展这样的教学，因此，一些学校开设培训课或公开课，通过公开示范、教师演习及批评会的方法，帮助教师掌握单级教学法。

1914 年 7 月，江苏南汇县乘暑假之际，召集四乡小学教员，在该县城第一高等小学校开设单级教授讲习所。该讲习所先请主讲教师顾旭侯讲授单级教授法的原理。因时间仓促（仅 1 小时），举办者又召集市立小学校四级儿童各 10 余名，组织一临时单级小学校，先由顾旭侯进行示范教学，然后由教师学习教授，再开“批评会以讨论其得失，能使实习者与参观者，均或稍受厥益。……研究教授法，而能自此方面求之，于教育界前途，或不无影响”①。批评会的程序是，首先教师学习讲授，其次其他教师点评，最后由主持人点评。整个过程有专门的书记员记录，具体见表 2-3。②

表 2-3　主讲者所呈现的单级教授法教案记录

1914 年 8 月 11 日　星期二　第 1 时　主任教员　　　教授者凤松乔

班次 学科	甲班国文　新授	乙班国文　复习	丙班国文　写字	时间
教材及要项	第 25　中华疆域 要项： 1. 形式——中华疆域 2. 实质——中华四围毗邻之名称及筹备国防之宜慎	第 25　爱惜衣服	哥弟、同学	（未填）
教具	中华全境地图	小黑板	小黑板	

①②　顾旭侯：《单级教授实习评案（附表）》，《教育杂志》1914 年第 7 期。

续表

<table>
<tr><th>班次
学科</th><th>甲班国文　新授</th><th>乙班国文　复习</th><th>丙班国文　写字</th><th>时间</th></tr>
<tr><td rowspan="5">教授</td><td>准备用具；
揭示地图（一）；
仿填大势于本课图中</td><td rowspan="3">轮讲；
错误处由同班生记录于石板</td><td>准备用具</td><td rowspan="8">（未填）</td></tr>
<tr><td>各自填写</td><td>教授范字（二）、音义笔顺（书空）、哥弟</td></tr>
<tr><td>巡订；
教授生字（三）、音义笔顺</td><td>各自练习</td></tr>
<tr><td>练习写法</td><td>深究内容；
应用文字（四）</td><td rowspan="2">各自练习</td></tr>
<tr><td>订正（五）</td><td>各自记述</td></tr>
<tr><td rowspan="3">方法</td><td>思索意义</td><td>订正（六）</td><td rowspan="2">巡订；
教授范字、音义笔顺（书空）、同学</td></tr>
<tr><td>问答大意；
逐句启发；
范讲（八）；
范读</td><td>抄写课文</td></tr>
<tr><td>齐读；
轮读</td><td>订正（九）</td><td>各自练习</td></tr>
<tr><td>备考</td><td colspan="4">课本　商务印书馆单级国文教科书，甲班第七册，乙班第四册，丙班第一册
符号　○直接教授　●儿童自动　◎监督自动　（一）（二）（三）等为直接教授之顺序</td></tr>
</table>

主讲者“自陈”。自陈环节，讲授者主要讲解自己在教学中的问题。例如，“丙班教授写法，令儿童齐唱笔顺，因未习熟，故不甚合式。”“乙班轮讲时，本令同班生记录谬误于石板，俾于深究内容之先，

得寻查其谬误而矫正之。兹因一般儿童对于此种自动课业，犹未习惯，均不记录，致未洞悉其谬误之所在。憾事也。”“甲班教授生字，因时间局促，未能十分说明。俾儿童了解，且齐读后之轮读，亦不及举行。”①

同学批评。一起听课的市立小学教师提出自己对教学的意见。例如，某教员提出：“巡视甲班所写生字时，于左列四生，未曾视及，致儿童呼‘吾辈亦已写好’。而凤君仍不为之订正。似欠周到。”②另有教员提出：“退课钟声已鸣，凤君犹命丙班将第一次所授之哥弟二字，及第二次教授之同学二字，联络再写一遍。而儿童未写，凤君亦不巡订，未免空发命令。”“甲班教授生字时，于笔顺唱得太速，儿童不易记忆。”③

职员批评。主持人倪楚翘和主讲人顾旭侯对教学提出批评。

倪楚翘从教态、讲解、方法、管理等方面进行批评。他指出：“教态，颇敏捷而欠庄重。”“讲解，疆域二字欠正确；文中二十二省及英法属地，其名称全未提出，而所用启发式多暗示法是为缺点。”“教授方法，三年新授，预备段骤讲文义；二年轮读轮讲周而复始，时间过长；次授应用文字，板订亦无变化；一年写法，笔顺音义示范，均欠周到；巡订后课钟已鸣，偏令再写几字，徒夺儿童休息时间，非可为训。”“管理，目光未能顾及全级。”④

顾旭侯认为：“教态从容，教音明瞭，惟身体常作无故之摇摆，目光不能注及全室，管理尚欠周到。”“甲班先揭示彩色地图，令儿童仿填大势于本课图中，此法非不可行。惟彩色图画先行揭示，不能唤起儿童兴味，至教授时亦不能使之注意，殊失挂图之效用。宜先使之描摹本课附图，或摘录难字句，至仿填大势，亦可于小黑板上。豫绘一图，临时揭示，命儿童仿填。该彩色图，可留至问答大意时，自教案中取出揭示

①②③④ 顾旭侯：《单级教授实习评案（附表）》，《教育杂志》1914 年第 7 期。

之，必能唤起儿童之注意力，并得引起其兴味也。”①

这个批评会体现出教员间有切磋、学习与研究活动。整个过程与今天的校内外教研活动基本一致，教师的点评中肯、到位，对教师的教学有帮助。

第三，京师各校跨校教研。

据1915年第14期《京师教育报》报道，京师公立学校各校定期召集校长、教师开展研讨会，研讨的主题由各校教师提出。例如，①小学作文标准；②国文读法，涉及教师课堂讲解中存在的问题及对如何讲解（从字词、段落到文章）提供建议；③国文作法，内容涉及作文的初步、不同年级要求、文章规范及如何选题和评改等。除此之外，还涉及国文书法、国文语法、国文补助法等内容。②

可见，京师公立小学校长和教师的研讨会是跨校教学研究会议，主要内容是解决教师教学中的问题。这些研讨有助于教师了解教学标准、教学要求和开展规范的教学。

第四，上海市立小学举行联合游艺会。

民初，在各校间联谊的教师学习研究活动中，通过对其他学校学生活动的观摩和评价，教师能了解其他学校的教育教学水平，从而获得成长。

1912年，上海市立小学校举行联合游艺会，游艺会有专门的评判员，他们对市立各小学的游艺活动的组织、表演等进行评价：“各种试演，不宜过于艰重，并须与以休养之时间，不可连续试演。舞蹈不可过促，式歌且舞，宜求从容，能以宏亮之琴声齐其步伐，免唱一二三四……尤

---

① 顾旭侯：《单级教授实习评案（附表）》，《教育杂志》1914年第7期。

② 邓菊英、李诚编：《北京近代小学教育史料》（上），北京教育出版社1995年版，第288—309页。

妙。表情唱歌，手势宜求自然，不可太多，凡身体俯仰过度，使声音不能发宣者不宜用。步伐不宜过急，女子尤宜保持其自然之姿势。凡余兴滑稽，总以俗不伤大雅，不致损害德育为主。”[①]评判员的意见有助于各学校教师改进音乐和体育的教学，这其实是间接的教学研究。

第五，其他形式的教师学习和教学研究。

①巡回演讲。民初，一些模范学校也承担起改进周边或区域内学校教师教学的任务。1915 年春假后，在江苏省立第一师范附属小学校执教的蒋昂老师，受校长委派，“赴常熟各市乡巡回讲习，历时三月”[②]。

②教师自主研究。民初，虽然教师的工作环境不佳，工资待遇没有保障，但仍有一些教师主动开展教学研究。在 1909—1949 年《教育杂志》中，几乎每期都有介绍教师开展教学研究的文章。例如，1912 年第 2 期庄适的文章《实验：教授法略说》，同年第 4 期费俊的文章《敬告小学教师》（介绍教师教学时如何讲解、发问，教态如何呈现，黑板如何使用等）；1913 年第 5 期韦悫的文章《蒙台梭利新教育法之设施》，1913 年第 6 期陈文钟的文章《上海尚公小学校外教授案》（涉及教学内容、校外教学地点、具体教学方法等），第 8 期时成的文章《最近之图画教授法——探讨各国之图画教授法》。1918 年和 1919 年也有介绍各科教学研究的文章。由此可见，自主教学研究在当时已形成了风气。

总之，北京政府时期，各中小学为了实现优质教学的目标，开展了形式多样的校内外教学研究活动。既有一校教师利用课余时间开展不定期的教学研究活动，也有跨校的定期和不定期、具有固定形式的讲习批评会、教学实验、教学观摩等活动。可以说，如果当时没有学校内外这些活跃的教学研究活动，就很难有引进各种新式教育理论并形成教育实

---

① 《上海市立小学校联合游艺会评判员之意见》，《教育杂志》1912 年第 6 期。

② 蒋昂：《常熟巡回讲习后对于教育之意见》，《教育杂志》1915 年第 10 期。

验的土壤。

二、南京政府时期的校内外教研

民国前期，学校范围内的教学研究活动很少，直到20世纪20年代才逐渐增多，而大规模的出现在20世纪30年代。学校教研机构的出现与教育行政部门的大力倡导不无关系。早在1919年，教育部训令学校教员组织各科研究会。① 南京政府时期，教育当局更是以法律法规的形式规范学校管理，学科教研组／会、教育研究会等成为学校组织系统的一部分，用于指导教师开展教学研究。1936年教育部修订的《小学规程》，1935年颁布、1947年修订的《中学规程》，均明确要求中小学设立教育研究会、学科教学研究会。

（一）一些学校把教学研究部门纳入行政系统

研究发现，民国后期，较好的中学一般都设立了学科教学研究机构，并把它置于学校行政组织系统中。下文以北平师范大学附属中学、北京高等师范学校附属小学和南开中学为例讨论学校教研机构的行政化过程。

第一，北平师范大学附属中学设立教学研究部。

从1925年的北平师范大学附属中学的组织系统（参见图2-1②）中可见，各科研究部会议和其他的职教员会议、校务会议、级务会议，以及庶务课、教务课、训育课等，共同组成学校管理机构，它们分别负责学校教职员、教学、年级，以及学生的招生、总务、庶务管理、教务管理、训育管理等工作。各科研究部会议所属的各学科研究部由学科主任和本学科教员组成，主要工作是承担学科教学研究。1935年的《北平

① "庶由中学师范各校教员组织各科研究会，就教授经验所得，公同讨论。随时将对于各教科书之意见，陈明本部。其高等小学及国民学校教员并可组合研究，讨论报告，以备参稽而策改进。"《教育部训令学校教员组织各科研究会》，《教育杂志》1919年第4期。

② 北京师大附中编：《北京师大附中》，人民教育出版社2000年版，第24页。

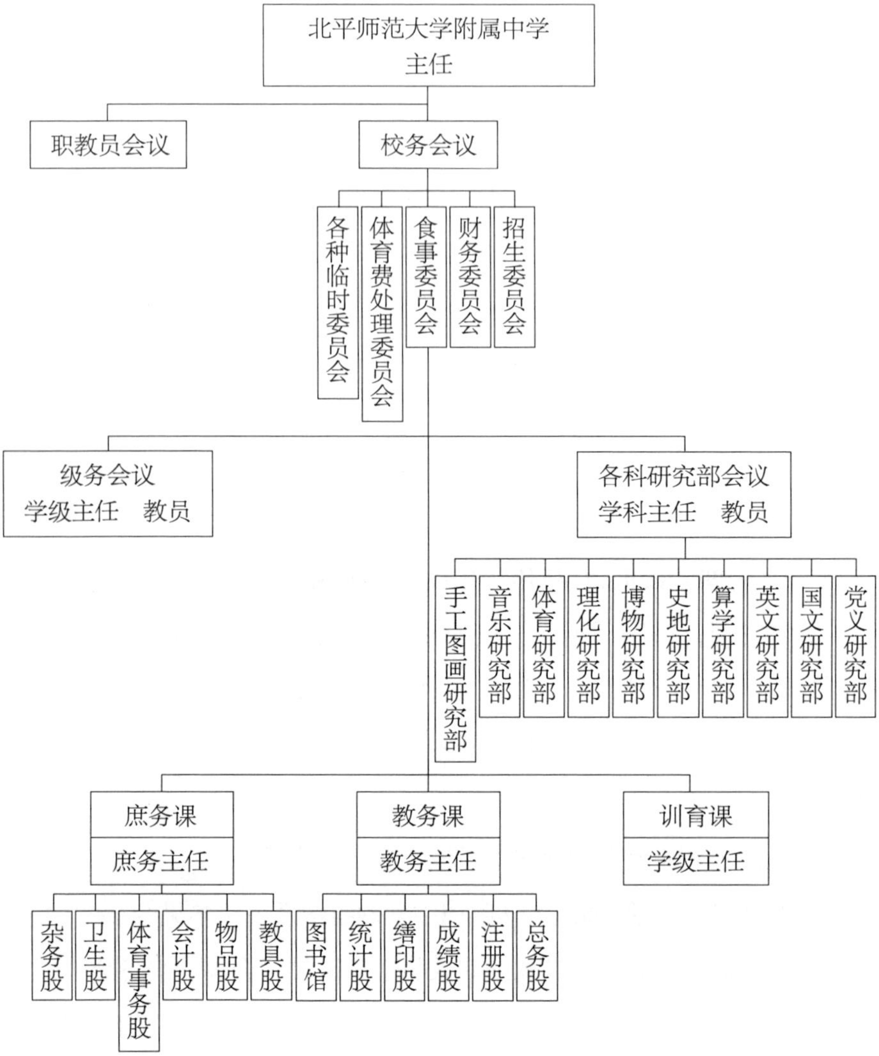

图 2-1 1925 年北平师范大学附属中学行政组织系统图

师范大学附属中学组织大纲》明确要求："各学科设教学研究会，由各该学科教员组织之，开会时以教导主任或学科主任为主席，并得请师范大学各关系学科之系主任或教授出席。"[①] 研究会隶属各科研究部会议，

① 北京师大附中编：《北京师大附中》，人民教育出版社 2000 年版，第 150 页。

研究探讨与教学相关的事宜。如地理教学研究会注重中学地理教授法商讨，并实验研究讲演法、暗示法、比较法、加叙法、精说法、归纳法及演绎法、同类之提出法、大处着眼法、修词之必要法、问答法、直观法和地理游戏等教学方法。① 英语研究会的内容是："关于教材方面，本校负有实验之使命，共同选择，共同搜集，有时自编教材。……本校曾正式或非正式实验过各种教法，大致长短互见，在学科会议上有详细之讨论。" ②

在教学研究会的影响下，北平师范大学附属中学的教师热衷于教学研究。1941 年《师大附中成立 40 周年纪念特刊》刊发了一系列由教师撰写的文章，如《劳作课之现状》（作者未知）、《国文科教学之经过》（张鸿来）、《国文科教学法刍议》（王述达）、《英语教学法之点滴》（赵海天）、《中学地理教授法商讨》（万方祥），从中可见，一些教师确实开展了学科教学研究。

第二，北京高等师范学校附属小学设立学科研究会和教学法研究会。

1912 年创办的北京高等师范学校附属小学一直注重提高教师教学能力。该校首任主任郑际唐在《论教师对于教育事业宜有责任心》一文中提出：

为教师者，果能以造就国民为己任，启发国民应有之知识，参酌各科教授之宗旨，考证学生活动之状态，教授之前，于教材之处理，教具之准备，教法之运用，一一预备周到，胸有成竹；教授之际，聚精会神，引起一般向学之兴味；教授之后，更详细审查其所处理者，法有未善，立即改良，领悟未彻，立即补救某事也。宜详细调查某生也，宜特别注意预习练习应如何指示，成绩笔记宜如何

---

①② 北京师大附中编：《北京师大附中》，人民教育出版社 2000 年版，第 191—193、194 页。

校改，审慎周详不丝毫苟且，积年累月未有不能得美满之效果者。吾愿世之为师者，能于按时授课讲解外，更能注意上述各端，庶免学校为机械文字传习所之讥尔。[①]

为了养成教师教学严谨认真的态度和及时反省改善的品质，学校要求教师不断学习进取，并建立教师研究制度，以督促教师开展教育教学研究。早在20世纪20年代，该校就建立了教师研究制度，并以会议的形式参与学校的管理。当时学校会议制度分职员会、学科研究会、教学法研究会三种。①职员会。该会负责研究管理、训练及一切校务，每周开会一次，于土曜日午后进行，会议时间以两小时为限。②学科研究会。该会以谋各学科之改良进步为宗旨，包括公民、国语、数学、史地、观察科理科、体育乐歌、美术工艺和英语八科。每科设干事一人，经理本科一切事物。各科分会每周开会一次，各科总会每月开会一次。③教学法研究会。该会以改良教学方法为宗旨，每月开会一次。开会时教员轮流做研究教授，其余人员观摩批评，共同研究。[②]其中的学科研究会和教学法研究会主要关注学科改良和教学改善。前者以学科为单位，后者专注教师教学方法的改良，两者都定期开展活动。活动的目标、内容与今天学科教研组的活动很接近。

南京政府时期，北平师范大学附属小学把研究会纳入学校的行政组织系统中。学校设主任一人，主任以下有职员和教员。学校还设有校务会议，校务会议下设两个部门和三个会议，分别是校务处（卫生股、教导股、事务股），委员会（招生试验委员会、实习指导委员会、出版委员会、设计委员会、食事委员会、各种临时委员会），级务会（高级级务会、中级级务会、初级级务会），研究会（小学教育研究会、分科研

①② 北京第一实验小学编:《北京第一实验小学》，人民教育出版社1997年版，第2、114页。

究会）和幼稚部。[1] 这里的研究会的工作范围比学科研究会和教学法研究会的大。

总之，从 20 世纪 20 年代起，北平师范大学附属中学和附属小学的任课教师已建立了学科教研组，他们定期举行活动，互相切磋，形成了浓厚的学术研究氛围。

第三，南开中学设立学科教研组。

1919 年，南开中学的情况是："全校教员分为四科以便研究讨论各科之进行。四科曰国文科，自然科学科（物理、化学、算学、博物、手工、图画等科属之），社会科学科（历史、地理、法制、经济、商业、簿记等科属之）。每科设主任一人，由教员兼任，担负本科之选择教材、研究教法；每月本科开会时为主席，每学期终报告本科各门成绩及未来计划。" [2] 可见，南开中学已设立了定期开展教研活动的学科教研组。

上述可见，20 世纪 20—30 年代，许多知名的学校，如南开中学、扬州中学、北平师范大学附属实验小学、湖南省立第一中学等，均在学校行政组织系统中设有专门的学科教学研究部，定期召集教师开展教学研讨活动。这些活动有力地促进了教师的专业化。

（二）学校开展丰富多彩的教师学习研究活动

除按照《小学规程》和《中学规程》等要求设立学科教研组外，学校针对教师教学存在的问题，开展各种活动，以改善教师教学。

当时，小学教师普遍存在诸多问题，如不能彻底明了教育目标，缺乏民族意识，只重课堂教学、不重劳作、不识改造社会，无研究兴趣，身体欠健康，没有敬业精神等。教育界不少人士主张教师自身需

---

① 北京第一实验小学编：《北京第一实验小学》，人民教育出版社 1997 年版，第 136 页。
② 天津市南开中学编：《天津市南开中学》，人民教育出版社 1998 年版，第 46 页。

要通过读书、听讲座、健身、参加讨论、相互观摩等方式补救。学校当局则通过举办教学演示、成绩展览、教学指导、开会研究等方式加以补救。①

民国中后期，受抗日战争的影响，我国各级教育的发展受到很大阻碍，但在1928—1947年，我国学校教育人士一方面创造新的教学法以适应我国的实际情形，另一方面引进了外国的新教学法。前者如陶行知的教学做合一法、廉方教学法、导生传习教学法及分组编制教学法等。后者如社会化教学法、德可乐利教学法和莫礼生单元教学法。②这些教学法的创造和引进与教师间的相互切磋研究不可分割。

国民党统治时期，在各地教育行政当局的倡导下，各学校也开展丰富多彩的活动，促进教师的专业水平的提高。

> 各省教育厅既提倡于上，各小学自靡然从风于下，即以江苏省立各小学而论，每校皆有教师进修及研究的各种组织，如江苏省立镇江师范附属小学关于教职员的进修，有下列六种方法:（一）读书会;（二）座谈会;（三）专题研究;（四）交互参观;（五）外埠参观;（六）其他（如听受省府电台进修播音，阅读小学教师半月刊等）。作者现在正主持江苏省立徐州小学，对于提倡教师进修，亦不遗余力。最近更规定教师进修及研究办法，其中所列方法，约有下列几种:（一）专题研究（每学期每人认定一题研究）;（二）集会研究（每月开会一次，共同讨论研究题）;（三）循环讨论（由某教师提出困难问题后，用循环讨论簿，按教师号码传递研究）;（四）阅读书报（凡校内举行全体会议时，由教师分别报告心得）;（五）校内教学交互参观;（六）外埠参观;（七）其他（如听电台教

① 赵欲仁:《今日小学教师的缺点及其补救》,《教育杂志》1935年第7期。
② 徐珍编著:《中外教学法演进》，群言出版社1996年版，第114页。

育播音等)。小学教师进修和研究既如此其重要，所以负小学行政责任的人，莫不积极的提倡。①

抗日战争结束后，教学演示成为提升教师素养的另一举措。当时，教师的现代教学素养不高，“到任何一个学校的教室去参观一下就可以知道，有的教师竟连问题也不会发，订正也不会做，说话也不合适，板书也不得体，哪里谈得到教育理论”；而教育当局“急需扫除文盲，多多添设学校，又因为师资缺乏，教法不合，只能想出一个救急的办法，这个办法就是‘教学演示’”。② 在教学演示之后，再开一个讨论会（不称批评会），讨论的中心是现实的缺点及未来的改进。教学演示类似今天的公开课，目的是把教师的课例展现给大家，或为其他教师的学习提供一个成功的范例，或为大家提供一个批评的靶子，总之，帮助教师开展规范的教学。

（三）区域教研

南京政府时期，学校以区域为单位设立，每个学区设立一所中心学校，中心学校负有指导区域内其他学校教员的职责。“各省得由省教育厅指定省分区内之省立小学或省立师范学校附属小学为该省分区之中心小学。各市县教育行政机关得指定各学区之一小学为中心小学。前项中心小学，应充分以研究所得供给该省分区或该学区内之小学参考实施。”③ 新县制实施后，教育当局更是要求中心国民学校承担辅导保国民学校教员的任务。因此，这个时期教师的校外、校际教研多在中心学校的指导下进行。这一状况自 20 世纪 30 年代中期后已比较普遍。

---

① 樊兆庚:《我国小学教育最近的趋势》,《教育杂志》1937 年第 9、10 期。

② 沈百英:《教学演示杂谈》,《教育杂志》1948 年第 7 期。

③ 宋恩荣、章咸主编:《中华民国教育法规选编》(修订版)，江苏教育出版社 2005 版，第 272 页。

现在的小学，有好多无日不在研究改进中，有的老当益壮，经验愈多，偏偏愈要改良。尤其是那负有辅导地方小学责任的中心小学，设立的目标不仅在自己的不断进步，同时还要做一定区域里的领袖，做大家的模范与中心。[①]

负有辅导职责的中心小学，必然带领省域或县市域内的学校开展跨校教研。前面所述于 1934 年由北平市社会局按区域设立的四所实验小学就承担了跨校教研、促进区域教学改进、教育改良的责任。

可见，这一阶段教育行政当局全面规范学校办学，教学研究作为管理和指导教师教学的手段得到加强。与民国前期相比，校内外教师教研组织的设立、活动的展开、区域教师学习和研究机构的设立，都是教育行政当局推动的结果。这一时期校内的学科教学研究会，无论从目标、承担的职责还是在学校系统中的位置都可见，为教师开展有效研究提供了支持，也为新中国建立学科教学研究小组探索了经验和奠定了基础。同时也说明，这一时期我国已经形成了专题研究、教学观摩、教学演示、教学指导及专业演讲等有效的教研形式，这些指导教师改进教学的方法得到了教师的认可。

第五节　成绩与问题

民国时期，教师学习和教学研究制度在我国教育的现代化、教师的专业化方面做出了独特的贡献，是我国教学管理的专业化、制度化的重要体现。它在民国时期存在一些问题既是时代的局限性所致，也是由该制度自身的不足所造成的。

---

① 俞子夷:《新进教师常遇到的难问题》,《教育杂志》1935 年第 3 期。

一、成绩

1. 民国沿袭清末设立的教研组织有助于教师的专业化

民国时期，我国沿袭清末的制度，建立了教师学习和教研组织，并开展了丰富多彩的活动。这些组织的建立和活动的展开，缘于新教育的确立与普及，目的是改良教育、改进教学和促进教师的专业化。教研组的建立及其活动的展开的确促进了我国教育的现代化。一方面，它成为我国师范教育的重要补充。在师范教育尚不发达、难以培养足够合格师资时，它的出现为我国新式学堂提供了大量的在职师资培训，从而使新教育的普及相对容易；另一方面，它的出现也加速了我国教师的专业化进程。此类组织的存在，让西方的现代教育理论、现代教学方式得以在我国学校扎根，也让广大教师、办学者和行政管理者认识到教师职业的特殊性，还为建立教师持续的专业学习和研究创造了文化环境。

2. 民国时期教研组织已经层级化、体系化

在各方的努力下，民国时期已建立两个系统的教研组。一是区域层面，如立足于省、省分区、市县、学区的初等教育研究会或国民学校研究会等，二是校内的讲习批评会、各科教学研究会 / 部等。这两个系统形成了一种层级化且相互衔接、由上而下指导的特点，教育行政当局对其负有指导、管理责任。学校或下级教研组要接受上级主管部门的管理和督查，并接受地方教育研究会的辅导。这个教研体系与今天的区教研室、校教研组的宗旨、性质、职能几乎一致，两个系统的教研组分别推动了区域和校内教师的学习和教研，并形成了类似今天的区教研室与校教研组之间的业务辅导关系。这个层级化的、立体的教研组织为所有教师参与教研奠定了制度和组织的基础，也对新教育的普及、将教学作为“友教”职业、促进教师的发展等发挥了重要的作用。

3. 民国教研组织建立的主体是政府、民间教育团体和学校，而非教师自身

从民国教研组织建设发展的历史看，教师不是发起者和建设者，民国教研组织建立的主体是政府、民间教育团体和学校。

政府在教研组织的建立和活动开展方面承担了重要的引导、推动和实施的作用。民国前期，虽然一些地方也设立了单级小学研究会、塾师研究会、教师假期研究会、校长研究会等，但政府对教研组的建立以倡导为主，上述组织的设立是应急的产物。民国后期，政府的规划意识和统制意识有所增强，前述所设立的层级化、体系化的教师研究学习体系就是在政府的规划下设立的。

民间教育团体是其中的开路先锋，也是非常重要的实施力量，在北京政府统治时期尤其如此。在那个战争频仍、教育经费不独立、政府无能为力的年代，各级教育会和其他教育团体积极行动起来，设立了不同层级的教研组织，开展了形式多样的教师学习和研究活动，甚至替代教育行政部门履行新教育推进、教师专业化的职责，为民初现代教育的推行和专业教师的养成做出了重要贡献。

学校在推动教师学习研究过程中发挥了重要的作用。民国初年，学校的教研活动以自发为多，如江浙一带的学校就自发辟出场地，供教师利用课余时间开展教学研究。日本的教授批评会、讲习批评会也在很多学校应用。一些学校甚至广泛地开展教学实验，从而使设计教学法、道尔顿制等西方新式教学法在我国得以实验推广。很多学校自发组织的跨校教研活动也非常有质量。民国后期，由于国民党实行一党专制，权威主义管理哲学盛行，学校组织更为严密。与此同时，由于民治思想在当时知识界人士中还有相当市场，集教师研修和教学管理为一体的教研组成了学校行政组织系统中的一部分，承担起规范教师教学、提升教学质

量的重任，并在学校内组织体系中获得了相对稳定的地位，但教师的自主性有所下降。

由此可见，随着政府权威的增强，政府在教师学习研究中发挥的作用越来越大，但建立像西方那样完全由教师自主自愿结成学习共同体的可能性却在减少。

4. 民国教师学习研究组织的参与人员更广泛

与今天的教研组织体系相比，民国时期教研组的参与人员更广泛。区域教研机构的参与人员除中小学教师外，还有辖区的教育行政长官、督学、初等教育研究会的代表及师范院校的校长与教师等。学校学科教研会除有该学科的教师外，还邀请师范院校各相关学科系主任和教授出席。这使得教师获得更大范围、更高层次人员的指导，也使师范院校、区域教研机构和行政部门对辖区内的学校辅导、人才培养与管理更到位。

5. 出现了我国最早的一批教研员

研究发现，民国时期承担教育研究、指导职能的人员分为三类：一是教育行政机关的教育研究、指导人员，如视学员；二是民间各教育组织中的专业人员，以教育家、师范教育学者为代表；三是学校或学区中的人员，以优秀教师为代表。[①] 视学员类似今天的教研员、督导，承担着检查、指导教师教学的任务。1937 年教育部颁布的《省市义务教育视导员规程》明确提出，视导员的视导任务之一是“教师工作之考察及指导”[②]。在教育行政部门对视学员的视导工作不够清晰的时候，有学者撰文提出视学员应该切实承担起检查、指导的责任。如学者何心冷撰写

---

① 卢乃桂、沈伟:《中国教研员职能的历史演变》,《全球教育展望》2010 年第 7 期。

② 宋恩荣、章咸主编:《中华民国教育法规选编》(修订版)，江苏教育出版社 2005 年版，第 309 页。

的文章《一个比检定小学教员还要重要的问题》指出，视学员应当每年将视察的情形进行详细的报告，并加以批评和指导；视学员每学期至少要与各科教员开一次研究会，讨论改善各科教学的方法。视学员视察学校时，对于不能胜任的教员，“应当指出谬误的地方，通知学校方面，随时更换”。为了使视学员切实履行上述义务，该文要求视学员对于所视导的学科有确实的研究：“至少应当对于他自己擅长的科学会有著作物发表，为教育界所公认。”①

从有限的资料看，视学员、民间团体的代表、学区的优秀教师等的确为教师的教学改进、规范发挥了切实的作用。他们也是各地民间的和官方的教研组织的建立者、教研活动的策划者与实施者。

二、问题

就全国范围而言，民国时期教师的学习和教学研究活动并不普遍，对教师教学的指导就更少。俞子夷在《小学校的三个问题》中指出，只有几处师范学校的巡回演讲员似乎有些像指导员了，本应该承担视导责任的视学员、劝学员、学务委员，在视导学校的时候并没有承担起教学指导的责任。校长埋头在事务工作中，教师也各自为政，职员会和研究会也未发挥实际的作用。“校长或主事不过是一个出官的总庶务长，每天办公不出杂事和公牍；对于全校的教学训练，既不参观，也不指导。所以往往一个学校里各教员各自为政，教育训练的原则上发生不少冲突的现象。”结果导致教师手足无措，教育教学也难以改进。虽然各校设立了职员会、研究会，但“会上讨论无非是统一的校规，很少讲到校内教学训练的实际。不但开会时兴味索然，并且学校也难有进步”②。虽然很多学校开展“课余讨论”，不过这种讨论

① 何心冷：《一个比检定小学教员还要重要的问题》，《教育杂志》1923 年第 9 期。

② 俞子夷：《小学校的三个问题》，《教育杂志》1922 年第 7 期。

很多流于形式："然间日为之，或数星期而一行之，及会期将至，则搜索枯肠，拾一二门面语以为讨论之问题，时则欲敷衍此会期耳。届时，全场之中，甚至无一二人之发言，左右顾盼，呆若木鸡，心中已甚悔今日之莅会，而作他日脱逃之计者，其结果之如何，不问可知矣。"[①]

究其原因，教师的积极性不高是不争的事实，当时中小学教师待遇差，工作负荷重，身体薄弱，无心也无力参与教学研究。[②]"现代学术，与时俱进。教师于服务之暇，应注意进修，以谋求学术之深造，而提高服务之效率。一般新进教师，尚能注意及此，迨服务年限稍久，则研究精神逐渐减退，或以教学时间太多，课前须准备，课后须阅卷，日常教课生活，已颇忙碌，实鲜余力以从事进修；或以家务业脞，不易摆脱，忽而家庭，忽而学校，双方兼顾，深感疲于奔命。或以恣情赌博，夜以继日，学识与思想无暇求其进步。因教师之学识，未能与时俱进，故教育事业，亦鲜生气。"[③]

① 严琳：《小学教师之自身问题》，《教育杂志》1916年第10期。
② 赵欲仁：《今日小学教师的缺点及其补救》，《教育杂志》1935年第7期。
③ 卢绍稷：《我国中学教育上十个实际问题》，《教育杂志》1937年第2期。

第三章

中国中小学教研组织的体系化之一：创建（1949—1966年）

1949 年新中国成立标志着中国社会进入一个新的历史阶段。新中国的诞生必然对政治、经济、文化、教育事业产生深远的影响。1949 年之后，教育面临建设新中国的新目标，而有效的教学管理和专业教师队伍建设是完成这一目标的基础。在当时“一边倒”的外交政策下，苏联的教学小组和教学研究指导组成为我国教育部门学习的样板。因此，1949 年之后，我国全面重建了教研组织体系。

第一节　背景

一、建立新民主主义的教育需要全面改造旧教育

1949 年 9 月 29 日中国人民政治协商会议第一届全体会议通过的《中国人民政治协商会议共同纲领》提出了“稳步地由农业国进到工业国，由新民主主义社会进到社会主义社会和共产主义社会，消灭阶级和实现大同”的国家建设目标，确立了新民主主义的教育方针：“中华人民共和国的文化教育为新民主主义的，即民族的、科学的、大众的文化教育。人民政府的文化教育工作，应以提高人民文化水平，培养国家建设人才，肃清封建的、买办的、法西斯主义的思想，发展为人民服务的思想为主要任务。”

但旧中国遗留下来的，无论教育制度、教育教学内容，还是承担教育教学工作的教师，都难以适应新中国教育的要求。旧中国的文化教育事业落后，大众传播媒体（如新闻报刊、广播影视等）的数量十分有限，学校制度也不利于广大劳动群众接受基本教育。各级教育机构的培养能力很弱，全国人口的绝大多数是文盲，见表 3-1。[①]

① ［美］麦克法夸尔、［美］费正清（J. K. Fairbank）编，谢亮生等译:《剑桥中华人民共和国史：革命的中国的兴起（1949—1965）》，中国社会科学出版社 1998 年版，第 194 页。

表 3-1　1949 年在校生数额和同龄入学率

学校类别	学生人数（万人）	同龄入学率（%）
小学（1—6 年级）	2 400	25.0
中学（7—12 年级）	130	3.0
大学	12	0.3

旧中国学校的培养目标、课程设置、学校制度、师资队伍等方面与新中国建设的要求格格不入。国民党统治时期，教育部颁布以“信仰三民主义”“信仰并服从领袖”为中心的《青年训练大纲》，力图把学校建成“一个党、一个主义、一个领袖”的基地。在课程设置中，各级学校以西方学校的课程为蓝本，辅以维护国民党一党统治的党义、公民、童子军和军事训练等课程。这些课程培养出来的人才不符合新中国的要求。

新中国成立初期，一些反动分子把学校作为反击中国共产党的基地。以教会学校为例，一些帝国主义分子以教会学校为据点，收集情报，散布谣言，搞特务活动，其中影响较大的是辅仁大学事件①，这些引起了党和中央政府对接受外国津贴的学校存在问题的高度重视。如何建立我们自己的学校成为这个时期教育行政部门亟须解决的问题。

在这种形势下，中华人民共和国成立初期，中国共产党开始了改造旧教育、建立新民主主义教育的历程。1949 年 12 月，第一次全国教育工作会议确定了新中国教育建设的方针：“建设新教育要以老解放区新教育经验为基础，吸收旧教育某些有用的经验，特别要借助苏联教育建设的先进经验。”② 具体而言，在中小学教育领域，教育主管部门的主要

① 刘松林：《一九五〇年辅仁大学事件始末》，《党史纵横》2003 年第 6 期。

② 中央教育科学研究所编：《中华人民共和国教育大事记（1949—1982）》，教育科学出版社 1984 年版，第 8 页。

工作包括两个方面：一方面接管和改造旧中国遗留下来的旧教育制度、课程体系、师资队伍，另一方面建设新中国自己的教育制度、课程体系和师资队伍。而后者需要一支有马列主义信仰、能全心全意为人民服务、业务水平高的“人民教师”队伍作保障。

二、历次教育改革要求教师适应并落实

课程体系是落实新中国的培养目标、建立新民主主义教育的关键。中华人民共和国成立后的前 17 年，我国进行了四次课程改革，这些课程改革对教师的工作提出了挑战。

（一）四次课程改革

1949—1966 年前的 17 年，我国进行了四次课程改革。

第一次课程改革在 1952 年前后，目的是对旧中国遗留下来的课程体系进行新民主主义改造，肃清课程中封建的、买办的、法西斯主义的思想，发展为人民服务的思想。小学教育使儿童“成为新民主主义社会热爱祖国和人民的、自觉的、积极的成员”[①]，中学教育“用马克思列宁主义的理论与中国革命实践相结合的毛泽东思想和普通文化知识教育青年一代，使他们的身心获得全面的发展，以便为升入高等学校或参加建设工作打好基础”[②]。教育部成立后，随即组织了中小学课程标准的修订工作，先后颁布了《中学暂行教学计划（草案）》（1950 年 8 月）、《关于颁发四、二旧制小学暂行教学计划的指示》（1952 年 2 月）、《小学暂行规程（草案）》（1952 年 3 月）、《中学暂行规程（草案）》（1952 年 3 月），逐步形成了新中国中小学课程体系。

第二次课程改革在 20 世纪 50 年代中期，学习苏联，建立苏联式课程体系。新中国成立初期，我国就确立了学习苏联正规教育体系的

①② 何东昌主编:《中华人民共和国重要教育文献（1949—1975）》，海南出版社 1998 年版，第 142、139 页。

政策。1953 年 5 月，《人民教育》发表的《更全面、更深入地学习苏联，进一步提高教学质量》提出："向苏联学习，是我们今天提高教学质量的最重要的步骤。"[①] 这一时期，教育主管部门模仿苏联建立了新中国中小学的课程体系，效仿苏联设立了中央集权式的课程管理制度，并引进苏联的教科书及其编写制度，借鉴了苏联的教育理论指导教学。[②]

第三次课程改革是"大跃进"时期的"劳动化课程"[③] 的建立。苏联式课程体系学术倾向过重，不能满足当时中国社会主义建设的要求，而当时师生的实际基础也不能适应课程的要求，因此，我国开始探索自己的课程体系。1958 年 9 月，中共中央、国务院发布了《关于教育工作的指示》，明确要求："党的教育工作方针，是教育为无产阶级的政治服务，教育与生产劳动相结合"，"在一切学校中，必须把生产劳动列为正式课程。今后的方向，是学校办工厂和农场，工厂和农业合作社办学校。"[④] 在这些思想和方针的指导下，1957 年 7 月和 1958 年 3 月，教育部先后下发了《1957—1958 学年度小学教学计划》和《1958—1959 学年度中学教学计划》，突出了劳动课在中小学的比例：要求农村小学（包括大中城市的郊区和小城市的小学）在五、六学年开设农业常识，要求条件允许的城市小学开设手工劳动课；加强课余体力劳动锻炼，养成学生的劳动习惯；[⑤] 要求中学加强劳动教育，有计划地组织学生参加

---

① 龚依群：《更全面、更深入地学习苏联，进一步提高教学质量》，《人民教育》1953 年第 5 期。

②③ 王献玲：《建国后 17 年课程改革及历史反思》，《天津师范大学学报（基础教育版）》2013 年第 1 期。

④ 中央教育科学研究所编：《中华人民共和国教育大事记（1949—1982）》，教育科学出版社 1984 年版，第 231 页。

⑤ 何东昌主编：《中华人民共和国重要教育文献（1949—1975）》，海南出版社 1998 年版，第 774—775 页。

体力劳动并规定了劳动时间，在初高中增设生产劳动科；要求各科增加劳动教育的内容，教学时密切结合生产劳动并加强实验实习。[1]

第四次课程改革是20世纪60年代前期在“调整、巩固、充实、提高”的“八字方针”指导下的课程改革。“大跃进”时期的冒进给各级教育造成了很大的损失，实施“八字方针”以后，教育发展从“大跃进”时期注重数量转而关注质量。[2]1963年3月，中共中央连续发出“小学40条”“中学50条”。同年7月，教育部颁行《全日制中小学新教学计划（草案）的通知》，对中小学教学提出了更高的要求：①改进和加强政治课的教学；②对学生加强为农业服务的教育，加强生产知识的教学，并使他们学得一定的生产技能；③中小学适当提高语文、数学、外国语三门课的教学要求，增加教学时数（包括理化），增加教学难度。[3] 鉴于狠抓教学质量导致学生课业负担加重，1964年7月14日，教育部又出台了《关于调整和精简中小学课程的通知》，要求：“减轻中小学生的课业负担，提高教学质量，使学生能够在德智体诸方面生动活泼地主动地得到发展。”[4] 该通知还对1963年的教学计划进行了修订：适当地调整课程门类，适当地减少课程时数，在不降低程度的情况下删减一些理论要求过高、烦琐的教材内容，等等。

然而，课程改革成功与否的关键是教师，如何让教师理解课程改革的理念与精神、落实课程改革的目标、扎扎实实地开展课程改革，对教育行政部门和学校而言，是更重要的工作。

（二）小学五年一贯制的学制改革

新中国成立初期，在反思民国学制时发现，旧学制小学修业年限过长，小学6年分初、高两段，且六年制完全小学多设立在城镇或富裕

①②③④ 何东昌主编：《中华人民共和国重要教育文献（1949—1975）》，海南出版社1998年版，第806—807、1028、1202—1203、1295—1296页。

地区。这一制度“是资产阶级初等学校双轨制变相，它阻碍着广大农民子女在农村初级小学毕业后再行升学的道路，也阻遏了多数儿童受完全基础教育的机会”[①]；这一制度难以满足新中国对建设人才的需求，新民主主义社会的人民基础教育不能再沿用这样的学制了，六年制过长，而四年制打下的基础不完全，“五年制可能不减低旧制六年的程度而成为更完整的人民基础教育，比较最为恰当”[②]。因此，我国开始小学五年一贯制学制改革的实验。

学制改革的关键是课程改革。1950 年 6 月，教育部初等教育司选定北京市育才小学，北京师范大学第一、第二附属小学，北京师范学校第一附属小学，北京三区第二中心小学及六区第一中心小学等六所学校新招一年级的学生 1—3 个班为实验班，开始进行“小学五年一贯制”的课程实验。实验的重点是教育内容和教学方法的改革，以便取得经验，推行全国。实验之初，采用旧教材，依照教育部印发的《小学各科课程暂行标准初稿》在不降低六年制水准的原则下进行删改、补充。

1951 年 10 月，政务院根据实验的成果公布实施《关于改革学制的决定》，其中规定：“小学的修业年限为五年，实行一贯制，取消初、高两级的分段制。入学年龄以七足岁为标准。毕业后，得经过考试升入中学或其他中等学校。”[③]

新学制颁行后，这六所学校在教育部的直接领导下，继续深化课程改革实验，试用并改编苏联同等水平的教材，以配合人民教育出版社试编小学五年一贯制的各科教材。1952 年 11 月，教育部决定全国小学自

---

①② 吴研因：《北京市小学实验五年一贯制两年来的初步经验》，《人民教育》1952 年第 12期。

③ 《中央人民政府政务院关于改革学制的决定》，《人民日报》1951 年 10 月 3 日。

1952 年新学生起，普遍推行五年一贯制。但由于推行中出现的师资、教材等准备不足，1953 年 11 月，政务院决定不继续推行，从本学年起，小学学制仍沿用四二制，分初、高两级[①]。即便如此，一些学校仍在实验小学五年一贯制的课程改革，特别在“大跃进”期间，全国仍有 15 个省（自治区、直辖市）实行五年一贯制实验。[②]1964 年 2 月，中共中央成立“学制问题研究小组”，试图重新推行小学五年一贯制。

五年一贯制课程改革实验的关键是调整和精简课程，在不降低程度的情况下，完成六年的任务。这对教师素质和教学能力提出了很大的挑战。

三、旧社会培养的教师须改造

客观上讲，在新政权建立之初，教师的主体是“旧知识分子”。他们中的多数不是革命者，只是普通的职员或教师。只有少数参加了共产党的组织者和活动者，被分派到教育部门做领导工作，还有一小部分是从海外归国的专家、学者和留学生。这些由旧中国的旧教育和西方资产阶级教育培养出来的知识分子，带有来自出身和所受的教育留下的烙印。教师中的不少人对中国共产党和人民政府缺乏正确的认识，不了解政策，很多教师担心国民党会卷土重来，“有变天思想”。[③]

正如吴玉章在中国教育工作者工会代表大会开幕词《全国教育工作者的大团结》中所说：

> 我们教育工作者在旧社会中，大半是来自地主和资产阶级家庭

① 何东昌主编：《中华人民共和国重要教育文献（1949—1975）》，海南出版社 1998 年版，第 264 页。

② 河北、山西、辽宁、吉林、黑龙江、陕西、甘肃、青海、上海、江苏、安徽、江西、湖北、河南、贵州等省（自治区、直辖市）开展相关实验。《中国教育年鉴》编辑部编：《中国教育年鉴（1949—1981）》，中国大百科全书出版社 1984 年版，第 130 页。

③ 李珊珊：《新中国成立前后中共对武汉教育事业的接管与改造》，《党史文苑》2012 年第 20 期。

出身的分子，由工人、农民以及其他劳动阶层出身的分子还是极少数，一般的都带有小资产阶级意识，甚至是其他敌视无产阶级的意识。今天我们的时代变了，环境变了，大多数的教育工作者都觉悟了，要向工人阶级靠拢，改变向没落的阶级方向发展的思想，这是一个很好的很伟大的转变。但是，我们可不可以说在一天或很短的一个时期内，就能完全把我们的思想意识转变过来而完全成为无产阶级的思想意识呢？这是不可能的。我们的思想意识，还需一天一天地逐渐地改造过来，经过一定过程的锻炼和考验，才能把我们小资产阶级的思想意识大体上扫除净尽。①

党和国家也明确提出：“对于旧文化工作者、旧教育工作者及旧医生们的态度，是采取适当方法，教育他们，使他们获得新观点、新方法，为中国人民服务。”②

这一时期党和国家的政策，一方面重建有效的学校教育体系，培养工农知识分子，如重点学校制度、专门院校制度、工农速成学校等；另一方面对现有的知识分子进行改造，使之成为拥护社会主义、为工农服务、为国家建设服务的社会主义国家的新人。正如毛泽东所说：“思想改造，首先是各种知识分子的思想改造，是我国在各方面彻底实现民主改革和逐步实行工业化的重要条件之一。”③

对教育工作者和其他知识分子的改造一般有两种方式：一种是通过政治运动，如知识分子思想改造运动；另一种是通过“办各种训练班，训练技术和政治，慢慢改造他们”④。在这两种方式中，教研组是教师进行日常政治学习和思想改造的基本组织。

---

①②④ 何东昌主编：《中华人民共和国重要教育文献（1949—1975）》，海南出版社 1998 年版，第 51—52、8、8 页。

③ 《毛泽东文集》（第六卷），人民出版社 1999 年版，第 184 页。

四、苏联是我们学习的榜样

（一）过去的经验表明，苏联是我们学习的榜样

20 世纪 50 年代之后，美、苏两个大国由第二次世界大战时的合作走向战后的对抗。美国经过两次世界大战，一跃成为资本主义世界的霸主。为了称霸全球，美国对社会主义阵营实施冷战，对新生的中华人民共和国采取了封锁和围堵的策略：支持蒋介石，拒绝承认新中国；企图通过政治孤立、军事包围和经济封锁等手段，把新中国扼杀在摇篮里。而当时的中国共产党缺乏建国经验，落后的经济文化科技基础又急需外界的支持和援助。在这种情况下，选择处于同一社会主义阵营并愿意帮助我们的苏联是顺理成章的事情。“积四十年的经验和二十八年的经验，中国人不是倒向帝国主义一边，就是倒向社会主义一边，绝无例外。骑墙是不行的，第三条道路是没有的。我们反对倒向帝国主义一边的蒋介石反动派，我们也反对第三条道路的幻想”①，“苏联共产党就是我们的最好的先生，我们必须向他们学习”②。

当时大多数人认为，西方的科学和技术已被苏联吸收。因此，建设一个强大的社会主义新中国“最快最好的道路”就是直接从苏联吸取其精华。“苏联有许多世界上所没有的完全新的科学知识，我们只有从苏联才能学到这些科学知识。例如：经济学、银行学、财政学、商业学、教育学，等等。”③“苏联的今天就是我们的明天”是当时人们普遍的祈盼，向苏联学习成为一种需要。

因此，新中国成立之初，我们亦步亦趋地按照苏联的模式，确立了建设工业化强国的目标，建立了以公有制和计划经济为基础的社会主义

---

①② 《毛泽东选集》（第四卷），人民出版社 1991 年版，第 1473、1481 页。

③ 中央教育科学研究所编：《中华人民共和国教育大事记（1949—1982）》，教育科学出版社 1984 年版，第 4 页。

经济制度及与之相适应的文化教育制度。

（二）苏联的教学研究制度成为提升和改造教师的利器

苏联的教学研究制度是那个时期各级学校学习的重要的教学制度与教师管理制度。

20 世纪 30 年代，苏联就建立了中小学教研体系，当时称“教学（研究）小组”。1947 年又颁布实施新的《中小学教学法研究工作规程》《1 至 4 年级农村小学教师联合教学小组规程》和《区（市）教育研究室规程》。三个新规程对教学小组的目的、任务、设置、工作内容、组织管理等进行了详细的规定，它们是苏联教学小组开展工作的主要法律依据，也是我国教研组制度建立的重要参照。

《中小学教学法研究工作规程》提出，教学小组是学校中一种常设的教师集体研究组织，其目的是提高教师的思想政治水平和教学水平。苏联中小学的各教学小组的基本任务是一致的：①系统地提高教师的思想政治水平；②用新的、更完善的儿童教育教学方法丰富教师的经验（尤其在教学方法上帮助缺少经验的新教师）；③研究和宣传优秀教师和班主任的工作经验；④经常给教师介绍新出版的教育学图书、教学法图书、儿童文学图书和通俗的科学读物；⑤培养教师独立钻研理论问题的技能。[①]

根据三个新规程的要求，小学在“每年级至少有三个教师”的情况下，按年级设立各年级联合教学小组；中学“教每门课的教师有三人或三人以上”时，按学科设立各科教学小组。此外，“为了在教学法业务上帮助教师，为了整理、保管和推广有关教学法的材料”，凡有 14 个班级以上的七年制学校和中学可设立校内教育研究室。教学小组和教育

---

① 中华人民共和国教育部翻译室、北京师范大学教育学教研室翻译室译：《苏联普通教育法令选译》，人民教育出版社 1955 年版，第 324—325、328—329 页。

研究室的工作全部由校长领导，教导主任负责组织和协调学校的教学研究工作。

在这三个新规程的基础上，苏联各级各类学校均设立了教学小组。对于规模较大的学校而言，小学以年级为单位设立年级教学小组，中学以学科为单位设立各科教学小组。组内同教材、同进度的教师还建立教学互助小组。对于规模小的学校而言，小学可设立跨年级的教学小组，或由校长组织全体教师召开讨论会以解决教师普遍存在的问题。中学通常选择人文、数理、自然科学等性质相近的学科，组成混合科教学小组，少数其他学科的教师，参加相近学科的教学小组，或与懂得这门学科的教师实行互助，或与附近其他中学组成同教材、同进度的联合教学小组。①

苏联这种任务明确、分工清晰、组织灵活的教学小组，自然成为一种有效模式而被引进我国。

第二节　新中国中小学教研组织体系的建立

虽然早在晚清和民国时期我国已设立中小学教研组织，并开展了不同层面的教师学习和教学研究活动，但制度化、普遍化的教研体系却是新中国学习苏联和老解放区集体学习制度的产物。新中国 17 年的教研体系的建设分为三个阶段：第一阶段是 1949—1951 年，新中国教研体系萌芽期；第二阶段是 1952—1956 年，新中国教研体系建立期；第三阶段是 1957—1965 年，中国特色教研体系建立期。

① ［苏］福尔柯夫斯基、马立雪夫编，陈友松、李子卓、冯可大等译校:《学校管理（第二分册）》，人民教育出版社 1954 年版，第 158 页；雁汀:《规模较小的中学的教研组应怎样进行工作？怎样组织？》，《人民教育》1955 年第 12 期。

一、新中国教研组织体系的开端

（一）新中国新教育

1949年，新中国第一个具有宪法性质的文件《中国人民政治协商会议共同纲领》颁布。该文件明确规定："人民政府应有计划有步骤地改革旧的教育制度、教育内容和教学法。"① 这个阶段教育领域的主要任务是接管和改造旧教育，为建立新中国的教育奠定基础。主要工作包括四个方面：一是接管和改造旧学校；二是对师生进行思想改造；三是改革教学内容，提高教师业务水平；四是教育向工农开门。教师队伍建设是实现这一阶段教育目标的关键。

新中国教育的政策是"以老解放区新教育经验为基础，吸收旧教育的某些有用的经验，借助苏联经验"。② 新中国的教师队伍建设也按照这样一个方针政策开展工作。

（二）学习老解放区的经验，中小学建立集体学习制度

老解放区的教育经验之一是组织在职教师开展集体学习。"过去各老解放区人民政府，对于教师在职学习也和一般干部教育一样，会给以最大的注意和帮助，为当时战争和农村环境，创造了适合教师业余进修的办法，规定了每天的学习制度。这对于提高教师的质量，曾收到了良好的效果。" ③ 老解放区集体学习的主要内容是政治学习和业务学习。

1949年以后，为了改造旧中国培养的知识分子，各级政府及中小学校继承老解放区的经验，开展教师集体学习，以使绝大多数的教师在立

① 中共中央文献研究室编：《建国以来重要文献选编》（第一册），中央文献出版社1992年版，第11页。

② 何东昌主编：《中华人民共和国重要教育文献（1949—1975）》，海南出版社1998年版，第7—8页。

③《为建立系统的教师进修制度而奋斗》，《人民教育》1952年第9期。

场、观点和工作态度上得到教育和改造。随着教师思想政治改造运动的基本完成，很多学校在集体政治学习制度的基础上开展教师集体学习。“教师间已出现了新的学习风气。在中小学方面，学习的范围已扩大到研究教学、改进业务、学习文化科学知识等方面了。在农村里，许多进步的教师，虽在极端困难、缺乏有力的领导的条件下，却自觉自动地创造了各种形式的互助组织，学习文化和教学法，带动了许多需要帮助的教师一同前进。因此，三年中，事实上存在的，由群众自发、自动创造的教师业余学习的形式和内容，已有了多种多样。”[①] 当时，各地出现了程度不同的教师进修机构，如天津教师学院、哈尔滨教师业余学校、河北省沙河县（今河北沙河市）教师业务学校、河南省的星期学校、华北许多农村以中心小学为核心或以学区为单位的学习互助组织。这些校内教师的集体学习组织和教师学校为后来的学校教研组、学区或者县市教研室的建立奠定了重要的基础。

（三）苏联教研体系在我国出现

1. 学习苏联，高等学校率先建立教学研究指导组制度

新中国成立之初，我国就确立了“借助苏联经验”作为我国建设新民主主义教育的总指导方针。[②] 我国掀起了学习苏联先进教育经验的高潮。“50 年代初的学习苏联运动具有十分不同的特点：它是在国家层面上，从意识形态到制度、组织、理论、教材、方法等系统全盘移植，‘全盘苏化’；新制度的建立并不是一个渐进、融合的过程，而是通过国家的强制力量，在极短的时间里迅速建成的。”[③]

新中国的教研组织首先在高等学校建立。中国人民大学、哈尔滨工

---

① 《为建立系统的教师进修制度而奋斗》，《人民教育》1952 年第 9 期。

② 何东昌主编：《中华人民共和国重要教育文献（1949—1975）》，海南出版社 1998 年版，第 8 页。

③ 杨东平：《新中国“十七年教育”的基本特征》，《清华大学教育研究》2003 年第 1 期。

业大学、北京师范大学三校是学习和推广苏联教研组的示范校。

1949年12月16日，政务院决定以有着老解放区传统的华北大学、华北人民革命大学和政法干校为基础，创办一所借鉴苏联经验的崭新的正规大学——中国人民大学，其任务是接受苏联先进的建设经验，并聘请苏联教授，有计划、有步骤地培养新中国的各种建设干部，“为使教学与实际联系，苏联经验与中国情况相结合，该校校部设研究部，各系设教学研究组，组织中国教员与苏联教员，经常调查研究各有关业务部门的实际工作情况，收集有关材料以充实教材（教材主要采用苏联各大学及各专科学校的最新课本），并请各有关部门派人参加指导工作”[①]。仿照苏联建立的中国人民大学在建立之初，就按苏联模式设立了教研组，其任务与苏联教学研究指导组的任务如出一辙：①组织教学工作（讲课、习明纳尔、实习、实验、辅导、生产实习等）；②组织教学方法上的工作（制订讲授大纲、习明纳尔计划、实验计划和编写习题、答案选集等）；③编写教材（讲义、参考书、图表等）；④科学研究工作；⑤与企业和政府机关的协作；⑥提高教师思想理论水平的工作；⑦培养研究生的工作；等等。[②]

1950年4月，教育部根据刘少奇批示的精神，发布了《哈尔滨工业大学改进计划》，提出哈尔滨工业大学应仿效苏联工业大学，培养理工科人才。苏联式的教学研究指导组也随之建立。1951年3月至1952年7月，以古林为首的10位苏联专家到校后就帮助创建新型的工业大学。他们不仅从事教学工作，培养师资，而且对学校工作给予全面的帮助，如帮助学校拟订了初步的建设计划，建立了三年制师资

---

① 何东昌主编:《中华人民共和国重要教育文献（1949—1975）》，海南出版社1998年版，第4页。

② 成仿吾:《中国人民大学的教研室工作》，《人民教育》1951年第4期；胡锡奎:《中国人民大学的简略介绍》，《人民教育》1951年第1期。

研究生制度，改造和新建了 11 个教研室，研制了教学计划，指导和完善了教学过程，并按照新的教学大纲为本科生讲课。① 哈尔滨工业大学的教研室由此建立。

师范院校最先设立教学研究指导组的是北京师范大学，从 1949 年底就开始按照苏联模式进行改革。1950 年 5 月颁行的《北京师范大学暂行规程》提出了教育部指导和管理全国师范院校的规范性要求。该文件指出，高等师范院校同一学科或性质相近学科的全体教师及实验室技术人员组成教学研究指导组，其主任必须经由中央人民政府教育部批准任免，其职责有：①领导讨论研制和实施本学科的教学计划和大纲；②审查本学科的教材与教法；③检查本组人员的教学和研究工作；④听取和讨论本组人员关于教学计划、教学大纲实施和总结的报告；⑤领导本组人员学习马列主义、毛泽东思想。②

1950 年 6 月，《人民教育》刊登了苏联专家阿尔辛杰夫撰写的《关于苏联高等学校的教学研究指导组问题》，介绍苏联高等学校的教学研究指导组的构成、运作原理和作用。

随后，教学研究指导组制度向全国高等学校推广。1950 年 6 月颁行的《高等学校暂行规程》明确要求，各高等院校以学科为单位成立教学研究指导组。它作为教学研究的基本组织，“由一种课目或性质相近的几种课目之全体教师组成。各教研组设主任一人，由校（院）长就教授中聘任，报请教育部备案”。教学研究指导组负有领导、管理、指导本学科教师教学、教学研究和科研工作等职能：①领导本组全体教师，讨论及制订本组课目的教学计划与教学大纲；②领导及检查本组的教学

① 闫明星：《苏联专家对哈工大发展建设的贡献》，吴建琪主编：《哈工大人》，哈尔滨工业大学出版社 2006 年版，第 257 页。

② 何东昌主编：《中华人民共和国重要教育文献（1949—1975）》，海南出版社 1998 年版，第 15 页。

工作和研究工作；③领导与组织本组学生的自习、实验及实习。[①] 可见，教学研究指导组是学校的正式组织，带有很浓的教学管理色彩。随后，各高等学校开始设立教学研究指导组。1951 年 5 月，教育部颁布《关于华北区高等学校教学研究指导组暂行办法》，指出教学研究指导组简称教研组，为高等学校的基本教学组织，担任进行一种或性质相近的几种课目的教学工作及与教学有关问题的研究工作。该暂行办法还明确了教研组主任的职责范围，并规定教务长对教研组的教学工作负有计划、组织、督导检查的责任。[②]

此后，我国的大学纷纷建立了教研组。1953 年初，同济大学组织了 29 个教学研究组和教学小组，每位教师都参加了教研组。[③]1953 年秋，华东师范大学成立了 13 个教研组、19 个教学小组。至 1954 年冬，北京师范大学已经设立 55 个教研室和 20 个教学小组，参加教研室和教学小组的教师占全体教师的 94.62%。1953 年，兰州大学开始建立正规的教研组，成立了 10 个教研组和 18 个教学小组。南京大学按照“由同一课程或性质相近的课程教师组成教学组织”和“每位教员最多参加两个教学组织”的原则，建立了 18 个教研组和 25 个教学小组。同时，还完善了各教学组织的活动制度。[④]

自此，教学研究指导组（教研组）制度在我国高校建立。我国高校的行政体系由原来以欧美“校—院—系 / 所”的学院制模式改为苏联的“校 / 院—系—专业教研组 / 室”模式。自此之后的很长一段时期，专

---

① 何东昌主编:《中华人民共和国重要教育文献（1949—1975）》，海南出版社 1998 年版，第 45 页。

② 中央教育科学研究所编:《中华人民共和国教育大事记（1949—1982）》，教育科学出版社 1984 年版，第 41 页。

③ 《同济大学教学改革工作获得成绩》,《文汇报》1953 年 1 月 3 日。

④ 蒋纯焦:《20 世纪 50 年代高校教学改革学习苏联经验的史与思》,《河北师范大学学报（教育科学版）》2010 年第 9 期。

业教研组 / 室作为学校管理体系中的基层组织，承担了具体的教学和科研的组织、管理，师生的人事管理及教师的政治、业务素质的培训等方面的工作。它的设立和运行，为新中国成立之初废除旧的教学管理体系、建立新中国课程和教学管理制度及提升教师的政治和业务素质发挥了重要的作用。①

2. 各地中小学学习苏联建立教学研究小组

东北地区的中小学较早开展教学研究。1949 年以前，解放较早的东北地区的中小学就开始学习苏联建立了教学研究小组制度。②1948 年，东北解放区哈尔滨市文教科成立了教研组，以辅导区为单位，开展同科同年级教师集体备课活动。③1950 年，大连的中小学普遍成立了各科研究小组，其主要职责是组织示范教学、学习参观，出《教学笔记的示范》壁报等，规范教师的教学。④

在东北地区的影响下，全国其他地区也开始学习苏联建立教学研究小组。1950 年，北京率先开展的五年一贯制课程改革就是通过建立教研组来指导和协助教师开展实验的。在实验的过程中，由于学制缩短，教学内容变动，教师遇到教学困难，因此，教师间的协同学习与研究就显得非常必要。实验一年之后，各校先后成立了语文、算术、体育、音乐、美术 5 个研究小组，小组成员每两周开会一次，研究教材和教学法的改进，交流教学经验，并经常举行观摩教学，开展批评与自我批

---

① 胡艳:《新中国 17 年中小学教研组的职能与性质初探》,《教师教育研究》2011 年第 6 期。

② 《中国教育事典》编委会编:《中国教育事典·中等教育卷》，河北教育出版社 1994 年版，第 837 页。

③ 梁威主编:《触摸中国基础教育的脉动：中国特色教研制度区域发展的回顾与展望》，教育科学出版社 2011 年版，第 11 页。

④ 大连市人民政府文教局:《克服向苏联学习中的形式主义——教学工作检查报告》,《人民教育》1950 年第 6 期。

评。除此之外，各校组织了实验班的政治、业务学习小组，小组成员在业务方面学习凯洛夫主编的《教育学》和冈察洛夫主编的《教育学》等苏联教育理论，以不断提高教师的政治和业务水平。[①]这些教学研究小组以业务和政治学习为主，以改进教学为目的，对顺利开展课程改革实验提供了很大的支持。

教育行政部门也通过教学研究小组参与指导北京市六所实验校的教师的教研活动。例如，当时教育部初等教育司经常召集各校校长、教导主任和实验班教师举行会议，会议邀请苏联专家和钱俊瑞副部长给大家做报告并指导有关教育改革的工作，邀请苏联专家、教育部初等教育司和教育局的领导参与指导教师的教研和教学观摩活动。[②]

北京市六所学校在教研工作上形成了自己的经验，为其后我国中小学教研工作的规范化奠定了一定的基础。1949 年之前，教师的教学没有统一的基本规范。此时，六所实验校的教师通过教学研究，形成了基本的教学模式——备课、组织教学、检查复习、教学新功课、巩固新功课、布置作业、检查批改，有效地提升了教学质量。以备课为例，当时很多教师不备课，也不愿意备课，为了更好地完成实验任务，教研组要求教师必须备课，具体做法是："①在学年或学期之始，开学之前，研究熟悉所任科目的一切教材，把不懂的弄懂，不会的弄会，并研究置备教具，有的准备齐全，没有的设法自制或购办，然后编写成一学年或一学期的'教学实施大纲'，把教学时间、节数、教学重点，都一一预定好，以备实施。②在上课的前一两天由任课教师先行准备，并提到本校的教学研究小组，集体讨论，把'教学目的''教学顺序'等研究清楚，然后再由担任教师结合本班教学的具体情况，写成'教案'（有时集体

---

①② 吴研因：《北京市小学实验五年一贯制两年来的初步经验》，《人民教育》1952 年第 12 期。

修正），然后依照上课。”[①] 这是集体备课的雏形。规范的教学程序为全国中小学教师的教学提供了经验，而这些经验是在教师集体教研的过程中形成的。

五年一贯制课程改革是在教研组的保驾护航下进行的，在这个过程中，行政部门和参与教师达成了共识，即通过“加强小组研究和观摩教学”“集思广益、集体研究创造”来解决我国特有的问题。[②]

如何通过教研组的集体学习和教学研究，帮助教师正确认识新中国的教育目标、教学内容等是当时教育领域的重要工作。因此，在东北地区的影响下和在北京五年一贯制课程改革的带动下，各地开始陆续设立教研组。据记载，1949 年，北京市各中学陆续成立了以研究新教学内容和教学方法为主的业务研究会。[③]1951 年，山西省教育厅要求全省各中学成立教学研究组，主要工作是：制订教学计划；定期观摩教学和教学研讨；检查总结各科教学；组织教师进行政治和业务学习。[④]

一些学校也在实践中形成了教研工作的规范。例如，1951 年，湖南省立第一中学在教导工作计划中指出，教学研究小组的工作内容有四个方面：①研究有关业务方面的理论；②交流经验，改进教学方法；③研究在该学科教学中如何贯彻爱国主义、如何加强教学思想性及如何结合课堂教学进行课外活动；④有计划地组织观摩教学。[⑤]

当时，校内教研组织在各地的名称并不一致，有的称“教学研究小

---

①② 吴研因:《北京市小学实验五年一贯制两年来的初步经验》,《人民教育》1952 年第 12 期。

③ 北京市教育志编纂委员会编:《北京市普通教育年鉴（1949—1991）》，北京出版社 1992 年版，第 4 页。

④ 王铁:《应该重视教学研究组的经验》,《人民教育》1951 年第 7 期。

⑤ 湖南省长沙一中编:《湖南省长沙一中》，人民教育出版社 1997 年版，第 137 页。

组”，有的称“各科研究小组”，有的称“业务组”，还有的称“教学法研究小组”，不过，它们都以政治学习、教育理论学习和教学研究为基本内容，并且集体备课和观摩教学也已出现。

3. 一些地区成立了区域层面的教学研究会或教研室

除在学校建立类似教学研究小组的组织外，我国各地学习苏联的区域教研室、教师跨校联合教研的制度。新中国成立初期，各地的情况不尽相同。

一方面，设立区域层面的教研组织。

新中国成立之初，哈尔滨文教科成立教研小组，组织教师开展教学研究。此后，东北地区在普通教育方面学习苏联的经验对全国中小学产生了很大的影响。“解放以来，有些学校比较集中的大、中城市成立了分科的教学研究会，学校较少的小城市有的则成立了校际的分科教学研究组。”①

1949 年 5 月，上海解放，同年 10 月 1 日上海市教育局成立研究室。当时规定，研究室的性质是“研究中小学及工农学校各科教学以及编审教材、教育刊物之机构”，下设文史地组、自然科学组、编辑组和小学各科教学组 4 个研究室，主要任务有：①改进各科教学，组织中小学教师及社教工作者进行学习，提高其政治认识与业务水准；②团结专家与有经验的教育工作者，研究教育方面的各种专门问题；③编审刊物、教材、读物；④收集并整理与教育工作有关的图书资料，调查统计本市教育概况，编辑教材、教学参考资料及教育研究刊物。②

1950 年，武汉市建立了生物、地理、历史、政治、体育、音乐、

---

①② 赵才欣著：《有效教研：基础教育教研工作导论》，上海教育出版社 2008 年版，第 19—20 页。

美术 7 个教学研究会。[①]1952 年底，四川省建立省级教研机构。之后，省内各市（地区、州），县（县级市、区）相继建立教研室。[②]

一些地方也开展了区域范围的教师学习和研究活动。如北京市教育局领导全市中小学开展全市范围内的教研工作，仅 1949 年 11—12 月，58 所小学的 85 位教师进行了观摩教学，2 700 多位教师参加了观摩评议。1950 年，教育局成立全市中学历史、语文、地理教学研究组，相继举办中小学地理、历史的观摩教学。[③]

另一方面，设立中心小学辅导制度。

农村是我国教育的薄弱地区，新中国成立初期，现代小学尚未普及，不少地方还有私塾。这个时期，多数农村地区的学校因规模小、教师少、信息闭塞等情况，并没有建立教研组织，也谈不上开展教研活动。但一些教育发达地区开始建立区域范围内的、以中心小学为据点的辅导制度，通过中心小学指导并带动区域范围内的教学研究。

1950 年初，绍兴先后建立了中心小学辅导制度，以加强对基层学校教研活动和教学改革的指导。城区以学区为单位建立中心小学，农村以乡镇为单位建立中心小学。到 1951 年，绍兴还建立了区、县两级教学辅导机构，县级教学督导机构由县文教科普教股管理。[④]

总之，新中国成立初期，我国各地学习苏联学校管理经验，建立了区域层面和中心小学层面的教研组织，为我国开展教师的学习与研究和

---

① 武汉市教育局普通中学科:《我们领导中学各科教学研究会的点滴经验》,《人民教育》1953 年第 9 期。

② 梁威、卢立涛、黄冬芳著:《撬动中国基础教育的支点：中国特色教研制度发展研究》，教育科学出版社 2011 年版，第 119 页。

③ 北京市教育志编纂委员会编:《北京市普通教育年鉴（1949—1991）》，北京出版社 1992 年版，第 4 页。

④《第八章　教育行政　教育（教学）研究》,《绍兴市志 · 第 33 卷教育》，绍兴市人民政府网 http://www.sx.gov.cn/col/col1462814/index.html. 访问时间 2021 年 9 月 3 日。

建立规范化的教研制度进行了有益的探索。

二、向苏联学习建立中小学教研组织体系

（一）教育状况不尽如人意

经过两年的整顿，我国基础教育发展教师队伍建设的整体状况有所改善，但仍存在一些问题。当时正处在学习苏联教育经验的热潮中，如何把各地已经形成的教研组织及其活动规范化、制度化和普及化是教育主管部门所关注的。

1. 基础教育质量不容乐观

1949 年 12 月，第一次全国教育工作会议召开，我国制定了“普及为主”的教育发展方针，基础教育事业发展迅速。仅在新中国成立后的三年时间里，中等学校学生就增加了 142.2%，小学学生增加了 101%，远远超过了此前 20 年的发展速度。[①] 但由于缺乏经验，没有统一的发展计划，各大行政区普遍存在忽视质量的倾向。以当时的北京为例。有关调查表明，从 1953 年北京市高中毕业生报考高等学校的成绩来看，除几百名留苏预备生和报考军事工业学院的学生未计入外，平均成绩在 60 分及格线以下的人数占总报考人数的 78%。在 44 所完全中学中，只有北京师范大学女附中、北京四中、北京中学、北京师范大学男附中、北京八中、北京二中和北京一中等学校的总平均成绩超过 60 分，其余 37 所中学总平均分数都不到 60 分，有的学校学生的平均成绩甚至不到 40 分。1953 年，北京市高小毕业生报考初中的成绩也有同样现象，报考学生中成绩不及格的人数占总人数的 51%，其中多名学生三门课程的考试总分数还不满 80 分。清华大学教务长钱伟长反映，1952 年统一招考中分配到清华大学的 1 700 多名学生，水平参差不齐，其中 300

---

① 苏渭昌、雷克啸、章炳良主编：《中国教育制度通史》（第八卷），山东教育出版社 2000 年版，第 146 页。

多人由于中学教育基础太差，初中课程都未学好，无法跟上班里的学习进度而被淘汰。[①] 这种状况与我国亟须培养大量中高级建设人才的目标存在很大距离，如何提升教师的素质和教学能力进而提高教育教学质量是当务之急。

2. 教师的教学水平普遍不高

据文献的记载，新中国成立之初，中小学普遍存在教师教学水平不高的问题，具体表现在：教学准备不足或不会备课、授课；教学中犯常识性的错误；语言贫乏，不掌握中心思想，内容理解浅薄；教学方式不当，不会掌控授课节奏；不了解儿童心理，教学内容和方式不适合儿童特点；相当一部分教师素质差、责任心差；等等。[②] 不少地方因教育向工农开门，学校数量和办学规模扩大，教员数量普遍不足，只好把不达标准的教师纳入教师队伍（如初小毕业教小学）。[③] 这些人不论在学科知识水平还是教学能力方面都达不到合格标准。为了尽快提高教师教学水平，规范其教学，确保基本的教学质量，苏联教研组成为不错的选择。[④]

1953 年 1 月，政务院文化教育委员会在北京召开大区文教委员会主任会议，会议认为，新中国成立三年来文教工作的严重缺点是"工作计划性不够，盲目性很大；追求数量，忽视质量；文教工作的领导机关缺乏具体领导，特别是深入检查很不够，调查研究统计也不够"。[⑤] 因此，会议对学校教育提出了"整顿巩固，重点发展，提高质量，稳步前

---

① 郭晓燕:《〈五四决定〉的制定、贯彻与历经的磨难》,《北京党史》2001 年第 3 期。

② 方铭:《教学检查的经验》,《人民教育》1950 年第 5 期。

③ 那木吉拉、李清泉:《用革命办法提高教师的一种方法》,《人民教育》1952 年第 6 期。

④ 胡艳:《新中国 17 年中小学教研组的职能与性质初探》,《教师教育研究》2011 年第 6 期。

⑤ 中央教育科学研究所编:《中华人民共和国教育大事记（1949—1982）》，教育科学出版社 1984 年版，第 72 页。

进”的工作方针。这一方针成为此后三年全国教育工作重要的指导思想，也标志着全国范围内大规模开展整顿教育活动。各省人民政府文教厅响应中央号召，纷纷要求各级教育行政部门和中小学必须把改革教学、提高质量作为学校建设工作的中心任务。建立教学研究制度成为这一时期整顿学校办学、提升教学质量的重要举措之一。

3. 教育领域进一步落实学习苏联的政策

1953 年以后，我国教育界学习苏联教育达到高潮。基础教育领域，除学习苏联的教育制度和课程内容外，还学习和落实了凯洛夫的《教育学》提出的五环节教学法。

20 世纪 50 年代初，我国翻译出版了苏联教育家凯洛夫的《教育学》，后来又陆续出版和发行了不少苏联专家的教育论著，这些论著对我国教育界的影响很大。凯洛夫的五环节教学法是指导我国各级学校开展教学改革的主要依据。凯洛夫的五环节教学法原为六环节：第一环节，学生入座，做好上课准备，教师清点缺席学生；第二环节，查阅学生作业；第三环节：讲解新课题目与宗旨，确定与已学过功课的联系；第四环节：讲解并说明新教材；第五环节：巩固已学过的教材；第六环节，详细说明新的家庭作业。[①] 后来，我国教育工作者把第三、四环节合并，形成五环节教学法（组织教学、复习旧知、讲授新课、巩固练习、布置作业）。与此同时，苏联的教研组对于组织和指导五环节教学法的推广而言，是种很好的可以借鉴的方式。

（二）新中国教研体系的建立

1. 学校设立学科教研组，开展学科教学会议

1951 年，《人民教育》相继刊登了《阿拉木图的教育研究室》《区

---

① ［苏］凯洛夫著，沈颖、南致善等译:《教育学》（上册），人民教育出版社 1953 年版，第 134—138 页。

教育科教育研究室规程》《应该重视教学研究组的经验》等文章，号召基础教育学校应重视各科教研组的设立和重视发挥教研组对教师教学研究、教学水平提高的促进作用。

1952 年教育部颁行《中学暂行规程（草案）》，要求中学各校以学科为单位设立教研组。教研组的成员由各科教员组成，以研究改进教学工作为目的。“每组设组长一人，由校长就各科教员中选聘之（在班数较少的学校，教学研究得联合性质相近的学科组织之）。”“各科教学会议由各科教学研究组分别举行之，以组长为主席，校长、教导主任分别参加指导。其任务为讨论及制定各该科教学进度、研究教学内容及教学方法。各科教学会议每两周举行一次，必要时得举行各组联席会议。”① 同年，教育部颁行《小学暂行规程（草案）》，要求小学设立教导研究会议：“规模小的小学，不能举行教导研究会议的，得由同地区内几个小学联合举行”②。自此，教研组就成为以研究和改进教学工作为主要任务的中小学正式组织，并受各学校领导。1954 年初的全国中学教育会议又要求：“各个学校必须十分重视教学小组。教学小组的任务在今天主要应以学习苏联，研究教材、备课，加强业务学习为重点，各校校长必须亲自掌握一二个教学小组，加强其领导，使教学工作，在有组织有正确领导下逐步前进。”③

第一，教研组成为学校组织构架的一部分。

《中学暂行规程（草案）》和《小学暂行规程（草案）》发布后，各地中小学纷纷响应，开展了卓有成效的教研组织的建设工作。到 1953 年，不少学校已设有教学研究组的组织形式，规模较大的学校按年级设置了年级组，协助教导处研究和协调同年级学生的思想品德教育工作，

①②③ 何东昌主编：《中华人民共和国重要教育文献（1949—1975）》，海南出版社 1998 年版，第 140、144、279 页。

各地教育行政部门还陆续成立了各级教学研究室，简称“教研室”。[①]至此，我国中小学教研组大致形成了如下组织架构（见图 3-1），其基本格局至今基本未变。

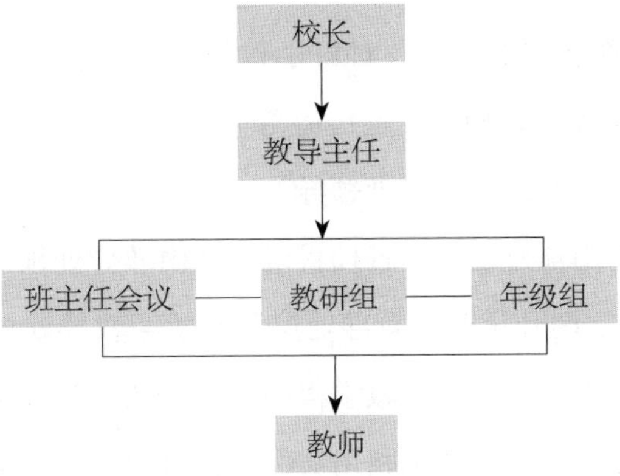

图 3-1　20 世纪 50 年代形成的中小学教研组与学校组织结构

第二，各地成立学科教研组。

1953 年，湖南省第一中学成立了语文、数学、外国语文、物理、化学、生物、政治常识、历史、地理、体卫等比较完备的学科教学组，如语文分为高中语文（12 人）教研组和初中语文（11 人）教研组，并按年级再分为一、二、三年级教学小组。数学也是如此，初中数学教师 8 人，高中数学教师 9 人，再按年级分设年级数学教学小组。物理、地理、历史则分为初中和高中两个教学小组，生物、化学各成立一个教研组，而外国语文教研组（10 人）分英语和俄语两个教学组。[②]到

① 《全国普通教育与师范教育工作 1953 年的基本总结和 1954 年的方针任务（教育部 1954 年 3 月 15 日报告）》，《中国教育事典》编委会编：《中国教育事典·中等教育卷》，河北教育出版社 1994 年版，第 202—203 页；刘英杰主编：《中国教育大事典（1949—1990）》（上），浙江教育出版社 1993 年版，第 706 页。

② 湖南省长沙一中编：《中国名校丛书·湖南省长沙一中》，人民教育出版社 1997 年版，第 128 页。

1954 年，上海各级各类学校普遍成立了各科教研组，教师开始认真钻研教材、熟悉教材，各小学也纷纷成立了单独的或者联合的教研组，并开展教研活动。[①] 20 世纪 50 年代初，岳阳县（今岳阳市）桂林完全小学的语文、数学、常识、艺体 4 个教学研究组除带领本校教师搞好教学和提高教学质量外，还对村小教师进行传、帮、带，成立教研联组，制订教研计划，相互交流经验等。[②]

第三，学科教研组由教导处领导。

在学科教研组建立之初，各校就确立了由教导处领导的原则。安徽桐城中学，"每学期开学时，教导处拟订本学期教导计划，按照学科提出教学目的和要求，适当支配教学程序。课堂教学为教学主要方式，强调教师起主导作用。实验课则利用实物进行直观教学。强调课前和课后的辅导。各个学科开展观摩教学，各科教师及教导主任、辅导员均参加听课评课，听课有系统记录，课后进行座谈，集体评课"[③]。桐城中学为了提高教师的教学水平，"每周还安排业务学习 4 小时，学习《教学大纲草案》和钻研教材，并要求逐步学会运用辩证唯物主义的观点来讲课"[④]。

第四，教研组明确了基本的工作模式和规范。

为了使教研活动制度化、常规化，各地中小学建立了相应的教研规则或章程，明确了学科教研组的工作内容及工作方式。

①制订工作计划。各科教研组根据学校的工作计划，制订教研组的计划，"每个教师都反复阅读、研究、讨论，然后再结合历史教学的具

① 赵才欣著:《有效教研：基础教育教研工作导论》，上海教育出版社 2008 年版，第 19—20 页。

② 湖南省地方志编纂委员会编:《湖南省志·第十七卷·教育志》(上)，湖南教育出版社 1995 年版，第 263 页。

③④ 汪年生主编:《桐中百年》，安徽教育出版社 2002 年版，第 60、60 页。

体任务，在全面总结过去工作的基础上，经过大家反复讨论，制订本组每学期的计划”[①]。

②组织政治和业务的学习。教师学习是教研工作的重点，湖南省长沙一中教研组建立伊始就确立了研究有关业务方面的理论，研究该学科教学中如何贯彻爱国主义、如何加强教学思想性及如何结合课堂教学等内容。[②]

③组织集体备课、集体听评课。集体备课通常是教研组内教师的相互研讨，在全组教师或同科的教师小组集体研究后，教师个人去搜集材料、备课和写教学笔记[③]。北京师范大学附属中学历史教研组规定，每位教师每学期至少听其他教师 5 节课，听课要写听课记录交教导处[④]。

除此之外，一些学校为了使集体听评课规范化，明确规定了听评课的流程。例如，北京崇明宏达初级中学的社会学科研究会规定：“首先，进行相互听课，在每课前，由任课教师介绍课文内容及教学要求和步骤，并与听课教师交换意见。每堂课后，集中漫谈，根据听课意见进行小结。”[⑤]

到 20 世纪 50 年代中后期，各地教研组取得了一定成绩：课堂教学有所改进，不少教师在钻研教材、改进教学方法、运用教学原则和启发学生积极思维等方面积累了不少经验，并涌现出一批优秀教师；不少学校逐渐形成研究教学的风气，建立了团结友爱的教师集体。[⑥]

---

①④ 北京师大附中历史教研组：《我们教研组是怎样进行工作的》，《历史教学》1956 年第 2 期。

② 湖南省长沙一中编：《湖南省长沙一中》，人民教育出版社 1997 年版，第 137 页。

③ 李光璧：《参观旅大市中学历史教学工作后的几点收获》，《历史教学》1952 年第 8 期。

⑤ 崇明宏达初级中学的社会学科研究会：《我们是怎样进行“社会学科观摩教学”的？》，《历史教学》1953 年第 2 期。

⑥ 刘绳祖：《改进中学教研组的工作》，《人民教育》1957 年第 5 期。

2. 区域层面设立教研室和中心小学辅导制度

（1）区域层面设立教研室

新中国成立初期，鉴于全国中小学教师的政治素质和业务水平还存在各种问题，教育主管部门着力加强了各地方教育行政部门对基层教育的领导。其工作主要体现在以下五个方面。

第一，加强基层教育行政干部的配备。1953 年 11 月，政务院公布的《关于整顿和改进小学教育的指示》提出："为了加强对小学教育的领导，各地必须注意加强县级及县以下的教育行政领导。在今后一二年内应有计划地大力配备政治上和业务上较强的干部，充实和健全县级教育行政机构，应积极地帮助教育部门建立系统的经常的业务工作，不要过多地分配他们做其他工作，督促他们勤于钻研本部门业务，由不熟悉到熟悉，由外行变成内行；对县区教育行政干部，不要轻易调动，以保证他们熟悉业务，把人民教育的领导工作做好。"①

第二，建立教师业余学习制度。教育主管部门要求："各省、市、县教育领导机关，必须用最大的力量与决心建立教师的业余学习制度"，并认为："这是解决当前教育发展中教师质量相对降低问题的唯一补救的办法。"② 为此，教育部要求各级教育行政机关深入了解和掌握学校教学工作的情况，加强对教学的研究和领导。

第三，建立区域教育 / 教学研究室。1954 年 2 月，教育部党组在《关于全国中学教育会议的报告》中提出："把中学交给县（市）或专署管理后，县委或地委必须把中学工作列入自己的议事日程中，定期检

① 何东昌主编:《中华人民共和国重要教育文献（1949—1975）》，海南出版社 1998 年版，第 264 页。

② 《为建立系统的教师进修制度而奋斗》，《人民教育》1952 年第 9 期。

查中学的工作，并帮助解决中学的问题。”[①] 为了加强中学的业务指导，经地方党委和政府的批准建立的教育研究室，主要负责管理当地中学的教学研究与教师学习问题。教研室的人员可在当地编制之内，予以调剂。[②]

区域教育研究室成为地方政府加强基层学校管理、提升教学水平和教师素质的具体承办机构，《关于全国中学教育会议的报告》成为各地教育行政部门工作的指南。1955 年 11 月，《人民教育》刊发的评论《各省市教育厅局必须加强教学研究工作》指出："为了厅、局长便于领导，使它成为厅局长领导教学的一个有力助手"，要求"独立设置教学研究室"，"这样，不仅可以集中人力，也便于培养专业干部"。[③]

据此，20 世纪 50 年代中期，很多教育厅、局建立了教学研究机构。[④] 一些学校比较集中的大、中城市成立了分科教学研究会，学校较少的小城市也成立了校际的分科教学研究组。当时各地教研机构的领导体制不一致：有的独立设置，由教育行政领导部门主管；有的设在教育学院、教师进修学校内。

例如，1955 年，上海市试办四个区"小教研究组"，研究组由 3—5 名教研员组成，是区级教研机构的雏形。[⑤]1954 年 3 月，贵州省教育厅设立教学研究室，1956 年贵州省各地、县相继建立教学研究室。1956 年 4 月，湖南省设立隶属于省教育厅的省教研室，主抓中小学和中等师范学校的教学研究工作，之后各区县教研室相继成立。1954 年，河北省建立教研室，分设中学和小学两个教研室，中学教研室下设语

①② 《中国教育年鉴》编辑部编:《中国教育年鉴（1949—1981）》，中国大百科全书出版社 1984 年版，第 163、163 页。

③④ 《各省市教育厅局必须加强教学研究工作》，《人民教育》1955 年第 11 期。

⑤ 赵才欣著:《有效教研：基础教育教研工作导论》，上海教育出版社 2008 年版，第 19—20 页。

文、数理和政史地三个教研组；1956 年，中学和小学两个教研室合并为河北省教育厅教学研究室；1958 年，河北省教师进修学院与省教学研究室合并成立省教育厅教育研究所。1957 年，陕西省组建了教育研究室，到 1958 年，全省各地市、县区相继建立了教研机构。①

此时，我国大部分地区建立了省（自治区、直辖市）级或者区县级教研室。据梁威等人的研究，截至 1956 年，上海、云南、黑龙江、四川、河南、浙江、山西、北京、贵州、河北、吉林、湖北、广东、辽宁、山西、广西、天津、湖南、山东、安徽、江西、甘肃、青海、内蒙古等地设立了省（自治区、直辖市）级层面的教学研究室，还有一些地方建立了名称不同但功能相似的机构，如云南省称编审室，浙江省称教学改革办公室，北京市称教研组，山西省、青海省称视导室，安徽省称教育视察研究室。②

第四，建立省、地市、县三级教研体系。1953 年以后，很多省、自治区、直辖市相继建立了省、地（市）、县三级教学研究室，承担和组织本地区中小学教师开展业务学习、教材研究的任务，以提高教师教学能力。例如，1953 年，浙江省政府文教厅抽调部分有教学经验的干部和招聘若干师范学院应届毕业生，设立了教学改革办公室，指导全省教学改革工作，后来教学改革办公室改为教研室。1954 年起，浙江省相继建立了省、地市、县三级教学研究室，组织、指导教师学习教学大纲、教材，改革课堂教学，提高教学质量。③据《义乌地方志·教学研究历史》记载，1956 年下学期，县文教局首次配备专职教学研究人员 3 名，设立义乌县（今义乌市）文教局教研室，加强对小学教学研究工

①③ 《中国教育年鉴》编辑部编:《中国教育年鉴·地方教育（1949—1984）》，湖南教育出版社 1986 年版，第 1083、893、1172、538 页。

② 梁威、卢立涛、黄冬芳著:《撬动中国基础教育的支点：中国特色教研制度发展研究》，教育科学出版社 2011 年版，第 22 页。

作的指导。1957 年上学期，县文教局成立中学教研室，中学各学科设立教学研究组，指导中学各科教学。江苏如皋县（今如皋市）为了加强教学管理，提高教学质量，于 1956 年 8 月 8 日设立了如皋县小学教研室，后改名教研室，负责全县中小学的教学研究，各区、县属于完全中学的设各科教研组，各乡分别设立以中心中学、中心小学为核心的学科教研组，全县其他学校以校为单位建立了教研组、备课组。由此，教研网络形成了，每个教师都在网络之中，各教研组定题、定人、定时，有计划地开展教研活动。①

第五，建立中心小学和辅导区制度。1952 年的《小学暂行规程（草案）》明确规定："规模小的小学，不能举行教导研究会议的，得由同地区内几个小学联合举行。"②"市、县得按照行政区划和小学分布的情况，选择区内一所或两三所基础比较好、地点比较适中的小学为中心小学。在教育行政部门领导和工会协助下，组织区内各小学进行业务研究、政治学习，并交流经验。"③ 此项制度成为我国后来长期实行的"中心小学辅导制度"的重要依据，也是我国区级教研制度的雏形。

上海市在新中国成立初就建立了中心小学和辅导区制度。它在市区及郊县设置中心小学，其主要任务通过中心小学的示范、辅导，带动辅导区其他学校，提升整个辅导区小学的办学水平。中心小学设置一位辅导学区教学的专职副校长，设置一至两位相当于教导主任级的辅导教师，负责辅导区的工作。④ 在农村，中心小学辅导站利用假期对教师进

---

① 尹桂荣:《新中国基础教育教研制度的历史演变与现实追求》，湖南师范大学硕士学位论文，2006 年，第 15 页。

②③ 何东昌主编:《中华人民共和国重要教育文献（1949—1975）》，海南出版社 1998 年版，第 144、142 页。

④《中国教育年鉴》编辑部编:《中国教育年鉴·地方教育（1949—1984）》，湖南教育出版社 1986 年版，第 407 页。

行培训，成为当时的教研中心。上海松江县（今松江区）设立区中心小学辅导区，普遍创办“星期学校”，两周一次，以能者为师，于星期日组织教师学习教育方针、教学计划，学习凯洛夫的《教育学》，进行集体备课，或举行研究课。[①]

（2）区域教研机构承担对下属机构的领导、监督和指导的职能

区教研机构对下属机构的领导、监督和指导主要体现在两个方面。

一方面，加强对学校教学工作和教学研究的领导。1954 年 1 月，全国中学会议提出地方教育局要加强中学教学管理，“按统一领导、分级管理的原则，省辖市内的中学由省辖市管理，县（市）内的中学亦应逐步做到由县（市）管理”[②]。在这一精神的指导下，各地加强对区域学校的教学研究和教学管理。1954 年 6 月，北京市委出台的《关于提高北京市中小学教学质量的决定》提出：

> 市教育局、区文教科和学校的领导干部，应切实钻研教育业务，在业务上真正成为名实相符的内行；必须把主要的精力迅速地、坚持地放到教学研究和教学领导上去，系统地总结经验，学习苏联先进经验，交流和推广成绩优良的学校和模范教师的先进经验，学习和推广其他地区的先进经验，切实改进教学。市教育局应设立专门机构或专人负责管理教学研究和教学指导工作。教育行政部门应加强视察工作，经常地、系统地检查和帮助学校改进教学。[③]

北京市要求设立专人机构或专人负责管理教学研究和教学指导工作

---

① 尹桂荣：《新中国基础教育教研制度的历史演变与现实追求》，湖南师范大学硕士学位论文，2006 年，第 16—17 页。

② 何东昌主编：《中华人民共和国重要教育文献（1949—1975）》，海南出版社 1998 年版，第 306 页。

③《市委关于提高北京市中小学教育质量的决定（节录）》，《北京党史》2001 年第 3 期。

的经验后来在全国推广。1954 年 8 月，教育部发出的《关于〈中共北京市委关于提高北京市中、小学教育质量的决定〉的通报》要求："各级教育行政领导机关必须进一步加强对教学工作的领导，有计划有重点地检查教学工作，给各校以具体指导，有条件的地区应建立专门机构，管理教学研究与教学指导工作。"①

另一方面，组织开展区域教研。各地教学研究室、视导室或教研组的工作主要有以下三个方面：

第一，组织和指导中小学在职教师开展教材、教法研究，教师培训。据《上海松江县志》记载，1954 年，松江县文教科成立小教工作组，1956 年，成立教研室，到各学校进行视导、辅导，开展教育教学研究活动，1960 年，创办教师进修学校，设教学研究组，中小学各科中心教研组全面辅导全县中小学教学研究的开展。县教育局每年组织暑期讲习会，把全县小学教师集中到县，开展教育方针学习，教学业务研究，教育、教学经验交流等活动，并重点进行集体备课。此外，县教育局还利用寒假，组织小学教师学习汉语拼音。②

第二，组织业务报告会、经验交流会、教学观摩会。1953 年 5 月，北京市有计划地组织了城区中学校际的教学观摩活动，举行观摩教学共 30 余次，前后累计 14 校参加，每次参与人数均在 200 人左右，总共参加人数 2 000 余人。③ 当时北京市第二女子中学的历史老师宋毓真担任《亚洲的觉醒》一课的观摩课教学，苏联教育专家普希金到场进行了指导。北京市的中小学教学研究组针对各学科教学存在的问题，举办了

---

① 何东昌主编：《中华人民共和国重要教育文献（1949—1975）》，海南出版社 1998 年版，第 364 页。

② 尹桂荣：《新中国基础教育教研制度的历史演变与现实追求》，湖南师范大学硕士学位论文，2006 年，第 16—17 页。

③ 王宜民：《北京市中学进行观摩教学总结》，《人民教育》1953 年第 8 期。

业务报告会、经验交流会，1954—1955 年，组织业务报告会和经验交流会共 18 次。[①]

第三，培养骨干教师。浙江省文教厅厅长、教育专家俞子夷亲自领导小学语文、小学数学的教学中心研究组，以杭州市胜利小学、天长小学等校为基地，通过教学研究，培养了一批钻研小学语文、小学数学教材教法的骨干教师。浙江文教社《小学教育通讯》连载了俞子夷编著的《小学算术教学讲话》，在省内外产生了一定的影响。1953—1962 年，浙江省教研室举办了暑期学习班，为地市、县两级培训了小学语文、小学数学骨干教师和教研员 1 200 余人次。[②] 通过上述工作，浙江省逐步形成了一支骨干教师队伍。

1954 年 11 月成立的南京市中等教育教研室更是地方教研室的典范。该教研室在成立之初主要完成了以下 4 项工作：①生物学教学方面，设立了达尔文主义教学研究室。该研究室根据教学大纲的要求和教材的顺序，按单元编排，用实物说明达尔文主义的主要内容。此外，研究室还开辟了一个小型植物园，根据教材进行植物发育阶段和怎样控制植物发育的实验，为各中学开展相关教学提供了参观学习的场地。②数学教学方面，在各校原有制作和使用教具的基础上，组织了数学教具观摩会，展出教具 278 件。全市 500 多位中学数学教师都来参观，甚至军区速成中学，常熟、滁县等地的学校教师也来参观。后来建立的数学教学研究室，是各校教师、学生开展研究的固定场所。此外，还从陈列观摩的教具中选择一部分较好的，按教材顺序，分类逐件编出制作方法和使用说明，印发学校供仿制和使用。数学教具观摩会的举行和教学研

---

① 郭晓燕：《〈五四决定〉的制定、贯彻与历经的磨难》，《北京党史》2001 年第 3 期。
② 《中国教育年鉴》编辑部编：《中国教育年鉴・地方教育（1949—1984）》，湖南教育出版社 1986 年版，第 538 页。

究室的设立，带动了全市教师开展教学研究和教学实验。③物理教学方面，组织物理教具观摩会和使用演示会，会后组织方把各校教师认为较好的教具选出来编写了制作和使用的说明，印发给各校供仿制和使用。④组织部分学科教师开展集体备课和教学问题解答。例如，各校政治教师少，很难开展校内教研活动，教研室组织高三、初三政治课教师研究教材，交流经验。具体办法是在教师自己备课的基础上，每次约定教师做重点发言，再由大家讨论补充。当时已经有物理、数学、生物三科开展教学问题的解答。具体方式是教师把平时在学校不能解决的问题，无论大小，都可以带到教研室来，教研室分类请有经验的教师来解答，如不能解答就请高校和有关部门的专家解答。[①]

南京市中等教育教研室展现了省级教研室在初建时期的工作内容和工作重点：①开展区域范围内的在职教师的教学研究和集体业务学习；②建立教学实验参观的基地，供中小学教师教学之用；③开展并帮助教师制作教具，提升教学可视性；④组织和动员中小学骨干教师和高校教师就教师平时教学中遇到的疑难问题进行解答。

总之，教育部颁行的《中学暂行规程（草案）》《小学暂行规程（草案）》和教育部《关于〈中共北京市委关于提高北京市中、小学教育质量的决定〉的通报》出台之后，全国基本建立了学校和区域层面的教研机构，并开展了一些学校和区域层面的教研活动。这些教研活动既有学科教研，又有跨学科的培训。这些活动对教师学习苏联五环节教学法，规范、改善教师教学，提升教师的政治思想意识，形成团结友爱的教师学习集体等方面有积极意义。但从全国范围看，教研机构处在初建时期，教研活动并未有效地展开。

---

① 《南京市中等学校教学研究室成立后的几项初步工作》，《人民教育》1955 年第 11 期。

三、中国特色的教研组织体系的建立及活动的开展

（一）背景

1. 独立探索建设社会主义的道路

1956 年 9 月，中国共产党召开了第八次全国代表大会。这次大会的召开，标志着我国开始进入全面的、大规模的建设社会主义的新时期，标志着中国共产党领导全国人民开始了独立探索在中国建设社会主义的历程。① 这一时期中苏关系恶化，苏联突然撤走全部专家，我国各行业也开始反思亦步亦趋地模仿苏联模式存在的问题。教育领域则由过去全面学习苏联的教育内容、教学方式、教学管理模式等转而开始反思这种不顾中国教育实际的盲目照搬的做法，并试图建立中国特色的教育制度、内容与方法。但由于受"左"倾思想的影响和缺乏建设社会主义教育的理论准备和思想准备，这一时期的教育工作既取得了一定的成绩，也经历了曲折。

2. 频繁调整课程计划，进行教学改革

20 世纪 60 年代初，教育界改革频繁，改革的目的包括以下四个方面：①逐步改革课程教材、教学方法和考试方法；②切实改革和加强思想政治教育；③适当安排劳动，加强劳动教育；④继续抓好学制改革的实验。② 改革的措施有调整教学计划、改革课程内容、进行小学五年制试点、建立重点中小学制度、反对片面追求升学率、提升教育教学质量等。

1964 年，教育部又开展了课程教学改革，改革的内容有两个方面：一是加强外语人才的培养③，二是改革和加强中等以上学校政治理论课

---

① 方晓东等著：《中华人民共和国教育史纲》，海南出版社 2002 年版，第 114 页。

②③ 何东昌主编：《中华人民共和国重要教育文献（1949—1975）》，海南出版社 1998 年版，第 1349、1326—1329 页。

的内容。改革要求采取“少而精”的原则新编和修订相关课程，坚决废止“凯洛夫《教育学》的五个环节等形式主义、主观主义的一套做法”[①]，并要求配备专门的政治课教师[②]。

鉴于狠抓教学质量导致学生课业负担过重，1964 年 7 月，教育部发布的《关于调整和精简中小学课程的通知》要求：“减轻中小学学生的课业负担，提高教学质量，使学生能够在德智体诸方面生动活泼地主动地得到发展”，还要求调整 1963 年教学计划，调整的原则是：适当地调整课程门类，适当地减少课程时数，在不降低程度的情况下删减一些理论要求过高、烦琐的教材内容，等等。[③]

上述课程内容的改革、教学时数的增减、课程难度的增加和教学方法的变革等，必然对教师的素质和教学能力提出了更高的要求。

3. 1952 年以后的教研工作存在诸多问题

1952 年之后，全国中小学普遍设立了教学研究小组，对教师业务和政治素质的提升及教学质量的提高有积极的作用。但在教研组的组建过程中，由于对教研组性质的认识不同，定位不清，各校出现了一些普遍性的问题：①教研组工作范围不清，组织不健全，制度未能很好建立，工作带有盲目性；②某些教研组政治空气较淡薄，教师之间存在“文人相轻”、不团结的现象，教研工作的思想性较差；③设立名目繁多的教研组，如综合教研组、学科教研组、互助组等，以及硬性规定各组活动教师都要参加，导致组织过多，力量分散，教研活动流于形

---

①③ 何东昌主编:《中华人民共和国重要教育文献（1949—1975）》，海南出版社 1998 年版，第 1322、1295—1296 页。

② 教育部要求按每 200 名学生配备一名专职政治教师，条件是教师出身好、政治历史清楚、无产阶级立场坚定、作风正派的党团员，具有充沛的革命热情、相当于高中的文化水平，身体健康，要求从干部、复员军人、知识青年中挑选。见《教育部、国家编制委员会关于配备中等学校专职政治课教师的通知》，何东昌主编:《中华人民共和国重要教育文献（1949—1975）》，海南出版社 1998 年版，第 1340 页。

式；④教研组的性质、任务不明，组长职责不清，组长承担了不少行政工作。例如，有学校要求组长审批教师的课时计划，检查教师的教学进度、教学情况及思想情况，经常检查教师的作业批改情况，甚至还要求组长批准教师的请假申请等，极大地增加了组长和教师的负担。[①] 这种状况，不利于这一时期的课程教学改革，也无助于落实党的教育方针政策。

4. 教师进修院校体系的建立对教研体系的冲击

新中国成立初期，我国就学习苏联建立独立的教师进修院校。早年是“群众自发、自动创造的教师业余学习的形式”[②]，不久，一些地方开始建立独立的教师进修学院，承担教师在职培训的任务。例如，1950年，哈尔滨市和天津市率先建立了教师进修学院，培训学历不及师范专科毕业程度的在职中学教师。[③]

1952 年 8 月，教育部召开中小学教育行政会议，确定了以行政区域为单位建立独立的教师进修院校的思路。“在 1952 年秋季开学后，各大行政区可否选择一适当城市开始筹办教师进修学院一所，省选择有条件的县筹办教师业余学校若干所；省市教育厅、局直接筹办或委托师范学校、师范学院举办函授学校一所，作为取得经验的实验。”[④]1960 年，教育部鉴于中小学师资素质整体不高的现实，提出分层次、成体系建立教师进修院校：

---

① 刘绳祖：《改进中学教研组的工作》，《人民教育》1957 年第 5 期；宁汉戈：《我们领导教学的经验》，《人民教育》1953 年第 9 期；吉林实验中学：《我们是怎样领导教学的》，瞿葆奎主编，张济正、吴秀娟选编：《教育学文集 · 学校管理》，人民教育出版社 1988 年版，第 391 页。

② 《为建立系统的教师进修制度而奋斗》，《人民教育》1952 年第 9 期。

③ 刘英杰主编：《中国教育大事典（1949—1990）》（上），浙江教育出版社 1993 年版，1062 页。

④ 何东昌主编：《中华人民共和国重要教育文献（1949—1975）》，海南出版社 1998 年版，第 168 页。

建立健全和充实教师进修机构。从省、专区、市县到公社和学校，层层都必须建立和健全教师进修机构或组织，做到块块统一领导督促检查，条条进行业务辅导，层层有人负责各种形式的学习，样样有人管理。全日制、半日制学校的教师进修和业余教育的教师进修，应分系统进行。前者由教师进修院校负责，后者由工农师范负责。各级各类教师进修机构，应该有适当的编制，配备一定数量的水平较高的党员领导干部和必要的专职教师，使能担负起迅速提高在职教师的艰巨任务。①

在这种情况下，各地开始建立独立的教师进修院校。教师进修院校的主要职责是提升教师的业务素质，其中教师培训、业务辅导、教学监督等职能与区域教研室的职能有重叠，严重影响了区域教研室的存在价值。

（二）1956—1965 年的教学研究机构及活动

1956 年以后，我国教研机构建设在进一步发展校内外两条线路的教研系统的同时，加强校内外教研组织的规范化建设，表现在以下三个方面。

1.《中学教学研究组工作条例（草案）》对学校教研的规范

1957 年，教育部借鉴苏联经验，制定《中学教学研究组工作条例（草案）》及《关于〈中学教学研究组工作条例（草案）〉的说明》（以下简称《条例》及其说明），对教研组的名称、性质、任务、组织方式进行明确的规定，以规范当时教研组的工作。其中规定：中学教学研究组是各科教师的教研组织；教学研究组不是行政组织的一级，教学研究组组长也不是介于校长、教导主任和教师中间的一级行政干

---

① 何东昌主编:《中华人民共和国重要教育文献（1949—1975）》，海南出版社 1998 年版，第 985 页。

部。因此，除《中学教学研究组工作条例（草案）》中所规定的教研组工作内容之外，不应该给教学研究组及其组长布置学校行政方面的工作。[①]

教学研究组的任务是组织教师进行教学研究工作，总结、交流教学经验，提高教师思想、业务水平，以提高教育质量。具体的工作包括：①学习有关中学教育的方针、政策和指示；②研究教学大纲、教材和教学方法；③结合教学工作钻研教育理论和专业科学知识；④总结、交流教学经验和指导课外活动。

鉴于各校发展不平衡，《条例》及其说明强调：以上工作并不要求一次性全面铺开，提倡结合本校、本组的具体情况安排教研工作；在现有基础上抓住重点，优先对迫切需要解决的问题进行研究，并且，教研组所安排的研究工作应当“建筑在教师个人教学研究的基础之上”[②]；教研组的会议不宜过多，可以采取多种方式进行工作，如“组织同年级同一学科教师经常在一起研究教材教法、组织老教师给新教师讲课”等，但在采用这类方式时，应该以教师自愿为原则，不应做硬性规定，并且不宜占用过多的时间，以免流于形式，加重教师负担。

《条例》及其说明还确定了教研组设立的条件。同一学科教师在 3 人以上者成立教研组，不足 3 人者可联合相近学科教师成立教研组。教研组设组长 1 人，由校长聘请有教学经验并有一定威信的教师担任，教研组组长负责组织领导教研组的工作。教研组的教学研究工作计划经校长或教导主任批准后执行，教研组每两周或三周开会一次，每次会议原则上不超过两个小时。

《条例》及其说明是对新中国成立后我国学习苏联建立教研组制度

---

①② 何东昌主编:《中华人民共和国重要教育文献（1949—1975）》，海南出版社 1998 年版，第 720、720 页。

的一个官方的规范化、政策化的表达。《条例》及其说明不仅是面向中学的，而且是面向整个中小学领域的，它进一步完善了 1952 年颁布的《小学暂行规程（草案）》和《中学暂行规程（草案）》中的相应条款，统一了教研组的名称，确立了中小学教研组的性质、任务、工作内容、组织管理等，对规范当时各校教研组的设置及有效地开展工作发挥了重要的作用。它的出台，也为我国反思苏联的教育经验、结合中国中小学实际以建立中国特色的教研体系发挥了重要的作用。

但是，《条例》及其说明对教研组性质的定位是矛盾的，它导致教研组在学校组织结构中一直处于尴尬的位置。一方面，教研组不是行政组织的一级，组长也不是介于校长、教导主任和教师中间的一级行政干部。教研组安排的研究工作应当以教师个人教学研究为基础，应该以教师自愿为原则，不应做硬性规定。另一方面，又提出各学科 3 人以上者必须设立教研组，教研组的工作计划必须经校长和教导处批准，对教研组的活动频率和时间也进行了明确的限定。其结果是教研组按行政组织建设并分派任务，但组长又非行政干部，担其责无其职。这导致教研组难以确定自身的地位和角色。

事实上，由于“教育大跃进”和“教育大革命”等原因，《条例》及其说明对 20 世纪 50 年代末 60 年代初教研组建设的影响很有限。但无论如何，“文化大革命”之前，各地还是按照这个《条例》及其说明有序地开展工作，一些教研组在推进教师成长、教学改进和教育实验等方面取得了重要的成绩。

2. 中小学教研工作的常态化、规范化、制度化

1957 年教育部颁布《条例》及其说明之后，各地中小学开始按要求设立学科教研组，并开展相关工作。这一时期，学校教研工作的重点在于教研活动常态化、规范化、制度化。由此，我国形成了具有特色的

学校教研组织及其活动方式。

（1）制订工作计划，确保教研活动的制度化

为了让各校各科教研活动常规化、制度化，各校加强对教研组的管理，明确要求教研组制订教研工作计划，确定教研组活动时间。例如，吉林省的青年团吉林第一高中为了加强教师的学习效果，要求教研组制订一学期乃至每周的教研和进修计划，妥善安排工作与学习的时间，一般能做到将晚上的时间用于业务进修。在党内建立了每月向党汇报一次业务进修情况的制度。为了保证业务进修的时间，学校的学年计划规定：教师每周只安排教师两小时的会议时间，行政干部每月研究教学或教师进修两次，会议内容要提早安排，由专人负责准备。①

（2）确立学校对学科教研的领导角色

虽然1957年的《条例》及其说明强调，教研组的业务性质是非行政组织，教研组组长不是行政干部，但实际上，很多学校对教研组的建设是按照行政一级组织进行的，并按照政务院《关于改进和发展中学教育的指示》，由学校校长和教导处直接领导学科教研组活动。

例如，上海育才中学学校领导直接负责教研组的工作。该校5位教导主任全都兼课，除一位专门负责教导行政事务外，其余都兼任了教研组组长之职。他们认为，教研组组长的身份比教导主任的身份更有利于参与教学研究。为此，各学科教研组还配有负责协助工作的副组长。另外，该校党政工团的负责干部也都任课，同教师一起办公，以便随时、比较自然地检查教师作业批改的情况和学生考试的情况。在领导教学工作方面，他们抓制度，但有两条原则：一条是“有所规定，有所不规定”，填写教室日志是规定的，而课堂教学的边教边练、紧扣教

① 青年团吉林第一高中教师支部:《以教学为中心，开展教师青年团的工作》,《人民教育》1957年第2期。

材等则以提倡、带动的方式代替规定，备课讲课是探讨式的，不做硬性规定；另一条是“留有余地”，奖惩制度要留有余地，给学生发展的空间。①

由上可见，育才中学已经建立了本校的教学领导方式。正是在学校领导细致务实的领导下，该校形成了“紧扣教材、边讲边练、新旧联系、因材施教”的教学改革经验，并对各科的教学特点进行了认真的分析总结。例如，在语文教学方面总结出如下经验：一篇文章是完整的，其字词句是不离篇章的，不能割裂；语文课不能分为文学和汉字，不能把所谓的文学因素、语言因素、教育因素分割开来；语文课不能教成政治课、文学课，也不能教成常识课；语文是文道结合，必须言之有物而不能拆开；语文讲授必须广博与精深相结合，必须按照作者的视角进行分析，紧扣作者的语言进行讲解，提倡推敲式的讲解。在理化科教学方面也总结出如下经验：要在学生实验的基础上进行有的放矢的讲解；物理要“从数透理”，以提高学生对物理概念、定理的理解。② 这些经验对今天中小学教师的教学依然有很大的启发。

1964 年，山西省晋城一中党总支和行政领导分别深入各教研组，与教师一起学习文件，研究教学方法的改进问题。为了帮助教师改进，党支部拟出一些问题供教师讨论，然后结合讨论内容学习《实践论》《矛盾论》《毛泽东同志论教育工作》及有关文章。在帮助教师统一思想和了解自身存在的问题之后，两位校长采取了多种改进措施：一是由副校长带领语文、数学、外语、物理、化学几门主科教师到晋南兄弟学校参观学习；二是组织全体教师继续深入学习与研究有关文件和育才中学的经验，讨论如何改进教学；三是聘请各科有经验的教师，

---

①② 段力佩:《关于领导教学工作的几点体会》,《人民教育》1963 年第 3 期。

分别向学生介绍主动学习、独立思考、科学支配时间的方法，班主任同时配合工作，按要求改革教学。[①] 从上述的流程可以看出，学校党支部、校长已经确定了教研的目标、内容和方式等，而教研组的主动性很少。

（3）确定教研活动的基本内容与形式

20 世纪 50—60 年代，我国确立了学校教研活动的基本内容和形式。

其一，通过各种渠道帮助教师学习，提高教师的业务素质。20 世纪 60 年代，很多学校的教研组已积累了许多提高教师素质的经验。当时，天津南开中学一些教师文化程度较低，教学经验较少，在教学上有困难，特别是在 60 年代强调基础知识和基本技能训练以后，这种困难更为凸显。例如，有的语文教师教文言文有很大的困难；有的几何教师逻辑推理不清，解题能力差，常常证明不出较难的习题；少数理化教师不熟悉实验的基本操作规程，不会使用天平等仪器；有的外语教师发音不准，没有掌握基本语法规则。为此，南开中学各科教研组尽力提高教师的业务水平，具体如下：①通过师徒制培养新教师。对刚毕业的新教师和教新课的青年教师，学校指定有经验的教师指导他们备课、写教案、试讲。②专题补缺性的小讲座或训练。一是举办系统讲座，解决教师的共性问题。例如，语文教研组请业务基础好的老教师系统讲解文言文，内容包括《左传》、《国语》、诸子散文、《史记》、历代文选等。二是有针对性地提高教师的某些技能。例如，某些语文教师不会汉语拼音，不能掌握两种不同的字典查法；有的数学教师不会查对数表，不会用计算尺；有的物理教师、生物教师没有掌握

① 杨俊峰、李森华、柏扶疏：《学校领导和教师一起研究改进教学方法》，《人民教育》1964 年第 10 期。

实验仪器的基本规则；等等。各教研组发动在这些方面有特长的教师手把手地教，例如，生物科由老教师做了几次关于显微镜、解剖器的构造、性能及使用方法、注意事项的讲解，并当场示范，新教师很快就掌握了。③督促个人自修。教研组通过定任务、定时间、定辅导教师、定自修书目等方式督促教师个人自修。[①] 通过上述途径，教师的专业素质很快得到提升，而这种师徒制和教师集体学习制度成为后来教研组帮助教师成长的基本形式。

20 世纪 50—60 年代，教研组范围内举行集体学习活动成为普遍现象。例如，江西省乐平师范学校的语文教研组在集体学习方面做了很多工作：①组织全组教师系统学习业务知识。先后学习了“新文学教程”“中国现代文学史略”“怎样教学中国语法”“语法修辞讲话”“修辞概要”及语音常识等。②组织全组教师学习教育政策和先进教学经验。要求教师学习教育部新颁布的《小学教学计划》《师范学校教学计划》、叶圣陶《关于语言、文学、分科问题》等文件文章，以及报纸杂志介绍教学经验的文章。③组织青年教师以自学、听课和接受其他教师辅导等方式进修。学历不达标的青年教师一律参加由校长领导，各教研组具体布置、指导与检查的业务进修，要求教师在 3—4 年学完师专或师院的中国语文科系的全部专业课程。[②]

其二，通过日常教学研究，总结教学经验，提升教师教学能力。50 年代中期之前，一些学校开展的集体备课、集体听评课、示范教学、观摩教学、经验交流等教研活动，成为这一时期各校教研活动的常态工作方式，并在此过程中总结了自己的教学经验。

---

① 天津南开中学:《提高教师业务水平的几点做法——北京、天津部分中学办学经验座谈会材料》,《人民教育》1963 年第 6 期。

② 江西省乐平师范学校语文教研组:《我们教研组是怎样提高教师的》,《人民教育》1957 年第 2 期。

如天津三中外语教研组开展“加强词汇教学”的专题教研，提出了自己的经验：①明确重点词，突破难点词；②掌握每个词的读音和写法，使读、写结合；③掌握难以区分的词义；④分析词汇结构；⑤通过联词组、联句进一步掌握和巩固词汇。[①] 北京师范大学第一附属中学外语组在培养学生听、说、读、写的“四会”方面，形成了自己的经验：①加强学生发音拼读的训练；②指导学生朗读和背诵课文；③加强拼写训练；④加强课堂提问与日常用语的联系；⑤注意造句、写短文和其他练习。[②] 辽宁省一些学校的教研组，通过集体备课、观摩教学，老教师带徒弟等方式，帮助新教师获得提高。[③]

这一时期，不少地方的教研组开展切实的研究，甚至引发了全国性的讨论。例如，1962 年《人民教育》发表《一次观摩教学引起的争论》，针对黑龙江北岸赵光农场中学教师在实施观摩教学之前布置学生预习、指定学生提前准备教师的问题等做法提出讨论：到底观摩教学是如实了解教学真实情况还是推广先进经验？[④] 这一问题引发了全国性的讨论，1964 年也有类似的讨论。[⑤]

其三，以教研组为单位开展教学实验及教学改革。这一时期，随着中苏关系的破裂，教育领域开始探讨建立中国特色的教育制度、教学模式。我国很多中小学开展了形式多样的教育实验，例如，辽宁省黑山北关小学（1960 年改名为辽宁省黑山北关实验学校）和南京师范学院附属小学的识字教学实验、福州十八中的语文教学改革实验、上海育才学校的“八字教学法”实验、各地缩短学制的实验等。

---

① 天津三中外语组:《加强词汇教学的几点做法》,《人民教育》1962 年第 3 期。
② 顾明远:《培养学生“四会”》,《人民教育》1962 年第 3 期。
③ 辽宁省教育厅:《多快好省地培养与提高师资》,《人民教育》1960 年第 4 期。
④ 周慕农:《一次观摩教学引起的争论》,《人民教育》1962 年第 7 期。
⑤ 万乃冬:《公开课的背后及其他》,《人民教育》1964 年第 10 期。

集中识字[①]是辽宁省黑山北关小学于1958年开展的一项教学改革。该校语文教研组针对我国识字教学长期存在“少慢差费”导致语文教学速度慢、质量低的情况，该校贾桂枝、李铎等语文教师提出从识字教学入手，全面改革语文教学。他们带领语文教研组教师在研究我国传统的“三百千”（《三字经》《百家姓》《千字文》）识字教学经验、解放区成人扫盲“速成识字法”的基础上，开展了“集中识字”教学的实验。通过研究，他们发现音、形、义三个方面体现了汉字的规律，以字形为中心，把字的音、形、义结合起来开展教学能提升识字教学的质量和速度。在辽宁省教师进修学院的帮助下，教研组教师新编了按形声字归类的识字教材，并进行“基本字带字”方法的实验。他们采用看图识字和以歌带字的方法，后来又实验“四声带字法”，取得了较好的效果。[②]

随着教学效果的显现，北京景山学校开始进行相似的教学实验。1960年在教育部的批准下，全国很多学校加入实验的行列。这些实验都是在语文教研组内开展的，20世纪60年代初，北京的育才学校、二龙路学校、丰盛学校，杭州安吉路小学也开展“集中识字”的教学实验，并总结出自己的教学经验。[③]

与“集中识字”相对应的是以南京师范学院附属小学斯霞老师为代表的“分散识字”的实验。“分散识字”也称“有意义的识字”，采取的

① “集中识字”与“随课文分散识字”是识字教学中的两种相对的观点。“集中识字”的特点是小学低年级以教学识字为重点，暂时脱离课文，让学生集中精力在两年内学习2 000—2 500个常用字，然后再进行读写训练，也称“先识字，后读书”。“集中识字”实验对我国小学语文教学实践影响很大。参见熊明安、喻本伐主编:《中国当代教育实验史》，山东教育出版社2005年版，第208页。

② 崔石挺:《访黑山北关实验学校》，《人民教育》1962年第1期；熊明安、喻本伐主编:《中国当代教育实验史》，山东教育出版社2005年版，第210页。

③ 陈永萱:《北京市三所学校集中识字教学情况》，《人民教育》1962年第1期；陈彦:《杭州市安吉路小学的集中识字教学》，《人民教育》1962年第3期。

是“边识字边读书”的方式。斯霞老师采取的是“随课文分散识字”方法，她带领教研组教师把识字、阅读、写话三者结合起来，形成了“字不离词，词不离句”的识字教学方法。①

无论是“集中识字”还是“分散识字”，都是在优秀教师的带领下在教研组范围内开展的教学实验。平时的备课、听评课等活动都是以“集中识字”或“分散识字”实验为内容开展的。

上海育才学校的“八字教学法”实验是在校长段力佩的领导下在各教研组范围内开展的。1960 年下半年，他指导新入职数学教师开展教学改革。1963 年初，在取得初步经验的基础上，他选择初一（3）班作为实验点，重点开展语文、数学、英语教学方法实验，段力佩兼任该班语文课教学，并要求学校其他领导兼任各科教研组组长，负责各科教学改革实验。②20 世纪 60 年代初，福州十八中初一语文组抓住“读为基础，从读学写，以练为主”进行实验，经过一个多学期的实验，教师们提升了教学质量。③

上述学校开展的教学改革实验全都由学科教研组落实，在这个过程中，教研组内教师共同学习、研究、实验、总结，为探索和形成中国特色的教学经验做出了重要的贡献。

其四，提升教师的政治素质。面对新中国成立初期复杂的社会环境和教师的思想状况，提升政治素质是当时教师改造的重要内容。除初期各地政治大学和政治训练班进行教师的政治思想教育之外，学校，包括

---

① 熊明安、喻本伐主编:《中国当代教育实验史》，山东教育出版社 2005 年版，第 227 页；萧毓秀、罗珉:《小学低年级识字教学的心理学探讨——斯霞老师的“字不离词，词不离句”识字教学方法》，《人民教育》1962 年第 4 期。

② “八字教学法”就是“读读、议议、讲讲、练练”教学法的简称，参见熊明安、喻本伐主编:《中国当代教育实验史》，山东教育出版社 2005 年版，第 238 页。

③ 程力夫:《福州十八中初一语文教学改革初步经验》，《人民教育》1964 年第 12 期。

教研组，也组织教师开展政治学习。新中国成立后教师政治学习的内容主要是马列主义、毛泽东著作和党的教育方针政策。20 世纪 50 年代初的政治学习与知识分子改造运动结合起来，教师主要学习《中国人民政治协商会议共同纲领》《新民主主义论》和社会发展史、政治经济学等。

3. 区域教研机构的调整与教研工作的规范化、常态化

20 世纪 60 年代，我国省—市—县—校的教研体系基本建立。20 世纪 60 年代以后，各地教学研究机构的设置存在混乱的现象，但各地教育主管部门制订相应的规章制度，尽可能规范地开展区域教研活动。

（1）建立了形式多样的省级教学研究机构

20 世纪 60 年代是我国区域教研机构变动比较大的时期，主要表现在以下四个方面。

第一，保持原来的教学研究室。这一时期，一些地方的教研室虽有所变动，但基本保持独立的教研机构的设置。例如，1958 年，河南省在教学指导室的基础上成立了教学指导委员会，内设文史教研室、理科教研室、政治教研室、小学教育教研室；1960—1961 年，教学指导委员会先后与河南省教师进修学院、教育干部学校和郑州师范学院合署办公，但保持教学指导委员会的独立建制；1961 年，教学指导委员会单独办公，1962 年，更名为普通教育教学研究指导室。[①] 宁夏回族自治区文教厅的教学研究室、陕西省教育厅教学研究室则始终保持独立设置。1958 年，河北省教育厅设立教育研究所，其职能与教学研究室相同。

第二，与教师进修院校合并。1960 年，教育部着手建立教师进修院校体系。在经济、文化、教育等各方面基础还比较薄弱的时期，建立

---

① 梁威、卢立涛、黄冬芳著:《撬动中国基础教育的支点：中国特色教研制度发展研究》，教育科学出版社 2011 年版，第 40 页。

一个完善的教师继续教育体系是一件非常困难的事情，而教研系统和教师进修院校在教师培训、教师业务学习等职能方面有重合之处，因此，这一时期一些地区的教师进修院校开始与教研部门合并，或者将教研室并入教师进修院校。例如，辽宁、吉林、湖北等地就是把教研室的职能并入教师进修学校中。

有的则在教师进修学校内部再设教研机构。例如，1960 年浙江教育学院设立教研部，1962 年浙江师范学院设立教研部。又如，1960 年，广西教师进修学院与广西民族学院合并，教研室撤销，全部教研人员被分配到广西民族学院各系任教。1961 年秋，恢复独立的广西教师进修学院，下设普通教育教学研究室。再如，1959 年 12 月，黑龙江省教研室与省教育行政干部学校合并组成黑龙江省教育学院，下设教学研究部和轮训部。1962 年，教学研究部下设语文、数学、理化、生物、政治、史地、外语、小学、综合 9 个学科教研室。1965 年，教学研究部改设普教、半工半读、业余、小学、综合、电化等教研室，并在齐齐哈尔、绥化、佳木斯、牡丹江等地组建省级教研派出机构。①

在“大跃进”的影响下，小学教师进修学校迅速发展，1957 年有 1 125 所，到 1959 年增加到 2 202 所。1962 年，各地小学教师进修学校的办学规模有所收缩，在校学员由 1959 年的 121 万人减至 82 万人。② 这些进修院校很多是合并了地区级的教学研究室而形成的。

第三，与教材编辑室或教材编审室合并。20 世纪 50 年代末 60 年代初，我国各级学校开始建立自己的教材体系。在这种情况下，谁来承担这一任务是当时必须解决的问题。与此同时，20 世纪 60 年代，课程

---

① 梁威、卢立涛、黄冬芳著:《撬动中国基础教育的支点：中国特色教研制度发展研究》，教育科学出版社 2011 年版，第 40 页。

② 刘英杰主编:《中国教育大事典（1949—1990）》（上），浙江教育出版社 1993 年版，第 1067 页。

教学改革强调在“少而精”的原则下，提高教材难度，精简教学内容，使得教材编写和教学研究成为提升教材质量的关键因素。为了更好地建设编写队伍和教学、教材研究队伍，一些地方设立了专门的教材编审室、教材编辑室，并将教研室并入其中。

例如,1959 年 10 月，上海市教育局根据市委指示，精减工作人员，撤销教研室，设立教材编审室。1960 年 6 月，教材编审室附设在华东师范大学内。1962 年 12 月，为了强化教研工作，上海市教育局将教材编审室改为教学研究处，由吕型伟任处长。

又如，1960 年 8 月，山东省教育厅的教学研究室改为教材编辑室，负责全省中小学和师范学校各科教材及教学参考书的编辑工作，分管教材、教学方面的管理部工作。编辑室内含文（包括外文）史地组、数学组、理化生物组、政治教育组等。1964 年，教材编辑室又改称教学研究室。①

此外，1958 年，安徽省教育厅设立了教材编审室，1960 年，西藏自治区筹委会设立文教处民族教材编译组，1962 年，云南省教育厅设立教材编审室。

第四，保持原有的视导室。我国一些地方为加强对中小学教育教学工作的监督指导，设立了视导室。20 世纪 50 年代，一些地方教育厅依然以视导室的方式开展相关的工作。例如，1958 年甘肃省教育厅设立视导室，1961 年江西省教育厅设立视导室，1962 年青海省文教厅设立中小学视导组，等等。可见，全国大部分地区建立了不同形式的省级教研机构，详见表 3-2②。

---

①② 梁威、卢立涛、黄冬芳著:《撬动中国基础教育的支点：中国特色教研制度发展研究》，教育科学出版社 2011 年版，第 40、41 页。

表 3-2　1957—1965 年全国部分省级教研组织成立及变化情况

年份	省（自治区、直辖市）	教研组织名称
1957 年	辽宁省	辽宁省教师进修学院
1958 年	吉林省	吉林省教师进修学院
1958 年	河北省	河北省教育厅教育研究所
1958 年	甘肃省	甘肃省教育厅视导室
1958 年	安徽省	安徽省教育厅教材编审室
1958 年	宁夏回族自治区	宁夏回族自治区文教厅教学研究室
1959 年	上海市	上海市教育局教材编审室
1962 年		上海市教育局教学研究处
1958 年	河南省	河南省教育厅教学指导委员会
1962 年		河南省普通教育教学研究指导室
1959 年	黑龙江省	黑龙江省教育学院
1960 年	西藏自治区	西藏自治区筹委会文教处民族教材编译组
1960 年	浙江省	浙江教育学院教研部
1962 年		浙江师范学院教研部
1965 年		浙江省教育厅教学研究部
1960 年	山东省	山东省教育厅教材编辑室
1961 年		山东省教育厅教材编审室
1964 年		山东省教育厅教学研究室
1964 年		山东省第一教育厅教学研究室
1965 年		山东省教育厅教材编审室
1960 年	云南省	云南省教育厅教学研究室
1962 年		云南省教育厅教材编审室
1961 年	江西省	江西省教育厅视导室
1961 年	广西壮族自治区	广西教师进修学院普通教育教学研究室
1962 年	青海省	青海省文教厅中小学视导组
1962 年	湖北省	湖北省教师进修学院
1963 年	陕西省	陕西省教育厅教学研究室

（2）建立规章制度，规范区域教研机构的工作

1957年，教育部颁发《条例》及其说明之后，各地开始规范学校教研组的建设。与此同时，区域教研部门的规范化建设也提上了议事日程。

1957年，上海市教育局发布《上海市教育局组织机构分工职责的初步意见》，对上海市教研机构职责进行了明确的划分。同年，山东省教育厅印发《山东省县教学研究室工作试行方案》，对教研室的性质、工作内容和工作方法，编制、领导与经费，以及教研室干部的政治学习与业务进修等进行了明确的规定。[①]1962年，广西壮族自治区教育厅印发《关于各级教学研究室工作暂行办法》，规范了地方教研室的工作。

以上海市为例，教研室的工作职责主要有两大类。[②]

其一，开展教材、教法研究：①研究中小学教学计划、教学大纲及教科书内容的分量是否合适，并提供修改意见；②了解、发现教学中存在的主要问题，进行分析研究，提出改进意见；③了解、研究优秀教师的教学经验，帮助教师总结，以便交流经验；④组织优秀教师及有关教学研究人员成立市教研组，进行某些专题研究，提出意见，供各区学校教师试行继续研究；⑤组织编写教学参考资料，确定学校的各科教学进度；⑥筹办教学资料陈列室，并负责审查资料。

其二，领导全市教职员开展政治和业务学习：①制订全市教职员的政治理论学习计划，协助党委组织、敦促、检查学习计划的贯彻执行情况；②制订教师业务学习（教育学）计划，举办广播讲座，并检查、督促学习计划的执行情况；③协助党委督促、检查时事政策学习的执行

---

① 梁威、卢立涛、黄冬芳著：《撬动中国基础教育的支点：中国特色教研制度发展研究》，教育科学出版社2011年版，第38、40页。

② 赵才欣著：《有效教研：基础教育教研工作导论》，上海教育出版社2008年版，第20页。

情况。

其他上级交办事项。市级教研室要承担起市教育局分派的其他工作事项。

可见，上海市教育局教学研究室的服务对象有两个，一个是上级领导，另一个是一线教师。一方面，它是领导机构，负责组织、领导并监督全市教职工开展政治、业务学习，组织教师开展经验交流与教学研究等；另一方面，它是研究机构，自行开展教材、教法研究。可见，它是一个兼具学术研究和业务领导双重职能的机构。

这一时期，其他省份的教研室也建立了规范教研室建设的制度。

（3）区域教学研究工作的常态化

20 世纪 60 年代初，在“八字方针”的引领下，我国中小学教育从“大跃进”时期的关注数量转变为关注质量。本书以安徽省教育厅的教研机构（中学教师进修研究室及地方教研室）的工作为案例，附以其他省份的经验，分析省教研机构的日常工作。安徽省的教研工作主要包括四个方面。①

第一，组织教师进修。教研室组织当地中学教师集体学习《全日制中学数学教学大纲（草案）》，明确中学数学教学的目的、任务和要求，系统地钻研立体几何、代数、解析几何等教材内容，提高教师业务水平。

第二，监督、检查全省教学状况。各地教研室深入学校了解教师的教学和学生学习情况，为后续的教学改进提供信息。通过调研，教研室了解到一些教师专业知识水平不高，不能深刻领会和全面掌握数学教材，教学时抓不住重点、难点，不能根据教材的前后内在联系讲清知识

---

① 安徽省教育厅:《合肥市中学数学教学情况和今后意见》,《人民教育》1962 年第 4 期。

的来龙去脉，揭示知识的本质。很多教师教学不讲究方法，满堂灌，且不注意启发学生思维，不考查学生接受情况。有的学校为追求效率而加快进度，突击复习。

第三，督促学校改进教学。在省教研组调研和提出解决思路的基础上，1962 年 1 月，安徽省教育厅印发《合肥市中学数学教学情况和今后意见》，提出为提高教学质量，要求学校和教师贯彻以下意见：要明确中学数学教学的目的任务；明确各年级教学要求，认真建立教学责任制；改进教学方法，加强基本训练和培养学生思维能力；加强教师进修，提高师资水平。

1963 年，安徽省教育厅对全省数学教学改进提出要求，要求教师做到以下三点。①钻研教材（包括梳理课文、通览教材、居高临下、钻深钻透、融会贯通）。②切实改进教法，着重解决以下问题：教师讲解要注重启发学生思维；讲清概念，加强计算、验证等技能训练；突出重点同时要照顾全面；加强辅导，培养学生独立思考能力；加强练习和防止学生负担过重等。③加强教师进修。针对当时安徽省数学教学的实际，教研室提出加强教师进修，通过自学、轮训和“老教师带徒弟”等办法，练好基本功：其一，熟悉中学全部数学教材，了解小学算术教材内容，初步掌握与中学数学教材密切相关的高一级教材内容；其二，具有较强的解题能力，包括逻辑论证能力、计算能力、解应用题和综合题的能力，并且熟练掌握各种主要的解题方法；其三，具有简练、清晰准确的表达能力。[①]

第四，总结优秀教师的经验。1962 年，安徽省教育厅中学教师进修研究组总结了合肥市第一中学数学教师吴之季的自学经验，并推广

① 安徽省教育厅:《安徽省中学数学教学情况和改进意见》,《人民教育》1963 年第 7 期。

至广大教师。吴之季，1951 年高中毕业后留校任教，因基础知识不足、缺乏教学经验，遇到了很多困难。在校领导的鼓励和老教师的帮助下，吴之季刻苦钻研，进步很快，1955 年担任数学教研组组长，1956 年开始教高中，1959 年担任合肥市中学联合组织的数学教研组组长。他的自学经验有：①多读与教材内容相同的各种课本，以现行课本为主，进行分析比较；②结合备课，围绕教材内容，阅读高一级书刊中的相关部分；③提早备课和加强大单元备课等。[①] 吴之季的成长经历对其他教师的启发很大。

第三节　成绩与问题

一、成绩

1949—1965 年，我国教育界重建了教研组织并取得了许多成绩，主要有以下四个方面。

第一，新中国成立初期我国就建立了服务于一线教学和一线教师的教学研究体系。

新中国成立初期，我国建立了学校和区域两个相互结合的教研系统。前者立足于学校，以学科为单位建立学科教研组；后者以区域为单位建立区域教研室。这两类教研组共同构成了省、地（市）、县、校四级教研组织体系。它们之间相互配合，由上而下（上级对下级承担指导管理之责），共同承担了教师教学改进、教师发展、国家课程教学改革等重任。它们与民国时期的教研组织体系有相似之处，但不是沿袭民国教研体系的产物，而是学习苏联教育管理和教学研究的经验并结合老解

---

① 安徽省教育厅中学教师进修研究组:《一个数学教师的自学经验》,《人民教育》1962 年第 1 期。

放区教师在职学习制度而建立的独具特色的教研体系。

第二，新中国教研体系是教育发展、教师专业成长的重要支持性机构。

在这个教研体系内，我国从省到地市、县，到学校，甚至乡村学校，都建立了专门的组织来支持和指导教师的教学。它们承担了教师发展、教师思想改造和统一、教师队伍建设、教学规范与改进、教育教学改革、教学监督与管理等多种职能。面对师资质量普遍不高、教学质量缺乏基本保证的问题，教研组在统一教学标准、规范教学行为、确保教师的基本教学水平方面做了大量的工作。通过各级教研机构的监督、检查、指导、交流，在职教师的整体素质获得了较大的提升，各级学校教学质量也提升了。

在这 17 年里，教研体系已建立了制度化、常态化的学习研究制度，形成了中国特色的、制度化的教师专业学习共同体。教研的工作目标和主要活动内容是围绕教师素质和教育质量的提高展开的。事实上，在教师普遍素质不高的当时，各校教研组对确保同一教研组内教师基本的教学水准、营造集体研讨的专业成长氛围起了重要的作用，而优秀教师的成长也是在这种学习型组织中获得的。正是这种强制性的集体学习制度，使教师走向教学的自觉和规范。跨校的教研活动，使教师在更大范围内研讨和交流教学经验，扩大了教师的视野。这些工作方式也成为教师成长的有效途径，至今未有新的可以替代的方法。

另外，教研体系的设立与工作开展，有助于实现区域内（包括省、市、县各级行政区域范围内）教学工作的一体化、均衡化，有助于党的教育方针政策的落实。我国国家层面的教学改革（如推行五环节教学法）、课程学制改革等均是通过各级教研机构带领学校教研组来组织、实验和落实、推广的。直至今天，教研组依然发挥着类似的作用。

这种集体学习和研究的制度也有助于提升教学的专业性。虽然教师职业由来已久，专业教师也随着现代教育的产生而出现，但在很长时间内，人们并未认识到教学是专业性的，教师是专业人员。1949 年之后教研组制度的普遍建立，结束了过去教师孤立地从事教学的局面，开始形成一个教学专业团体。他们共同研究、共同应对教学中的问题，并由此形成了相互间的情感和专业的支持，这在晚清和民国时期是很少出现过的。自此以后，上至国家层面的教育教学改革，下至学校层面和教研组层面的课程教学改革，以及教师的日常教育教学工作，都是在教师教学研究的基础上开展的。教研组在提升教师素质和研究水平的同时，切实提升了教师的专业水平，也帮助教师认识到教学的专业性，提高了教学队伍的地位。

第三，我国教研体系建立了中国特色的教研活动方式，积累了教师专业学习的经验。

新中国成立初期，教师普遍不了解好的教学的标准及范式，更不了解当时极力推行的苏联教学模式。为此，各校教研组 / 室通过集体备课、集体听评课、示范教学、观摩教学等形式，推广新教学模式。面对教师普遍素质不高的问题，教研组 / 室或是为了提高教师素质而组织系统学习，或是为了规范教学行为、提高教学水平进行集体备课、集体教研，或是为了开展改善或推广新式教学方法而开展观摩教学，或是通过师徒制培养新教师，开展专题补缺性的小讲座或训练帮助教师。这些活动为广大教师营造了浓厚的集体学习气氛。在这样的环境中，无论是刚入职的青年教师，还是有旧教学理念的老教师，或是对苏联教学模式较陌生的普通教师，都在集体学习环境中迅速成长。总结和推广优秀教师的教学经验，指出教师的教学缺陷并帮助提高，以师徒制的方式培养年轻教师，研究教学大纲，分析研究教材教法，研究重点、难点，共同研究怎样帮助落后学生等，[①] 这些作为教研组集体学习的重要内容一直保持到今天。

20 世纪 50 年代中后期，集体备课、集体听评课、示范教学、观摩教学已成为教研工作的常态，并被推广到学区和省（自治区、直辖市）层面教研室。当时一些教研室把各校的优秀教师发动起来，通过集体备课和业务高手指导等方式，雕琢优秀课公开展示。[②] 这些形式一直沿用至今。

第四，新中国成立初期中小学教研组 / 室是具有行政属性的学习型组织。

虽然我国教研组 / 室的建立有助于教师建立专业学习共同体，是一个学习型的组织，但仍具有强制性、持久性、科层制的行政组织的特征。[③]

虽然 1957 年教育部颁发的《条例》及其说明指出教研组是各科教师的教研组织，不是行政机构，教研组组长非行政干部，[④] 但我国的教研组 / 室是在上级行政部门的要求下建立的。学校—教导处—教研组—各科教师成为中小学管理教师和教学的基本组织模式，具有明显的科层制特点。由学校任命的教研组组长不仅是教学权威，更是行政权威，代替教导主任检查和评估教师的教案、备课笔记、工作总结及教学水平。无论是优秀教师的选拔培养，还是人事管理，教研组组长都负有一定的责任。教研室是隶属教育行政部门的机构，它是各省市教育厅局领导教

---

① 吴咏之:《我对听课和参加教学小组活动的一些体会》,《人民教育》1953 年第 12 期。
② 唐炯炎:《关于组织观摩教学工作的几点体会》,《人民教育》1955 年第 6 期。
③ 胡艳:《新中国 17 年中小学教研组的职能与性质初探》,《教师教育研究》2011 年第 6 期。
④ 何东昌主编:《中华人民共和国重要教育文献（1947—1975）》，海南出版社 1998 年版，第 720 页。

学的一个有力助手。[①]

学校教研组自建立之日起便接受学校主管领导的管理。学校强制要求各教研组制订学期教研活动计划，经批准后才能实施。学校教导主任甚至长期在一些教研组蹲点，督促教研组工作。[②]当时所有教研组都根据上级教育主管部门的要求，开展学习苏联、建立规范化的教学模式和统一教师思想认识等活动，即便是一些集体学习和教研活动，多数也是由学校或市教育主管部门安排。因此，全国的学科教研组的工作内容和活动方式相似。

在这种制度框架下，教研组是一个强制性的教师组织，教师加入教研组缺乏自主性。教研组成为教师参与学校生活必须面对的组织，教师的身份、角色由教研组给予，教师的发展也建立在教研组认可的基础之上。

各级教研室的主任是行政官员。教研室主任围绕教育行政部门的工作目标和工作重点开展工作，协助行政部门落实国家和地方的教育发展方针政策，检查、监督教师的教学和思想，推选、塑造优秀教师，推广优秀教学经验，开展教师队伍建设。此外，教研室的每项活动都以行政命令的方式强制性地要求学校及教师参加。

二、问题

由于教研组/室性质复杂，其地位尴尬，问题重重，主要有以下三个方面。

新中国成立初期，由于教研体系职能复杂，教研机构的性质兼具行政管理和学习型组织双重特征，在一定程度上阻碍了教师的专业发展和自主的创新，对教研组/室的长期建设也埋下了问题的种子。

---

① 《各省市教育厅局必须加强教学研究工作》，《人民教育》1955年第11期。

② 曹钦明：《学校领导干部兼课问题　严密计划　明确分工》，《人民教育》1964年第1期。

第一，教研活动的形式主义色彩较重。由于教研组/室的活动是在行政领导下开展的，以行政部门的要求为活动主旨，程式化、形式化的特点比较突出：①公开课成为展示课，影响实际的教研。集体备课、集体观摩是教研活动的重要方式。就公开课而言，无论是校内教研组还是区域教研室，都会把公开课作为教师间研究教学问题、交流教学经验、探讨优质教学方法的重要方式。但20世纪60年代以后，很多学校的公开课成了展示课，公开课变成集体智慧的结晶，教学者多为表演者，表演别人的教学思想、方式。一些教师为了突出示范课的效果，弄虚作假，提前让学生准备，甚至指定发言人。这些导致公开课起不到研究、质疑、讨论、提高的作用。②备课中的形式主义严重。如前所述，教研组/室的一个重要的职责是引导教师规范化地备课、上课，但一些学校走上了教条主义和形式主义的歧路：不论哪门学科，都要填写统一格式的课时计划表；每课每节，都要填写教育目的、教养目的、课堂类型、教学过程等；几乎所有的课都要填写五个环节：组织教学、复习提问、讲授新课、巩固知识和家庭作业。如果缺一个环节，学校领导和听观摩课的教师就要提意见。[①]有的学校强调书面备课笔记，甚至如周会、生产劳动、学科活动、班队活动、课外活动都要求教师写备课笔记。教师一周要写10多节甚至20多节的备课笔记。[②]形式主义的备课要求使教师的授课方式千篇一律，不敢有任何创新，这打击了教师参与教研的积极性。

第二，教研组/室的自主性不强。如前所述，我国的教研组/室是在学习苏联的大背景下和在教育行政部门的要求下设立的，教研组/室的工作计划和工作内容必须得到上级主管部门的同意才能实施。规范教

① 《问题解答》,《人民教育》1957年第4期。
② 詹志南:《克服备课中的形式主义、主观主义》,《人民教育》1964年第10期。

师教学是教研活动的重要任务，为此，一些学校提出了《关于备课、上课、指导学生作业暂行办法草案》，要求教师于每节课授课前根据课或单元的教学计划，制订课时教学计划，内容包括：①学科、日期、班级；②课题；③教学目的；④教学程序；⑤教具准备；⑥课后准备。规定教师不做课前准备不许上课。[①] 另外，很多如集体备课、示范教学、组织参观和出《教学笔记示范》壁报等，都是当时为规范教师教学行为而采取的。教研组/室也一直承担管理和检查教师教学、检查和批准教师个人的工作计划等工作，与学校领导共同评估检查教师的书面笔记和教学状况是教研组组长的常规工作[②]。例如，20 世纪 50 年代，检查的重要内容就是看教师是否按照苏联五环节教学法、五分制评分法开展教学和学分评定。后来，教学检查范围扩大到教师工作的方方面面，甚至包括作业批改情况、教学观点、思想面貌，此外，还要定期组织教研会议审核教师的教学总结。[③] 在这一过程中，教师很难开展自己的教学研究，也很难在自身的学习和研究上有自主性和主动权。这导致教师个体、教研组自身的专业自主性让位于行政领导，教研组的工作就是学校、区域教育局工作的“应声筒”，教研组组长、教研室主任不是学术领导，而是在上级和教师之间起上传下达作用的行政官员。

第三，教研员脱离一线教学。在区域层面的教师教学研究机构里产生了一批独立的教研员，他们有的是从一线富有经验的教师中抽调出来

---

① 汪世清:《有关备课的一些问题——参观东北几个中学教学工作的体会》,《人民教育》1953 年第 6 期。

② 杨俊峰、李森华、柏扶疏:《学校领导和教师一起研究改进教学方法》,《人民教育》1964 年第 10 期。

③ 宁汉戈:《我们领导教学的经验》,《人民教育》1953 年第 9 期；吉林实验中学:《我们是怎样领导教学的》，瞿葆奎主编，张济正、吴秀娟选编:《教育学文集 · 学校管理》，人民教育出版社 1988 年版，第 391 页；方铭:《教学检查的经验》,《人民教育》1950 年第 5 期。

的，有的是由师范院校毕业生充实的，由于长期脱离一线教学，教研员对学校的教学实践不了解。例如，青岛市教研员“虽然都有一定的教学经验，但由于较长时间没有直接参加教学实践，对于教学中出现的一些新问题，缺乏必要的感性体验，这对于提高教研工作质量有很大的限制”[①]。这是很多教研室普遍存在的问题。

① 青岛市教育局教研室:《组织教研员适当兼课》,《人民教育》1964 年第 10 期。

第四章

中国中小学教研组织的体系化之二：停滞（1966—1976年）

“‘文化大革命’，是一场由领导者错误发动，被反革命集团利用，给党、国家和各族人民带来严重灾难的内乱。”① 这一时期，学校的正常秩序被严重破坏，教育发展严重受阻。这一时期的教研工作也处在非正常状态，虽然各地教育部门在错误的思想影响下做了背离教育发展规律的工作，但不少学校和教育行政部门在力所能及的范围内开展教研活动。

第一节　背景

“文化大革命”大致可分为两个阶段，从 1966 年“五一六通知”到 1969 年 4 月中国共产党第九次全国代表大会召开前为第一阶段，从 1969 年 4 月中国共产党第九次全国代表大会召开到 1976 年 10 月“四人帮”被粉碎为第二阶段。

一、“文化大革命”爆发后各项事业停滞

1966 年 5 月 16 日，中共中央政治局扩大会议在北京通过了毛泽东主持起草的指导“文化大革命”的纲领性文件《中国共产党中央委员会通知》(即“五一六通知”)。1966 年 6 月 1 日，《人民日报》发表社论《横扫一切牛鬼蛇神》。1966 年 8 月 8 日，中共中央通过了《关于无产阶级文化大革命的决定》，“文化大革命”由此展开。这一时期，全国处在大的动乱之中。党和政府的各级机构、各级人民代表大会和政协组织的领导人被揪斗，规章制度被破坏，党的基层组织长期陷于瘫痪和不正常状态。许多工矿企业停工停产，甚至影响到农村的农业生产。全国各级各类学校也处在“停课闹革命”的阶段。

---

① 《中国共产党中央委员会关于建国以来党的若干历史问题的决议》，人民出版社 1981 年版，第 25 页。

二、混乱局面得到遏制后各项工作逐步恢复

中国共产党第九次全国代表大会召开以后，“斗、批、改”运动在全国展开。各地纷纷成立革命委员会，派工人、解放军毛泽东思想宣传队进驻各单位并领导开展“斗、批、改”，工厂、农村“抓革命促生产”，各单位普遍成立“大批判组”，清理阶级队伍、精简机构，等等。林彪集团覆灭后，周恩来在毛泽东支持下主持中央日常工作，他集中主要精力整顿经济秩序，恢复科技、文教和卫生工作，并协助毛泽东开创外交工作的新局面，在他主持中央日常工作的两年里，全国各方面的工作都有一定的恢复。

1973 年 3 月 10 日，中共中央决定恢复邓小平的国务院副总理职务。1975 年 1 月 13—17 日，第四届全国人民代表大会第一次会议在北京举行。周恩来在政府工作报告中重申，在 20 世纪内全面实现农业、工业、国防和科学技术四个现代化的宏伟目标。之后，国家计委拟定了《关于 1975 年国民经济计划的报告》，提出了发展国民经济的主要指标和八项主要任务。我国开始了在工农业、商业、财贸、文教、科技、军队等各方面的全面整顿。邓小平还在 20 世纪 60 年代初党制定的工业等方面若干条例的基础上，领导起草了《关于加快工业发展的若干问题的决定（草案）》《关于科技工作的几个问题》等文件，提出加快工业、科技发展的一系列措施和“科学技术也是生产力”“科研要走在前面”等重要观点。我国各项工作开始恢复发展，但由于“四人帮”的阻挠，各项事业艰难前行。这一时期学校秩序虽有一定的恢复，但总的来说，各级教育还没有完全走上正轨。

第二节 “文化大革命”期间教研组织的状况

“文化大革命”期间，由于受“左”的错误思潮的影响，教育制度、管理体制、课程教学制度、招生制度等诸方面无不受到错误的批判。教育学上的经典命题遭到挑战：消解教师的主导作用，批判教师中心论，鼓动学生造教师的反，大破师道尊严；批判学生以书本知识为主、间接地认识世界的学习方式，要求学生投身三大革命运动，向广大劳动人民学习，通过生产劳动直接认识世界，安排大量的时间参加生产劳动来替代课堂内的知识学习；教育成了“为无产阶级政治服务”的工具，其相对独立性几乎完全丧失，教学中的基础性、渐进性被批判，代之以追求短平快的速成式、拔苗助长式的人才培养方式。[①]

一、“停课闹革命”，取消教研组织

新中国建立的教研组织体系作为学校内、外供教师教学研究和集体学习的业务组织体系，在实际运作中承担了教师和教学管理的职能，“文化大革命”前期，不论是学校教研组还是区域教研室基本被取消，教研组织陷入瘫痪，教研工作被迫停顿。

1. 高校取消教研组织

学校内部教研组工作的停止甚至组织机构的取消也是从大学开始的。新中国成立之初，大学教研组/室是学校业务的领导机构，学术上很有造诣的专家通常担任教研组组长，组织教研室内的教师开展业务学

① 蒋纯焦:《论“文化大革命”中的教学“革命”》,《河北师范大学学报（教育科学版）》2009年第11期。

习、教学研究，对年轻教师进行业务指导等。[1]各系的教研室主任联席会议负责决定包括学期教学计划、教学安排、教学用书、青年教师培养等重要事宜。教研室主任联席会议、系务委员会，以及学校其他业务组织的领导、成员，绝大多数由教授、副教授组成。

“文化大革命”爆发后，高校内各系的夺权运动首先就向教研组/室开刀。在《人民日报》1967年11月3日发表的《关于教育革命的几个初步方案》中，同济大学和北京林学院提出取消教研组。

同济大学的方案是：①整所学校改为一个由学校、施工单位、设计单位三结合的五七公社；②公社废除系和教研室，代以若干个专业委员会，专业委员会下设若干个教学班，教学班由教师、学生、工人、工程技术员混合，按军事编组；③公社设政治工作部，各专业委员会设政治指导员，各班设政治干事；④学制单位三年，第一年以一半时间参加施工劳动，第二年以三分之二时间参加设计实践，学设计基本知识，第三年部分时间参加劳动，大部分时间开展专业课学习；⑤课程分为毛泽东思想课、军事课、专业课。

北京林学院的方案是：①废除教研室，代以专业连队，把基础课教师与专业课教师混合编入各专业连队；②专业连队建立干部、教师、学生三结合领导小组，既领导政治又领导教学；③具体措施：把林业学17个教研室合并为林业、森林保护、林业经济、水土保持4个连队，把森林工业系7个教研室合并为林业机械、木材机械、木材加工、林业化学4个专业连队。

---

① 2017年5月1—3日，笔者访谈了天津师范大学田本娜教授，谈到了教研室主任对年轻教师的培养和指导。她说，在大学毕业报到后，教研室主任给她安排下学期的教学任务和本学期的指导教师，要求她全学期跟随指导教师（教研组组长）听课，同时备好下一学期的课。备课后，教案先由组长审核，再在教研室给全体教师试讲，经过大家评议、帮助和通过之后，才能在下学期上课。

这两个方案的突出特点就是取消教研组/室，通过取消此类业务领导组织，实现夺取“资产阶级反动学术权威权力”的目的。

1968年7月27日，北京抽调60多个工厂的工人组成首都工人毛泽东思想宣传队。在他们进驻学校之后，北京大学、清华大学提出取消教研组/室，具体做法是解散基础教研组/室，把教师编入学员班，把教师的工作置于学员的班级之中，教员的教学计划和教学任务都由学员班级党支部来讨论和决定。

2. 中小学取消教研组

“文化大革命”爆发后，各级学校正常的教育教学工作无法展开，学校教研组的工作也被迫停顿，三结合领导小组建立后，中小学学科教研组也被取消。

1966年12月31日，为了恢复学校的基本秩序，中共中央、国务院发出了《关于对大中学校革命师生进行短期军政训练的通知》。1967年3月7日，毛泽东在《天津延安中学以教学班为基础实行全校大联合和整顿巩固发展红卫兵的体会》报告上批示：“军队应分期分批对大学、中学和小学高年级实行军训，并且参与开学、整顿组织、建立三结合领导机关和实行批、斗、改的工作。”[①]这一批示意在纠正“文化大革命”爆发后带给学校的无序状态。

从1967年3月起，各地大、中、小学的军训工作全面展开。[②]各校成立了军训团，军训团以教学班为基础建立了学校的临时领导机构，即“三结合”的革命委员会，将学校教导、总务等机构，改为政工、教育革命、后勤等组。各校撤销教研室（组），取消班级建制和班主任制

① 何东昌主编:《中华人民共和国重要教育文献（1949—1975）》，海南出版社1998年版，第1415页。

② 《中国教育年鉴》编辑部编:《中国教育年鉴（1949—1981）》，中国大百科全书出版社1984年版，第412页。

度，将师生统一按班、排、连、营建制编队，设连队委员会、政治指导员。[①] 取消学校教研室（组），把教师下放到学生中，赋予学生管理教师的权利，是“文化大革命”时期新领导体制突出“改造知识分子”的体现。[②] 总之，随着学校各科教学的停止，学校内部的学科教研组因学校领导组织的变化、教师权力下放给学生而被取消。

3. 区域层面撤销各级教研室

省、市、县各级地方教研室也因教育行政机关被破坏而处于瘫痪或停顿状态。

20 世纪 50 年代末至 60 年代上半期，由于课程教材及学制的改革和教师进修院校体系的建立，很多地方改革教研机构。它们有的改教研室为教材编审室，有的将教研室并入教育学院或教师进修学校，无论以何种形式存在，那个时期的区域教研活动还在展开。

“文化大革命”期间，各地教研工作几乎处于瘫痪状态。20 世纪 60 年代初，为了强化教学研究工作的管理，上海市教育局将教材编审室改为教学研究处。“文化大革命”爆发后，上海撤销教学研究处，后来将其缩编为教材编写组。[③] 其他省（自治区、直辖市）的教研室、中小学的教师辅导网、教师辅导站也纷纷停办，教学研究活动也被迫停止。各级教师的进修、函授机构被撤销，原来的省（自治区、直辖市）教育厅教学辅导部和教育干校也被撤销。机构被撤销，原来承担的教研职能随之被取消，教研工作无从谈起。

但这一时期，一些地区还设有类似教研室的机构。那时，教育局一

---

① 刘英杰主编:《中国教育大事典（1949—1990）》（上），浙江教育出版社 1993 年版，第 275 页。

② 梁威、卢立涛、黄冬芳著:《撬动中国基础教育的支点：中国特色教研制度发展研究》，教育科学出版社 2011 年版，第 58 页。

③ 赵才欣著:《有效教研：基础教育教研工作导论》，上海教育出版社 2008 年版，第 20 页。

般被称为革命委员会教育组或革命委员会教育局，教育局内部设立通讯组。通讯组不仅报告各级学校的政治思想状况，也报告学校教育教学的基本情况。地市、县教研室被取消后，取而代之的是教学辅导站或教师辅导站，如湖南省衡阳市第五教学辅导站、邵阳市城步苗族自治县教学辅导站、宁乡县教师辅导站、芷江县教学督导站、零陵地区教学辅导站、安乡县教学辅导站等。① 督导站实际上并未承担教师辅导、教学督导的职能。例如，1963 年更名的江苏省教育科学研究所在“文化大革命”期间停止开展活动，于 1971 年被撤销。②

二、学校秩序整顿后教研组织活动有所恢复

中国共产党第九次全国代表大会召开以后，学校秩序有一定的恢复，但取消的教研组并没有恢复，只有一些少量的教研活动。

1. 党支部领导下的以政治学习为主的教研

学校内部的教研组活动开始恢复，但活动带有浓厚的政治色彩，多是口号式的、形式化的活动，实质性业务学习和研讨少之又少。

例如，北京市反修路中学（今东直门中学）数学教研组，自 1972 年以后，在学校党支部、革命委员会的领导下，开展教研活动。教研的内容涉及“怎样用毛泽东思想统帅文化课”“数学在工农业生产中的应用”，以及如何理论联系实际开展开门办学，等等。教研组每周有半天的教研活动，教研内容是组内教师学习毛主席教育思想和进修数学专业知识。③

其他学校也有类似的教研活动。例如，辽宁省丹东一中组织全体教

---

① 梁威、卢立涛、黄冬芳著:《撬动中国基础教育的支点：中国特色教研制度发展研究》，教育科学出版社 2011 年版，第 60 页。

② 黄迪皋:《由外推走向内生——新中国中小学教研制度研究》，湖南师范大学博士学位论文 2011 年，第 86 页。

③ 北京市反修路中学数学教研组:《充分发挥教研组在教育革命中的作用》，《北京师院学报》1977 年第 4 期。

师学习《人的正确思想是从哪里来的?》和《反对本本主义》，提高思想觉悟，进行教学改革。湖南省临澧县珠日中学语文教研组在《湖南教育》(1974 年 3 月）上发表《请贫下中农评改作文》，南县第三中学政治教研组在《湖南教育》(1974 年 1 月）上发表《把讲清基本观点同批判修正主义结合起来——改革政治课教学的一点体会》，衡山县第一中学数理化教研组在《湖南教育》(1974 年 10 月）上发表《批林批孔深入理科教学的几点作法》。从文章的内容看，这些学校开展的教研活动是追随政治形势的产物，谈不上真正的教学研究。但从形式上看，各校开始恢复教学研究活动了。

同时，个别学校也开展教学研究和探讨教学方法的活动。如 1973 年《人民教育》刊登的洛阳市一中撰写的《狠抓路线教育　改革教学方法》系列文章，介绍了该校教师学习与运用启发式教学法的体会。虽然文中没有提到是不是学科教研组带领大家开展教学研究，但提到了教师根据生产社会实践“启发学生积极思维，帮助学生牢固地掌握知识，举一反三，触类旁通”的教学研究。正如文章所写:“教师的认识提高了，运用启发式教学方法的自觉性就增强了，全校很快出现了努力改革教学方法，认真提高教学质量的朝气蓬勃的新景象。”[①] 教师们认真备课，钻研教材，反复探讨怎样启发学生运用自己的感性知识去理解抽象的概念等，体现了教学研究在中小学的恢复。

2. 一些学校开展教学实验

这一时期，一些学校和机构带领学科教研组的教师开展了有一定专业性的学习和教学实验教研活动，主要包括以下五种。

第一，“集中识字”的实验。一些学校重拾“文化大革命”之前的

① 洛阳市一中:《狠抓路线教育　改革教学方法》,《人民教育》1973 年第 1 期。

教学实验，教学研究也有所开展，只是有些变味。如辽宁省黑山北关小学开展的“集中识字”实验在“文化大革命”期间中断，不过一些学校在这个时期仍然开展相关的实验。有的学校编写了“一个观点做统帅，一条红线穿起来”用于“集中识字”的教材[①]，教师在编写教材和开展教学的时候也进行相关的教学内容和教学方式的研究。

第二，“汉语拼音基本式教学”实验。这一时期，北京、天津、上海、黑龙江、河南、浙江等省（自治区、直辖市）的小学，普遍采取注音识字的方法教孩子们学习拼音、生字和学习马列主义、毛主席语录等。例如，北京首创路二小一年级教师通过拼音，教学生写汉字夹拼音的大字报，江苏吴县（今为吴中区和相城区）东山小学也用这种办法教学生编写《红小兵批林批孔》的新三字经。据报道，从 1973 年春季开始的两年，全国已有二十几个省（自治区、直辖市）的小学在不同范围内进行相关实验。1974 年底，中国文字改革委员会先后在河南开封、江苏苏州和山西太原召开了基本式教学试点分片座谈会。[②]这些实验都是在学校革命委员会的领导下带领语文教研组开展的，虽然带有浓厚的政治色彩，但教研活动有了实质性的内容。

第三，“三算结合”教学实验。1973 年，各地中小学广泛开展了“三算结合”教学实验，即在小学数学教学中，教师利用算盘帮助学生认数和计算，把口算、笔算和珠算结合起来进行教学。1972 年以后，上海市崇明县（今崇明区）、闸北县（今闸北区），浙江杭州上城区等地普遍开展了这项实验。与此同时，北京师范大学的冯忠良教授等重拾“结构—定向教学”的理论，以服务现实为旨向，开展了新一轮的实验。实验当时在北京市西城区南长街小学、顺城街第一小学和宣武区（今属

① 熊明安、喻本伐主编:《中国当代教育实验史》，山东教育出版社 2005 年版，第 211 页。
② 闻进:《汉语拼音基本式教学试验成效显著》,《人民教育》1975 年第 5 期。

西城区）福长街小学开展。[①]

第四，教育与生产实践结合的教学实验。当时，为使教育与生产实践相结合，一些中小学像大学一样开展了相关的教学实验。例如，湖南省华容县第一中学，大破“三脱离”的旧教育制度，坚持面向农村、为农村服务的办学方向开展教学改革。华容县第一中学结合全县开展的农业科学技术网活动，根据农业人才的需求，在高中班开设了植保、水利、机电等专业课，把全县 20 多个农业学大寨和科学种田的先进单位作为学校教学基地，定期组织学生开展现场教学，建立了农业、水杉和中草药 3 个科研园地，成立了 17 个科研中心小组，开展了 30 多项科学研究活动。在开设专业班和专业课的过程中，他们建立了工人、贫下中农和革命师生三结合的教材编写小组，编写了 20 多种乡土教材。政治课编写了《农业科研史上的儒法斗争》，语文课编写了《科学种田的小故事》，化学课编写了《腐植酸铵》《土壤速测》《锌空电池黑光灯》，物理课编写了《打稻机》《农用水泵》，数学课编写了《农业科学实验常用数学分析方法》，农基课编写了《水杉扦插》《农用微生物研制》《几种主要农作物病虫害的防治》，等等。[②]

第五，“面向农村改革城市中学教育”教研活动。1975 年，福建省三明市第二中学党支部组织教师开展“面向农村改革城市中学教育”的教研活动。该校根据农村改革的需要改革教材：语文教材加强了写通讯报道和小评论的教学；数学教材增加了公路和水利测量、土地丈量、产

---

① “结构—定向教学”是北京师范大学心理系教授冯忠良主持的中小学专题性的教育改革实验。1961—1963 年，冯忠良在长期理论研究的基础上，在北京市西城区报子胡同小学结合语文和数学教学进行实验。但随着心理学被视为“伪科学”，实验被迫中止，1973 年又恢复。参见熊明安、喻本伐主编:《中国当代教育实验史》，山东教育出版社 2005 年版，第 319 页。

② 《教学改革别开新生面——湖南省华容县一中把教学改革同县农科网结合起来》，《人民教育》1975 年第 8 期。

量估计、谷堆重量、土地规划和农村会计等内容；物理教材增加了农业机电内容并把重点放在拖拉机的原理和使用、水电站的设计和管理上；化学教材增加了土壤分析、化肥和农药鉴定等内容。为了树立学生为农业服务的思想，学校在校内建立起学工、学农基地，建立了真菌室、制图室、农村广播实习室、农业机械实习室、火力发电和水泵实习室、土壤分析试剂配制室等，让学生在这些基地学习实用的知识与技能。[①]

当时，全国还有不少地区开展了上述教学改革实验。北京景山学校外语组开展了教学实验，[②]北京市第六女子中学、北京市西四中学、中国人民大学附属中学和北京市第三中学在中国科学院心理研究所主持和指导下开展了“初中数学自学辅导法”实验[③]，1975 年天津市第四十二中学党支部组织教师开展了改革高中理科教学的实验[④]，河北省石家庄市第一中学建立为农服务的教学基地[⑤]，河北省故城县大力办好土实验室[⑥]，等等。虽然这些改革的真实性和实际效果还需要进一步的查证，但至少说明这一时期一些学校在开展教学改革实验。这些改革，没有教师的参与是很难展开的。

3. 地方教研的艰难展开

（1）各省（自治区、直辖市）教材编委会成立并开展教研活动

各级地方教研室也在“文化大革命”前期被撤销，但出现了另一种含有一定教研职能的组织——各省（自治区、直辖市）教材编委会。

各省（自治区、直辖市）教材编写委员会成立的原因主要包括两个

---

① 福建省三明市二中党支部:《面向农村改革城市中学教育》,《人民教育》1975 年第 3 期。

②③ 熊明安、喻本伐主编:《中国当代教育实验史》，山东教育出版社 2005 年版，第 266、382—383 页。

④ 天津市四十二中党支部:《高中理科教学改革的初步探讨》,《人民教育》1975 年第 9 期。

⑤ 《石家庄市一中建立为农服务的教学基地》,《人民教育》1975 年第 8 期。

⑥ 《河北省故城县中小学大力办好土实验室》,《人民教育》1975 年第 8 期。

方面。

一方面，由于曾长期使用的中小学教材被扣上“封、资、修”的罪名，原来的课程全部被废止，负责编写和出版全国中小学教材的人民教育出版社于1969年被解散。1969年10月，教育部及所属人民教育出版社、高等教育出版社、中央教育科学研究所等事业单位全体干部职工共1 258人，被下放到安徽省凤阳县五七干校劳动锻炼，继续进行“斗、批、改”。[①]

另一方面，《关于1966—1967学年度中学〈政治〉〈语文〉〈历史〉教材处理意见的请示报告》直接导致中小学无教材可用。1967年10月，中央要求“复课闹革命”之后，学校用什么样的教材开展教学是摆在教育行政部门和学校面前的必须尽快解决的问题。1968年，全国停止使用通用中小学教材以后，各省（自治区、直辖市）纷纷成立教材编写机构，如负责编写工农结合教材的教材编写委员会。

1966年夏天，上海市撤销教学研究处。1967年夏天，上海市教育局革命委员会决定编写1968年中小学教材，并成立了教材编写组。[②]上海采取市、区县结合编写的办法编写教材。为此，各区县也成立教材编写组，分别承担某一年级某一学科教材的编写任务。“文化大革命”期间，上海市花费大量的人力、物力，共编写中小学教材5套。其中上海市中小学暂用课本（1967—1968年）44册，上海市中小学教材（九年制）（1969—1970年）67册，上海市中小学教材（十年制）（部分）（1970—1971年）47册，上海市中小学教材（十年制，五五分段，春季用书）（1975—1976年）82册。至1978年全国统编教材出版前，

① 《中国教育年鉴》编辑部编：《中国教育年鉴（1949—1981）》，中国大百科全书出版社1984年版，第138页。

② 梁威、卢立涛、黄冬芳著：《撬动中国基础教育的支点——中国特色教研制度发展研究》，教育科学出版社2011年版，第58页。

上海市共编写出版教材 552 种。[①]

1969—1971 年，山东省革命委员会连续三年调集教研室的力量，组成临时性的教材编辑组编写教材。由于教材编写的工作不是连续性的，编写告一段落之后编辑室就撤销。1972 年 1 月 12 日，山东省革命委员会政治部教育组向政治部提交《关于申请建立中小学教材编写组的报告》，要求成立教材编写组负责全省中小学教材编写的组织、核稿、校对，解答教师提出的疑难问题，研制全省中小学、中师、幼儿园用书目录。之后，于 1972 年 2 月 10 日，山东省革命委员会政治部教育组正式成立山东省中小学教材编辑组，由省教育组直接领导。[②]

其他省（自治区、直辖市）也成立了类似的机构，开展本省范围内的教材编写工作。1968 年，湖北省革命委员会决定从一部分大专院校和少数中小学中抽调教师组成临时性的教材编写组，负责编写供全省使用的中小学教材和教学参考资料。1971 年，湖北省中小学教学教材研究室成立。[③]1968 年，河南省成立编写教材的临时性机构——河南省中小学教材编选会议，设中学组和小学组来组织编写供河南省中小学使用的各科教材。[④]1969 年，湖南省组建省中小学教材编写组，负责编写中小学和幼儿园各科教材及部分教学参考书。

1969—1984 年，各省（自治区、直辖市）教学研究室编写了中小学各科，中等师范语文、数学、美术，中等师范函授语文、数字、历史、地理、教育学、心理学等科及农业职业教材，其中有些课本、教材、教研资料、图书在全国发行。地市、县教研室还出版了教育通讯、

①③ 《中国教育年鉴》编辑部编:《中国教育年鉴 · 地方教育（1949—1984）》，湖南教育出版社 1986 年版，第 1176、830 页。

②④ 梁威、卢立涛、黄冬芳著:《撬动中国基础教育的支点：中国特色教研制度发展研究》，教育科学出版社 2011 年版，第 58、58 页。

教育科研、教学研究等内部刊物及各种教学参考资料。[①]

各省教材编写委员会承担的教研工作主要有以下三个方面。

第一，调研。1971 年 6—7 月，河南省教材编辑室的 20 多名教材编写人员先后到林县（今林州市）、焦作市的农村、工矿企业，了解工农业生产情况。在林县，他们参观红旗渠、全国模范供销社石板岩供销社、林县化肥厂、东方机械厂等单位。每到一处，他们都去了解当地生产情况和风土人情，深入学校听课，召集教师和工农群众开座谈会，征求对教材的意见和建议。到焦作小马村煤矿参观学习时，他们穿矿服和戴矿灯矿帽，下矿井，走巷道，深入了解矿工的生产生活状况。[②]据记载，在 1974 年教材进行第三次修改前，全室累计调查 100 多次，被调查人数达 1 057 人。[③]

第二，召开大型的教材研讨会。在教材编写之前和教材编写的过程中，教材编写组召集相关人员开展教材研讨。这一过程是当时难得的教材和教学研究活动。1972 年，河南省曾召开过三次“河南省中小学教材研讨会”。第一次在当年 6 月底 7 月初，讨论中学数学、物理、化学教材的问题。参加的人员有 200 人，其中数学 100 人，物理 53 人，化学 47 人。第二次在 7 月中旬，讨论中学语文、小学语文和农业教材内容，参加人数 260 人。第三次在 9 月中旬，讨论中学外语、小学算数和常识等教材内容，参加人数 256 人。这三次讨论会的代表都是河南省的师范院校、师范专科学校、中等师范学校、中小学的优秀教师，各地市从事乡土教材编写的人员，教育行政部门的业务干部等。[④]这些活动是当时难得的教学研究活动。

---

① 《中国教育年鉴》编辑部编:《中国教育年鉴 · 地方教育（1949—1984）》，湖南教育出版社 1986 年版，第 158 页。

②③④ 河南省基础教育教学研究室编:《河南教研志》（1953—2003），大象出版社 2003 年版，第 31—32、25、25 页。

教材编写组的参与人员除编辑人员外，主要由临时抽调的中小学教师组成，例如，1973 年南京师范学院附属小学教师斯霞被调到南京市教育局参与编写小学语文教材。[①]这些一线教师在参加教材编写的过程中经常参与教材和教学的研究，对教材、教学有较深入的思考。

第三，开展教材实验和研究。一些学校也开展教材实验，例如，四川师范学院化学系师生到四川省乐山地区开展中学化学实验教材的改革试点，在当地领导的支持下，该系“大搞群众运动，各行各业积极配合，促进了中学化学教材改革”[②]。虽然这类教材改革、教学实验的水平不高，但也是特殊历史条件下的一种教学研究。

（2）一些省（自治区、直辖市）开展教育革命经验交流会

一些省（自治区、直辖市）以教育革命经验交流会的形式开展教师学习和交流活动。例如，1973 年 12 月 5—7 日，天津市生产指挥部和文教组联合召开开门办学经验交流会。参加会议的有各区工业交通、基建各局、大型工厂企业的负责人、工人及工程技术人员的代表，有大专院校的负责人、教师和学员，还有各区、局工宣队办公室负责人，工宣队员，市、区（县）教育局和中小学的负责人，共计 2 400 人参加。[③]这虽然不是严格意义上的教学研究会议，但此类活动的目的在于经验交流，给广大教师提供了那个时期少有的学习和交流的机会。

“文化大革命”前期，中小学的教学研究小组处于瘫痪的状态，“复课闹革命”之后，一些地方的教研组恢复设立，并开展了有限的带有专业性的教研活动，有的地方还继续开展“文化大革命”之前的教学改革实验。但“文化大革命”期间，教研形式与内容都带有明显的政治化倾

① 熊明安、喻本伐主编:《中国当代教育实验史》，山东教育出版社 2005 年版，第 229 页。

② 任郊:《教材改革的群众运动生气勃勃》,《人民教育》1973 年第 11 期。

③ 本刊通讯员:《天津市召开教育革命经验交流会》,《人民教育》1974 年第 1 期。

向，教研质量不高。

“文化大革命”前期，区域层面的教研室被撤销或停止活动。“文化大革命”中后期有所恢复，在“教育革命领导小组”的领导下，教学辅导站、教师辅导站设立并开展活动，但这些活动多为政治导向的活动，实质性的教研很少。

“文化大革命”中后期，各省（自治区、直辖市）、市（地）、县成立的教材编写机构代替过去的教研室，承担一定的教研职能。例如，为了编写高质量的、符合当时政治形势和社会实践需要的教材，教材编委会成员召集相关人员和中小学教师开展教育调查、教学研究，让参与教师获得了宝贵的教学研究机会。但教材编写机构毕竟不是教研室，它事实上并没有承担区域教研的重任。

总之，“文化大革命”对我国基础教育、教师队伍建设、教学研究的破坏很大，在那个师资质量严重下降的时期，教研活动被取消及政治化的倾向导致“文化大革命”时期的基础教育质量雪上加霜。

第五章

中国中小学教研组织的体系化之三：重建与推进（1976—2000年）

粉碎“四人帮”以后的中国社会发生了巨大变化。1976 年至 20 世纪 90 年代末，我国初步建立了社会主义市场经济。这一时期，我国在经济、科技、文化、教育等各个领域获得了举世瞩目的成就。在教学领域，我国恢复重建新中国成立初 17 年的教学研究的制度体系并发挥重要作用。

根据这一时期我国各项教育事业的发展状况和教研组织的建设状况，这一时期可分为两个阶段。第一个阶段是粉碎“四人帮”至 20 世纪 80 年代中期，是恢复时期；第二个阶段是 20 世纪 80 年代中期至 20 世纪末，是探索教育市场化发展的时期。本书分别研究这两个阶段教研的体系、制度和活动。

第一节　中小学教研组织体系的全面恢复

一、中小学教研组织体系全面恢复的背景

（一）社会政治环境

1976 年 10 月，“四人帮”被粉碎，历经十年的“文化大革命”终于结束。十年浩劫给中国的社会、政治、经济、科技、教育等各项事业造成了严重的破坏，而 20 世纪 60—70 年代是世界经济发展较快的时期，不少国家和地区在这一时期利用稳定的国内外环境和科技发展带来的机遇，迅速发展。例如，“亚洲四小龙”从 20 世纪 60 年代推行出口导向型战略，重点发展劳动密集型的加工产业，在短时间内实现了经济腾飞，一跃成为亚洲发达地区。

20 世纪 70 年代末，中共中央召开几次重要会议，奠定了我国改革开放和经济快速发展的思想和政策基础。1977 年 8 月，中国共产党第十一次全国代表大会召开，会议正式宣布历时十年的“文化大革命”结

束，我国社会主义革命和建设进入新时期。

1977 年 8 月，邓小平主持召开科学和教育工作座谈会，明确提出中华人民共和国成立后的前 17 年，我国知识分子的绝大多数是自觉自愿地为社会主义服务的，是劳动者；我们要赶上世界先进水平，要从科学和教育着手，要尊重知识、尊重人才，要改革高等学校招生制度。1978 年 5 月，《光明日报》发表特约评论员文章《实践是检验真理的唯一标准》，指出检验真理的标准只能是社会实践，理论与实践相统一是马克思主义的一个最基本的原则，任何理论都要不断地接受实践的检验。

1978 年，党的十一届三中全会召开，会议高度评价了关于真理标准问题的讨论，确定了“解放思想，实事求是，团结一致向前看”的指导方针，并提出将党的工作重点从阶级斗争转移到社会主义现代化建设上来，实行对内改革、对外开放的政策。1981 年党的十一届六中全会召开，大会通过了《关于建国以来党的若干历史问题的决议》，提出在指导思想、经济生产、政治制度、文化教育、部队建设、人民生活等方面进行清理、整顿和纠正，即“拨乱反正”。由此，我国的各项建设事业进入了整顿、恢复时期。

1982 年 9 月，中国共产党第十二次全国代表大会召开，会议提出了“建设有中国特色的社会主义”的新命题，提出了党在新时期的总任务是：团结全国各族人民，自力更生，艰苦奋斗，逐步实现工业、农业、国防和科学技术现代化，把我国建设成为具有高度文明、高度民主的社会主义国家。会议把发展农业、能源和交通、教育与科学作为经济发展的战略重点。

此外，实施计划生育政策。1978 年 3 月，计划生育政策被写入宪法。1980 年 9 月，我国“一孩政策”开始实施。1981 年，我国再次设立国家计划生育委员会。1982 年，中国共产党第十二次全国代表大会将计划生育定为基本国策。计划生育政策对我国人口、教育、经济等方面产生了重大的影响。

（二）教育环境

“文化大革命”结束时，我国的教育环境异常混乱：很多学校的设备陈旧，教材缺乏且存在严重的问题；教师队伍缺编严重且教师整体素质有待提高，教师的工作热情不高；社会上存在轻视知识、轻视教师的现象。教育的此种状况远不能满足我国建设社会主义现代化的需求，为此，教育领域开展了如下工作。

1. 教育领域的“拨乱反正”

（1）确立“尊重知识，尊重人才”的政策

1978 年 4 月，在全国教育工作会议上，邓小平指出：“我们的学校是为社会主义建设培养人才的地方。培养人才有没有质量标准呢？有的。这就是毛泽东同志说的，应该使受教育者在德育、智育、体育几方面都得到发展，成为有社会主义觉悟的有文化的劳动者。”1977 年 8 月，在科学和教育工作座谈会上，邓小平充分肯定了新中国成立 17 年教育工作取得的成绩和广大知识分子为之付出的努力。

在 1978 年 3 月全国科学大会的开幕式上，邓小平进一步指出：“四个现代化，关键是科学技术的现代化”“科学技术是生产力”“（我国的知识分子）绝大多数已经是工人阶级和劳动人民自己的知识分子”“科学技术人才的培养，基础在教育”[①]“人民教师是培养革命后代的园丁，他们的创造性的劳动，应该受到党和人民的尊重”“一个学校能不能为社会主义建设培养合格的人才，培养德智体全面发展的人才，

---

① 中央教育科学研究所编：《中华人民共和国教育大事记（1949—1982）》，教育科学出版社 1984 年版，第 513 页。

关键在教师”。[①]

（2）恢复教育秩序

为了恢复“文化大革命”时期被严重破坏的教育秩序，中央和教育行政部门主要采取了如下措施：恢复高考，重建重点学校制度，整顿和恢复学校秩序。

恢复高考。在邓小平的主持下，1977 年 10 月，国务院转批教育部《关于 1977 年高等学校招生工作的意见》《关于高等学校招收研究生的意见》，重启高等学校考试入学的招生模式。“文化大革命”后第一批通过考试录取的大学生入学，使大学恢复教育教学的秩序，也推动了基础教育质量的改革与发展。

重建重点学校制度。为了尽快弥补“文化大革命”造成的损失，快出人才、多出人才，1981 年，教育部根据邓小平“要办重点小学、重点中学、重点大学”的指示精神，开始恢复“文化大革命”前在高等学校和普通中小学建立的重点学校制度，实施重点投资、重点建设等倾斜性政策，培养国家急需的建设人才。

整顿和恢复学校秩序。1977 年底，教育部决定全部撤出进驻大、中、小学的工宣队。1979 年 8 月，教育部重新颁行《小学生守则（试行草案）》《中学生守则（试行草案）》等规章制度，此后，各级学校的教育教学管理秩序逐步恢复正常。

2. 改革课程与教材

随着教育秩序的恢复，第五次课程改革拉开序幕。1978 年 1 月，教育部颁发《全日制十年制中小学教学计划试行草案》，统一规定全日制中小学学制为十年，其中小学五年、中学五年，中学按三、二分段。

---

① 中共中央文献研究室编：《邓小平论教育》，人民教育出版社 2004 年版，第 60、71 页。

该草案对各年级政治课和文化课的时间，学工、学农、学军、“兼学”的时间进行了规定，恢复了“文化大革命”前实施的分科课程模式和主要课程。为配合该教学计划草案，教育部颁布了全国统一的教学大纲。1978 年秋，中小学正式使用第五套全国通用的十年制中小学教材。新教材吸取了国际中小学课程改革的经验，对教学内容进行了现代化改革，清除了过去教材中的谬误内容，改正了在政治与业务、理论与实践等问题上的不当处理方法，注意培养学生的基础知识和基本技能，注意启迪学生的智力。与过去的教材相比，此套教材存在“深、难、重”问题。

而在当时，全国各地中小学学制并不一致。农村地区中小学以九年学制为主，小学 5 年，初中 2 年，高中 2 年。城市里有实施九年制的，也有实施十年制、十一年制的。在这种情况下，十年制课程该怎么实施，特别是如何落实到教学中，是一个大的问题。

1981 年，教育部颁布《全日制五年制中学教学计划试行草案的修订意见》《全日制六年制重点中学教学计划试行草案》和《全日制五年制小学教学计划（修订草案）》。根据这些新教学计划的要求，人民教育出版社组织编写了第六套全国通用教材。这套教材的难度、深度又有了很大的提高，对教师教学和学生学习都提出了很大的挑战。

3. 纠正片面追求升学率的倾向

随着国家恢复高等学校招生制度，学校开始恢复教育和教学秩序，并努力提升教育质量，提高升学率。由于“大多数教师积极性很高，但不懂或不大懂得教育学和教学方法，认为要提高质量，就要多讲课，多布置作业，也就必然增加学生负担”[①],1983 年底，教育部出台了《关于

① 王季青、苏灵扬:《提高教学质量　减轻学生负担》,《人民教育》1979 年第 3 期。

全日制普通中学全面贯彻党的教育方针，纠正片面追求升学率倾向的十项规定（试行）》，要求各地中小学切实减轻学生过重的课业负担：不得随意增加课时，不得提前结束课程；课外作业量初中应控制在每天1.5小时之内，高中控制在每天2小时之内；保证学生睡眠；平时不得频繁进行考试；等等。随后，各省积极响应。改变片面追求升学率的关键是提高师资质量，如何在短时间内提高教师的教学效率、教学质量是减轻学生学业负担的前提。为此，教育部要求“各级教学研究机构要把主要精力用于教学研究工作”。①

4. 教师队伍整体质量不高

教材的修订、课程的改革能否落实取决于教师。由于十年“文化大革命”，各级各类学校普遍存在教师数量不足和质量下降等严重问题，这妨碍了我国普及教育目标②的实现，影响了各级教育的健康发展。截至1979年底，全国中小学教师队伍的质量问题还是很严重。“全国小学教师，具有中等师范或普通高中毕业学历的，只占47%；全国初中教师，具有高等院校毕业和肄业学历的，只占10.6%；全国高中教师，具有高等院校毕业学历的，只占50.8%。就是具有相当学历的教师，也有相当数量并没有达到应有的水平。整个教师队伍中不合格的占1/3。这种情况，即便是先进地区也不例外。”③不少地方是“中学程度教中学，小学程度教小学”④。当时因为缺教师，不少教师是从农村民办、代课教师中选择补充的。⑤教师队伍的此种状况显然不利于正在进行的课程与教材改革，更难以适应我国现代化建设对人才的需求。

1978年，全国中小学全面使用统编教材，到1980年，小学、初

①③④⑤ 何东昌主编:《中华人民共和国重要教育文献（1976—1990）》，海南出版社1998年版，第2148、1852、1649、1590页。

② 在1977年的全国教育工作会议中，教育部明确提出了在城市普及10年教育、在农村基本普及8年教育的基础教育发展目标。

中、高中全套教材全部出版，中小学教师面临熟悉和掌握新教学大纲和新教材内容的挑战。“据调查，各地都有相当一部分中小学教师在教学工作上有很大困难。明年秋季使用新编的提高了教学要求的教材，则差距会更大，这种状况，严重影响中小学教育质量的提高。”① 很多教师在传授知识方面缺乏科学性和准确性，常常会把模糊的、不正确的概念教给学生；教学中很难贯彻循序渐进、量力性的教学原则，更谈不上因材施教，以及发挥学生的学习积极性和主动性。

5. 师范院校处在恢复期，难以在短期内培养大量的师资

“文化大革命”期间，我国各级师范教育遭到严重的破坏。中等师范学校，1960 年有 1 964 所，在校生人数 83.9 万人，到 1969 年只有 373 所，在校生 1.5 万人。高等师范院校，1960 年有 227 所，在校生 20.45 万人，到 1971 年（无 1969 年数据）只有 44 所，在校生 1.68 万人。虽然中国共产党第九次全国代表大会召开以后，我国教育事业有所恢复，但到 1976 年，中等师范学校有 982 所，在校生 19.5 万人，高等师范学校有 58 所，在校生 10.97 万人。②1979 年，我国有小学专任教师 538.2 万人，而当时我国的学龄人口为 12 323.3 万人，已入学的有 11 585.4 万人，入学率约为 94.0%，③ 教师的数量远不能满足需求。1980 年 12 月，中共中央、国务院发布了《关于普及小学教育若干问题的决议》，提出基础较好的地区在 1985 年前普及小学教育，基础一般的地区在 1990 年前基本普及小学教育。④ 在这种情况下，教师缺乏问题更是突出，并且，如前所述，在职教师学历不高的比例很高。

---

①④ 何东昌主编:《中华人民共和国重要教育文献（1976—1990）》，海南出版社 1998 年版，第 1588、1878 页。

② 胡艳著:《当代教师教育问题研究》，大象出版社 2010 年版，第 104—106、87—89 页。

③ 《中国教育年鉴》编辑部编:《中国教育年鉴（1949—1981）》，中国大百科全书出版社 1984 年版，第 1021—1022 页。

虽然1978年教育部出台《关于加强和发展师范教育的意见》，做出了大力加强和发展师范教育的决定，要求各地恢复三级师范教育体系，恢复师范生的助学金和履行服务的制度等，但师范院校的培养力量仍然不能满足教育发展的需求。在职教师的问题更是突出，如何更好地利用在职教师资源是要认真研究解决的问题。

二、从粉碎“四人帮”至20世纪80年代中期的教研组织工作

这一时期，如何快速地补充教师队伍，提升现有教师队伍的质量是教育主管部门在教师队伍建设中关注的重点问题。当时的教育主管部门主要抓了三个方面的工作：一是加强师范院校的建设来培养高质量的教师；二是通过恢复教师继续教育体系来培训在职教师；三是恢复并完善教研机构和教研制度，通过推进教研工作来转变教师的教育观念，提高在职教师的教学水平，推行新的教材教法。其中第三项是较为可行也是取得了较好效果的办法。

新中国成立初期建立的学校教研和区域教研相互结合的教研体系在“文化大革命”期间遭到严重的破坏。很多省（自治区、直辖市）的教研室被取消或被其他机构取代，学校教研组也多被取消，少数存在的教研组也多以政治学习为主，教学研究难以真正地展开。

为了尽快恢复教育教学秩序，教育部要求恢复校内外教研组织，并开展相应的教研活动。这一时期校内外教研组织的建设及其在教师专业化上发挥的作用包括以下四个方面。

（一）教育主管部门把教研作为提升师资水平的重要渠道

新教学大纲和教材使用后，为了提升教师的文化和业务素质，教育部明确提出要重建教研组。1977年，教育部发布的《关于加强中小学在职教师培训工作的意见》要求：“各地要根据即将下发的教学大纲和新教材的要求，立即采取多种应急措施……把现有大多数教师提高

到能够初步适应明秋使用新编教材的程度。”[1] 同时要求所有教师不断加强教师基本功的学习和锻炼，不断学习和改进教学方法：要学会普通话，板书、批语要正确工整；要不断学习，丰富自己的知识，避免出现政治性和科学性的错误。为了实现上述目标，《关于加强中小学在职教师培训工作的意见》要求各地：“尽快建立和健全省、地、县、社和学校的师资培训网。省（市、自治区），地（盟、州）可建立教育学院或教师进修学院；县（旗）可建立教师进修学校。公社可建立培训站，不可设站的，要有专人负责。学校要充分发挥教研组的作用和老教师的作用。”[2]

随后，教育部在几次会议上都强调恢复建立教研体系。在 1978 年的全国教育工作会议上，教育部部长刘西尧发表讲话要求：“各级教育部门、各级学校，都要制订师资培养规划，采取有力措施，帮助教师提高。教师的进修，可以脱产轮训，但主要的是在职进修，包括参加广播、电视、函授学习，以及以老带新、互教互学等多种形式。学科组、教研室（组），是教师互相学习共同提高的行之有效的好形式，必须积极恢复和加强。”[3]

1980 年，教育部《关于进一步加强中小学在职教师培训工作的意见》提出要充分发挥各级教师进修院校、师范院校和各级教学研究室（部）的作用，提出教育学院、教师进修院校是培训中小学在职教师的重要基地，各级师范院校也是培训提高中小学在职教师的实力较强的重要基地，而各级教研组织则是提升师资水平的基本场所。“省、地（市）、县教学研究室在提高中小学教师文化业务水平方面积累了较丰富的经验，今后应在开展教材教法学习研究过程中，努力培养教师的业务

①②③ 何东昌主编：《中华人民共和国重要教育文献（1976—1990）》，海南出版社 1998 年版，第 1588、1588、1615 页。

能力，为教师进一步系统学习文化、专业知识创造条件。”[①] 至此，全国各地开始恢复和重建中小学教研系统。

（二）学校教研组的恢复和建设

“文化大革命”之前，我国各级学校建立了制度化的教学研究小组，高校设有专业教研室（组），中小学设立学科教研组。由于“文化大革命”的破坏，这些教研组织基本被取消或名存实亡。20 世纪 70 年代末，在教育部的要求下，教育系统逐渐恢复秩序，各级学校重建教研组，开展相应的活动，以期提高教育教学质量。

1. 学校教研组的恢复

在 1977 年教育部提出加强中小学教师的在职培训后，学校自培作为教师培训的重要方式得到认可。学校自培是学校组织以老带新、互教互学、集体备课、教学研究等活动，把教学工作与培训结合起来。[②] 重建的学校学科教研组是学校自培的基本组织形式。1978 年 9 月，教育部发布《全日制中学暂行工作条例（试行草案）》和《全日制小学暂行工作条例（试行草案）》，重新强调：①要充分发挥教学组的作用；②教师备课应以个别研究为主，同时注意集体研究；③有经验的教师要帮助新教师；④除教学内容应该按照教科书统一要求外，教学方法不应该强求一律。[③]

在这种情况下，各地教育行政部门开始对教师的教学和教研提出要求。1980 年，福建省教育局重提 1960 年在全省第八次中教会议上提出的教师备课要做到“四个熟悉”（即熟悉教学大纲、教材，熟悉学生，熟悉生产劳动和国家大事，熟悉教学方法），达到“五个要求”（即个人

①③　何东昌主编：《中华人民共和国重要教育文献（1976—1990）》，海南出版社 1998 年版，第 1833、1630 页。

②　本刊评论员：《大力加强中小学在职教师的培训工作》，《人民教育》1977 年第 3 期。

钻研，集体讨论，教学相长，党的领导，检查效果）。[①] 各地中小学也就此把教研组作为规范和提升教学的途径开展工作。一般而言，各校教研组的恢复主要从重建教研组和确立教研目标两个方面开展工作。

一方面，学校领导直接抓教研组重建。这一时期学校工作的重点是整顿教学秩序、规范教学和提升教学质量，而教研组是确保基本教学规范和质量的渠道和抓手。因此，这一时期各级学校领导班子直接抓教研组的建设。例如，从 1977 年开始，湖北省红安县第一中学采取六位领导干部每人抓一个教研组、包一个年级、带一个班的方式恢复学校正常的教学秩序。[②] 北京第二实验小学党支部直接领导学科教研组开展教学研究和教学实验，解决教学中的“少、慢、差、费”的问题，提高教学质量。[③]

为了确保教学质量，河北省束鹿县（今辛集市）辛集中学校长要求教师必须过三关。第一关，熟悉教材，掌握教学大纲，上好第一节课。教师开课之前吃透教材，能达到合上书本能说出这册书的主要内容和教学大纲要求的程度。备好第一节课后，通过学校领导检查的才允许上课。第二关，掌握教材的深度和广度。教师必须掌握所教年级前、后甚至整个学段的教学内容。为此，教师要根据自身的问题，制订进修计划和确定达到要求的时间。第三关，有一定教龄的老教师要熟悉几门学科。教数学的教师要了解物理、化学，以便掌握学生在什么地方将要用到什么数学知识进行计算。为实现上述目标，学校领导干部至少精通一门课，要为每位青年教师配备师傅，要重建学科教研组等。[④]

---

① 福建省教育局：《我们提高教学质量的基本经验》，《人民教育》1980 年第 2 期。

② 《各地教育刊物巡礼》，《人民教育》1978 年第 8 期。

③ 霍懋征：《小学语文教学改革上的一点探讨》，《人民教育》1979 年第 7 期。

④ 陈兴贵、王有盛：《把全身心献给教育事业的人——记河北省束鹿县辛集中学老校长陈挹芬同志》，《人民教育》1978 年第 9 期。

另一方面，明确教研组的工作目标。当时，教研组工作的主要目标是帮助教师成为合格的教师。因此，规范教学和夯实教师教学基本功是基础。例如，苏州中学提出了一堂好课的标准："重点突出，关键清楚，词义明确，语气肯定，语言精练，板书醒目，教具适当，有明确的中心与具体要求。既要精辟分析，又应要言不烦；既要讲清概念，又要教会学生运用概念；既讲新知识，又应有机复习旧知识；既要传授知识，又要引导学生推理、联想、判断、论证；既有教师讲解，又有学生的必要练习。"究竟怎样才能上好一堂课，该校对教师的备课提出了"超前、自备、统一、有效"的基本要求。除此之外，该校领导组织教研组开展研究课，副校长还亲自上了一堂物理公开课，请教师们研究讨论。[①] 教研活动以此为基础来切实提升教师的教学能力。

北京第二实验小学语文教研组强调：语文教师在课堂上说话要有条理，口齿清楚，不能有语病；板书要正确工整美观；教态要亲切，要让学生喜欢你，愿意上你的课。为此，语文教研组要求教师反复学习小学语文教学大纲，按照大纲的要求开展教学，加强基础知识教学，切实培养学生的听、说、读、写能力，发展学生的思维，充分利用课堂 45 分钟提高教学效率。[②]

2. 开展常规教研

学科教研组恢复之后，各教研组首先沿袭新中国成立初期确立的教研模式，开展常规教研，尤其关注教师教学基本功的培养。本书以安徽省宿县学枫小学语文教研组为例，结合其他学校教研组的工作，考察当时中小学日常教研工作。[③] 该校确立的教研组的目标与任务是组织全组

---

① 连建生:《访苏州中学》,《人民教育》1979 年第 12 期。

② 霍懋征:《小学语文教学改革上的一点探讨》,《人民教育》1979 年第 7 期。

③ 宿县学枫小学语文教研组:《语文教研组怎样开展工作》,《安徽教育》1980 年第 2 期。

教师进行语文教法研究，开展语文课内外活动，总结交流教学经验，提高教师的业务水平，以便更好地完成语文教学工作；教研组的工作内容是制订语文教研工作计划和语文教学计划，开展教学研究。语文教研工作计划是每学期开学第一周由教研组组长和备课组组长一起讨论制订的，内容是根据学校工作计划中关于教学工作的重点和要求，提出本学期教研活动的内容、重点、方法和步骤，以及时间安排。该教研组还建立了关于备课、听课、教研活动、课堂教学、作业批改等一系列教学程序的制度，规范教师日常工作。语文教学计划也是由教研组制订，一般开学前一周完成，内容涉及教学重点、“双基”教学内容、教学时间安排、教材重组的思路、课外阅读教材的选定等。

安徽省宿县学枫小学的教研方式有集体备课、集体听评课与相互听课、开展研究课、业务讲座与文化学习、围绕教学活动开展相应的课外活动和收集并共享教学资料六种。

第一，集体备课。集体备课是教研活动的主要方式，目的是帮助教师做好上课前的准备，以及通过备课了解基本的教学流程和教学重难点等。

该校教研组下设由同级同科教师组成的备课组。备课组要求教师提前一周备课；集体备课时要求一人重点发言，然后集体讨论，共同找出教学重难点和确定教法，最后由每个教师结合班级情况写成教案。教案撰写的形式灵活，可以写在备课本上，也可以写在教科书上。为了确保教师认真撰写教案，教案的内容有一定的要求，写备课本的教案包括教学要求、教法提示、教学时间、教学过程、分解教学要点、板书规划、补充练习题、教具准备和参考资料等。

当时不少学校针对教师学历不达标、业务生疏甚至荒废、不能胜任学校教学的局面，强化了集体备课制度并形成了集体备课的模式。集体备课的重点是疏通新编教材和抓准抓实“双基”教学，要求集体备课时做到“三定”（即定时间、定内容、定中心发言人），“五备”（即备教材、备学生、备教法、备作业、备实验），“五统一”（即统一目的要求、统一教学内容、统一重点难点、统一教学进度、统一作业练习）。

第二，集体听评课与相互听课。集体听评课也是常规教研方式，教师通过组内集体听评课学习和借鉴别人的教学，以提高自己的教学水平。例如，江苏省盐城中学针对当时很多教师对教材生疏、教学能力不足的问题，让有经验的教师上“先行课”，其他教师则听课学习。该校高一数学备课组针对新教师多、不熟悉教材内容等问题，让年轻教师提前一周自行备课，然后请教学经验丰富的老教师承担“先行课”教学，其他教师集体听课。课毕，老教师引导大家展开研讨，并要求他们结合实际所学及班级特点，修改教学方案，因材施教。[①] 除此之外，一些学校还要求教师之间相互听课。安徽省宿县学枫小学要求每位教师每学期至少听两节课。听课有笔记，教学有小结。[②] 上海市第十六中学数学教研组要求每人每周至少听一节课。学校也经常组织观摩教学，发挥公开课对教师的引领和帮助作用。[③]

第三，开展研究课。集体教研的另一种形式是研究课。研究课有常规研究和主体（专题）研究两种，目的是针对教师教学中普遍存在的问题，设立研究专题，开展专门的研究，解决相应的问题。

常规研究的目的是提升教师的一般教学素养。上海市第五十八中学化学教研组把研究课作为提高教师教学水平的重要方法。1979 年上学期，他们开展了 13 节研究课，其中 4 节重点课是全组一起备课的，教研组成员共同听课、评议、修改，再听课、评议、小结，反复讨论，共

① 许桂兰:《教好“先行课”，认真研究教学规律》,《江苏教育》1981 年第 2 期。
② 宿县学枫小学语文教研组:《语文教研组怎样开展工作》,《安徽教育》1980 年第 2 期。
③ 本刊编者:《扎扎实实抓好教师培训工作》,《人民教育》1979 年第 6 期。

同提高。[①]

主题（专题）研究，即把教师教学中存在的问题进行归类，展开主题（专题）式研究，有重点地解决问题。例如，1981 年，为了提高体育教学质量，江西省鹰潭市第二中学体育教研组根据体育教学大纲的要求和本校具体情况，选择体育教学中亟须解决的课题开展专题研究。具体方式是每学期集体研究 2—3 个课题，个人研究 1—2 个课题，内容涉及“如何提高青少年学生的运动兴趣”“如何上好女生体育课”“如何发展初中女生耐力跑素质”等主题。通过这些研究，该校学生的体育总平均分获得良好成绩（全国标准），两篇教学研究论文在杂志上发表。[②]1983 年，湖南省华容县第一中学物理组，把教学问题分成几个专题，在有专长的教师带领下开展研究，解决了教学中的困难问题，提高了教学水平。[③]

第四，业务讲座与文化学习。安徽省宿县学枫小学教研组针对教师教学基本功较差的情况开办讲座，讲座的内容包括怎样钻研教材和写教案、教学的一般原则及运用的注意事项、儿童心理学、怎样组织教学过程、学习教学大纲的心得体会等。[④]上海市第十六中学数学教研组举办校内进修班，组织部分教师按专题学习，主讲人为本校老教师。[⑤]

第五，围绕教学活动开展相应的课外活动。教研组的活动不仅有教学研究，还包括帮助学生开展与学科有关的课外活动。其活动形式主要有集会和比赛：集会包括学生学习经验报告会、诗歌朗诵会、故事会等，比赛有拼音、查字典、造句、看图说话、读书、作文等。

第六，收集并共享教学资料。为了帮助教师备课及开展教学，很多

①⑤　本刊编者：《扎扎实实抓好教师培训工作》，《人民教育》1979 年第 6 期。
②　周纲炎：《鹰潭二中积极开展体育教研活动》，《江西教育》1981 年第 11 期。
③　王经文：《教研的重点、基点、落脚点》，《湖南教育》1983 年第 4 期。
④　宿县学枫小学语文教研组：《语文教研组怎样开展工作》，《安徽教育》1980 年第 2 期。

学校要求每学期结束前，收集备课和上课需要的资料，供教师们集体分享。例如，安徽省宿县学枫小学语文教研组要求教师提供下列资料：课本、教学参考书及教案，课外阅读选本、少年作文选，语文教学的重要文章和经验，本校和兄弟学校的复习提纲、试卷，各种教育刊物上刊登的有关语文教学经验材料的目录索引，各种图片、幻灯片、朗读片，每次教研活动的单向总结和个人教学总结，讲座讲义。①

3. 开展教学改革实验

“文化大革命”结束后，一些学校在教研组的领导下恢复被迫中断的教学改革实验，其中有辽宁省黑山北关小学的“集中识字”实验、南京师范学院附属小学的“分散识字”实验、上海育才中学开展的“八字教学法”实验、华东师范大学第一附属中学的外语“十六字教学法”实验等。本书以南京师范学院附属小学和上海育才中学的教学实验为例，讨论学科教研组在其中的作用。

1977 年，南京师范学院附属小学“分散识字”实验的领衔者斯霞老师回到了课堂，重新开始“以语言教学为中心，把识字、阅读、写话三者结合起来”的小学语文教学改革。这时她 67 岁，已经不在一线开展教学了。学校就让她一方面培养年轻教师，另一方面指导年轻教师开展实验。她以教研组为单位介绍“分散识字”的指导思想、教学方法，还手把手教青年教师备课、写教案，亲自为青年教师开设示范课，展示具体的教学组织、教学方法、仪表教态等。②

上海育才中学的“八字教学法”实验也是在这一时期恢复的。1977 年秋，该校在刚刚恢复工作的段力佩校长的领导下继续开展教学改革实

---

① 宿县学枫小学语文教研组:《语文教研组怎样开展工作》,《安徽教育》1980 年第 2 期。

② 熊明安、喻本伐主编:《中国当代教育实验史》，山东教育出版社 2005 年版，第 229—230 页。

验。这次改革是全面改革，学校在领导体制、学制、课时、课程设置、教材和教法等方面，进行了不断的实践探索和改革。例如，学校设“校务会议”为最高行政机构，下设思想工作委员会和教学研究委员会。其中的教学研究委员会以学科教研组为单位主抓教学改革，各学科教研组把全组教师组织起来，共同研究，编写适宜教材，探索能够激发学生学习积极性、主动性并调动他们思维的教学方法。又如，数学组在钻研教材的基础上，群策群力，拟就了几套以概念为主、新旧知识联系、温故知新、举一反三的练习题来进行读、议、练、讲，以加深和熟练学生对数学知识的理解和应用。物理、化学、生物等学科教研组则探索组织实验教材，精心设计演示实验、学生实验及实验习题等，通过读、议、练、讲，力求做到理论联系实际，手脑并用。在实验期间，各教研组公开展示了108节研究课，探索改变课堂教学中“教师讲，学生听；教师问，学生答；教师写黑板，学生抄笔记；教师布置作业，学生完成作业”的被动教学状况。1979年，他们提出了“读读、议议、练练、讲讲”八字教学法，[①]为全国中小学提供了有价值的教学思想和经验。可见，教研组在教学改革实验中发挥了重要的作用。

4. 开展校际教研

校际教研指不同学校的同一学科或不同学科的教师一起开展教研活动，主要在农村地区实施。我国农村地区因学校规模小、教师数量少，难以开展有效的校本教研，一些学校就自发组织起校际教研组来开展学科教研。通常，他们按照片区、年级或学科将某一区域内的学校划分成几个组，或者由几所学校自发组织成校际教研组，开展相应的教研活动。通常，这类教研组在上级行政部门的领导或支持下开展工作。

---

① 张冠涛:《端正教育思想　改革教学方法——介绍“读读、议议、练练、讲讲”八字教学法》,《人民教育》1984年第5期。

例如，1979 年初，广西壮族自治区河池市巴马县的六所中小学（包括县城的和郊区的）和两所师范学校的 154 名教师自愿组成校际教研组，自主开展业务进修、经验交流和以老带新等教研活动，教师们的业务水平有了不同程度的提高。[①] 总体而言，校际教研组的规模相比教研中心组更小，活动安排更灵活，成员参与度较高。

（三）重建区域教研系统

在中小学恢复建立教研组、规范教师教学的同时，区域层面的教研系统也在主管部门的要求下恢复。

1. 恢复和建立三级教研机构

1977 年，在教育部加强中小学教师在职培训工作的要求下，除前文提到的学校自培之外，巡回辅导也成为当时教师培训的重要方式。巡回辅导指“组织有教学经验的专职和兼职教师，定期分片辅导，指导自学和解答自学中的疑难问题”[②]。在合格教师极度缺乏的当时，这类辅导服务很少，教研室的价值就凸显出来了，重建教研室显得格外重要。这一时期各地恢复和重建了区域教研室。

（1）建立层级式的教研体系

“文化大革命”期间，省级教研室基本被取消，代之以省级教材编写室。“拨乱反正”后，省级教研室多在原来教材编写室的基础上重建，见表 5-1[③]。各省采取不同的做法，或直接把教材编写室（编审室）改为省级教研室，如天津、上海、江苏、福建、广东、山东、山西等；或并入教育学院设立专门的教学研究部门，如北京、辽宁、吉林、黑龙江、湖北等；或与教育科学研究部门（如教育科学研究院、

---

① 卢善矩:《我怎样做校际体育教研组长》,《学校体育》1983 年第 2 期。

② 本刊评论员:《大力加强中小学在职教师的培训工作》,《人民教育》1977 年第 3 期。

③ 梁威、卢立涛、黄冬芳著:《撬动中国基础教育的支点：中国特色教研制度发展研究》, 教育科学出版社 2011 年版，第 82 页。

教育科学研究所）合二为一，成为它们的一个分部，如河北、四川、安徽等省。[①] 同时，市、县教研机构随之建立。

表 5-1 1977—1984 年全国部分省级教研组织成立及变化情况

年份	省（自治区、直辖市）	隶属关系	教研组织名称
1977 年	辽宁省	省教育学院	辽宁教育学院教学研究部
1978 年	吉林省	省教育学院	吉林省教育学院中小学教研室
1978 年	黑龙江省	省教育学院	黑龙江省教育学院教研部
1978 年	浙江省	省教育学院	浙江教育学院教研部
1981 年	北京市	市教育学院	北京教育学院教学研究部
1978 年	河北省	省教育科学研究所	河北省教育科学研究所教研部
1980 年	湖南省	省教育科学研究所	湖南省教育科学研究所
1980 年	山西省	省教育科学研究所	山西省教育科学研究所教研部
1984 年	甘肃省	省教育科学研究所	甘肃省教育科学研究所教研部
1980 年	新疆维吾尔自治区	自治区教育局	新疆维吾尔自治区教育局教育科研室
1984 年		自治区教委	新疆维吾尔自治区教育科学研究所
1978 年	广东省	省教育局	广东省教育局教学研究室
1980 年	江西省	省教育厅	江西省教育厅教学教材研究室
1982 年	安徽省	省教育厅	安徽省教育科学研究所（教学研究室）
1978 年	宁夏回族自治区	自治区教育厅	宁夏回族自治区教育厅教学研究室
1979 年	江苏省	省教育厅	江苏省教育厅中小学教学研究室
1979 年	湖北省	省教育厅	湖北省教学研究室
		省教育学院	
1979 年	天津市	市教育局	天津市教育教学研究室

① 梁威、卢立涛、黄冬芳著:《撬动中国基础教育的支点：中国特色教研制度发展研究》，教育科学出版社 2011 年版，第 75 页。

续表

年份	省（自治区、直辖市）	隶属关系	教研组织名称
1979 年	河南省	省教育学院	河南省中小学教材编辑室
1980 年		省教育厅	河南省教育厅中小学教育教材教学研究室
1983 年	四川省	省教育厅	四川省教育科学研究所
1983 年	贵州省	省教育厅	贵州省教育科学研究所
1983 年	西藏自治区	自治区教育厅	西藏自治区教育厅民族教育研究室
1984 年	福建省	省教育厅	福建省教育厅普通教育教学研究室

独立设置三级教研系统。1978 年，宁夏回族自治区教材编写组改名为宁夏回族自治区教育厅教学研究室，主要负责调查全区中小学教学现状、组织教师进行教学经验交流、开展教学实验、进行专题教学研究和教材教法研修等工作；之后，自治区的地市、县相继恢复教研室，逐步形成了自治区、地、县三级教研网。1979 年，云南省教材编审室更名为教材教学研究室，下设中学文科、中学理科、小幼科、职教科、资料信息科、行政科 6 个部门；1981 年，全省 16 个地、州、市和 122 个县（区）建立了教研室，共配备教研员 649 名，初步形成了省、地（州或市）、县（区）三级教研网。1979 年，江苏省教育厅中小学教学研究室恢复；随后，市（地区）、县（县级市或区）教研室先后恢复，教学研究工作逐步展开。[①] 这一时期，江西、浙江、山东均成立了省级的教学研究室。

建立隶属于教育学院 / 教师进修学校的教研系统。一些教研机构与教育学院或教师进修学校合并，教研部门作为独立的机构开展工作。

① 梁威、卢立涛、黄冬芳著:《撬动中国基础教育的支点：中国特色教研制度发展研究》，教育科学出版社 2011 年版，第 79 页。

1979 年，河南省中小学教材编辑室与河南教育学院合并，但保留独立建制，仍行使原来的职能。1980 年，河南省中小学教材编辑室更名为河南省中小学教育教材教学研究室，不久之后，又更名为河南省教育厅中小学教材教学研究室，并与河南教育学院分离。该省级教研室下设中学文科组（含中学语文、政治、英语、历史），中学理科一组（含中学数学、物理），中学理科二组（含中学化学、生物、地理），小学组（含小学各科）。[①]1979 年，湖北省中小学教学教材研究室并入恢复重建的湖北省教育学院，对内称湖北省教育学院教学研究室，对外称湖北省教学研究室，受省教育局和教育学院双重领导。该教研室对全省基础教育教学研究系统负有组织和指导职能，可独立行文。[②]

地市级或县级层面不独立设置教研室，而由县（区）教师进修学校承担教研和培训职能。例如，四川安县的教研工作由 1978 年恢复的县教师进修学校分管，主要面向小学，同时兼顾初中。20 世纪 80 年代初，全县建立了三级教研网，各级教研机构制订计划，突出重点（当时的重点是教材、教法研究和学生学习方法研究），有计划地开展教研活动，帮助教师解决教学中的疑难问题。与此同时，全县的三级教研网还与教师培训结合，利用假期开展短期集训，具体方式是县培训“种子”教师，区培训一般教师，采取教一册、学一册的办法帮助教师过好教材关。[③]

在教研室重建的过程中，一些地区的教师进修学校和教研室经历了分分合合的过程。例如，天津北郊区[④]教师进修学校经历了一段与教研室、师范学校分分合合的曲折过程。20 世纪 80 年代初，区教育局决定

①② 梁威、卢立涛、黄冬芳著:《撬动中国基础教育的支点：中国特色教研制度发展研究》，教育科学出版社 2011 年版，第 81、79 页。

③ 《逐步把教研工作引向深入》,《四川教育》1982 年第 6 期。

④ 1992 年，天津的北郊区改称北辰区。

把教研室与进修学校分家，分家导致进修学校校舍狭窄，教学仪器设备、图书资料等匮乏，师资培训计划无法落实；1985 年，北郊区教育局又决定把教研室并入进修学校，正式成立北郊区教师进修学校，下设教师培训部、教学研究部。①

教研机构与教育科学研究部门合并。教育科学研究所是“从事教育科学研究和培养教育科研干部”② 的组织，1957 年，国务院和中央书记处批准筹建中央教育科学研究所。此后，一些地方也开始建立教育科学研究所。“大跃进”及以后，由于职能不清、任务不明，以及教育环境的变化，一些地方的教育科学研究所或与教育行政部门合并，或与教研室合并。1980 年，在中共中央和国务院的支持下，中央教育科学研究所恢复重建。1979—1982 年，各省（自治区、直辖市）教育科研机构进入蓬勃发展时期，15 个省级教育科学研究所恢复重建、改建和新建。1979 年，天津、山西、辽宁、吉林、云南 5 个省（直辖市）的省级教育科学研究所开始筹建或恢复重建；1980 年，上海、山东、广东、湖南 4 个省（直辖市）的省级教育科学研究所成立；1981 年，北京、黑龙江、陕西等省（自治区、直辖市）的教育科学研究所分别重建、筹建或建立；1982 年，安徽省教育科学研究所成立。与此同时，地市级教科研机构也迅速恢复。③

很多省级教育科学研究所是在省级教研室的基础上建立的，两个机构通常是一套人员两块牌子，如贵州、湖南、河北、山东等省，教学研究的职能自然归并在教育科学研究所范围内。例如，1977 年 10 月，河

---

① 北郊区教育局:《重点投资加强教师进修学校建设》,《天津教育》1987 年第 1 期。

② 何东昌主编:《中华人民共和国重要教育文献（1949—1975）》，海南出版社 1998 年版，第 702 页。

③ 聂劲松、邹飞雁著:《中国百年教研制度审视》，湖南师范大学出版社 2009 年版，第 100 页。

北省革命委员会批准省教育局在原教材组的基础上建立河北省教育科学研究所；之后，各地市级、区县级的中小学教材教法研究室也先后恢复成立。1979 年，河北省教育厅要求各地市、区县都要恢复和健全教研室，公社可成立中心教研组，规模较大的学校都要建立各科教研组，全省形成一个上下结合、密切联系的教育科学研究网。① 河北省的教研工作是教育科学研究所的主要工作。1980 年 8 月，湖南省教材教学研究室改为湖南省教育科学研究所，实行所长负责制，下设教育理论研究室、小学教育研究室、中学文科教材教法研究室、中学理科教材教法研究室和办公室；之后，地州市设立教育科学研究室，到 1984 年，湖南省形成了一个全省教育科研网络。② 湖南省的教学研究属于教育科学研究所的职责范围。此外，山东省也是如此。1979 年 9 月，山东省革命委员会将山东省中小学教材编辑处改建为山东省教学研究室，增设山东省教育科学研究所，并明确指出，省教研室与省教育科学研究所一个机构两个名称，为二级事业单位。③

多机构合并，教研是其中的一分子。新中国建立之初学习苏联时，教师进修、教研、电化教育、科学研究等职能由各自独立的机构承担，既影响教师素质的全面提升，也浪费了人力、物力和财力，不利于各部门工作的展开。20 世纪 80 年代初，一些地方开始把这些机构整合起来协同开展工作。从 1983 年起，江苏省泰州市教育局决定将泰州市教师进修学校、泰州市教育局教研室、泰州市教育局电教实验中心合为一体，担当起全市师训干训、中小学教学研究、电化教学三大任务，形成

①② 《中国教育年鉴》编辑部编:《中国教育年鉴 · 地方教育（1949—1984）》，湖南教育出版社 1986 年版，第 156—157、892 页。

③ 梁威、卢立涛、黄冬芳著:《撬动中国基础教育的支点：中国特色教研制度发展研究》，教育科学出版社 2011 年版，第 81 页。

了一种综合型的新体制。[1]1984 年，杭州上城区教育局教研室与上城区教师进修学校合署办公，在全省率先提出并实施了教研、进修和科学研究三结合的师训模式。[2]

形成教师发展的合力。进修学校的教师除完成本校教学任务之外，还要参加教研室的视导、考试命题、阅卷及教学研究等工作；教研室各学科教研员在搞好教学研究的同时，要在进修学校兼课；电化教育方面的微机、电化教学人员除承担电化教育实验中心的设备安装、维修和电视教学片的录制工作之外，也参与进修学校的教学与教研室的教研活动。上述领导机构和人员分工，除保证三个方面工作的相对独立性之外，还可以统筹安排开展工作，形成合力。这个模式也为后来此类机构的改革探寻了一条路子。

（2）重组教研队伍

“文化大革命”期间，随着区域教研机构被破坏，专职教研员队伍也不复存在。20 世纪 70 年代末，中央要求建立和健全各地师资培训机构，充分发挥各级教研部门的作用，各地教研室和教研员队伍的重建迫在眉睫。当时各条战线处在恢复、整顿中，教师被借调的现象极为常见。隶属于教育行政部门的教研室有限的人员经常被行政部门调用，教研室的工作因人员缺少而处于停滞状态，教研室甚至成为一个“四不像”的单位。有的教育机关把教研员当成机关的秘书班子、材料班子、事务班子，甚至让他们离开本职去做其他的工作，教研室处于“打杂”的状态。为了改变现状，推动教研工作的开展，各地教研室采取了以下四个方面的措施建设教研员队伍。

---

① 中原:《“三位一体”走新路，师训工作结硕果》,《中小学教师培训》1993 年第 Z2 期。

② 蒋莉:《固本强基　研训一体　按需设计　多维拓展——杭州市上城区教师教育五十年回顾与展望》,《教学月刊（中学版下）》1999 年第 12 期。

第一，调用有经验的和退休的教师进入教研室。面对合格教师缺乏的局面，一些省通过聘请政治思想好、专业基础知识扎实、教学经验丰富、组织能力强、积极肯干的退休教师和在职教师担任教研员。1982年，四川省广安县文教局教研室从本县10个区各聘请了一名富有教学经验、工作热情较高的退休教师担任教研员，协助抓教学工作。①1985年，安徽省全椒县教育局抽调有经验的中小学教师组成教研队，还从大、中、小学离退休教师中选聘了5人到教研室当顾问，以保证教研室人员数量和结构的均衡。②江苏省灌云县教研室只有一人专职从事语文教研，很难开展工作，后来征得文教局的同意，从每所较大的农村中学聘请一名教师做兼职教研员，聘书由文教局颁发。③

第二，确保专人专用。为改变“教研室不搞教研的状况”④，各地教育局努力使教研员专职专用。江西省南昌县文教局曾把教研员当“万金油干部”使用，没有发挥教研员的专业能力和县教研室的职能。为改变现状，他们设立了相对独立的县教育局、招生办和教研室三个机构，要求各部门各司其职。教研室内部分中学、小学、函授、幼儿教育等组，并配备专门人员。这一调整让教研员从烦琐的行政事务中解脱出来，专心从事教研，保证了全县教研活动的正常开展。⑤安徽省全椒县教育局为保证教研员有足够时间从事教研工作，不得抽调他们做行政事务。⑥

第三，加强教研员的学习和提升。很多教育局为教研室设立图书馆，订阅书报杂志，定期组织学习，以提升教研员的素质。四川省广安县文教局教研室、安徽省全椒县教育局、江苏省灌云县教研室等建立专

① 唐博文:《加强教研工作　改进教学方法》,《四川教育》1982年第8期。
②⑥ 余建洲:《充分发挥教研室在教改中的作用》,《安徽教育》1985年第Z1期。
③ 刘崇山:《我们是怎样加强农村中学语文教研活动的》,《江苏教育》1984年第1期。
④ 《各地教育刊物巡礼》,《人民教育》1978年第7期。
⑤ 钱俊瑞:《南昌县文教局保证教研人员专职专用》,《江西教育》1980年第2期。

门的图书资料室，为教研员购置必要的教研设备，订购了专业杂志和工具书，还定期组织开展学习、研究教学问题、总结教学经验，以帮助教研员提高业务素质和业务指导能力。[①]

第四，对教研员提出明确而严格的要求。例如，江西省宜春市教育局教研室要求每位教研员认真做到“四会”（即会听课、会评课、会备课、会上课），“五能”（即能组织教改专题研究、能亲自下去搞实验、能指导教研和总结教研经验、能运用先进教育教学理论开展教研活动、能独立撰写有一定水平的论文）；每学期保证教研员有三分之二的时间下基层，落实教研员任务，目标到人，做到“七定”（即定课题、定时间、定数量、定质量、定检查、定评比、定赏罚）。[②]

这些举措对充实教研室队伍、提升教研员素质和工作能力发挥了重要的作用。

（3）建立规章制度，明确职责范围

制度建设是教研室工作展开的基础，而“文化大革命”期间制度遭到严重破坏。为了尽快恢复教研室的工作，江苏、山东、云南、河南、甘肃等省都推出了教研室工作条例，明确教研室的性质、职能、任务，教研员的选聘条件与要求等，为地方教研工作的规范化和有效展开提供了制度保障。以江苏省为例，1984 年，江苏省教育局颁布了《江苏省各级教学研究室试行工作条例》，明确规定了教研室的性质、职能，教研员的身份、任用条件、工作要求和奖励，以及编制和经费等。[③]

---

① 唐博文:《加强教研工作改进教学方法》《四川教育》1982 年第 8 期；余建洲:《充分发挥教研室在教改中的作用》,《安徽教育》1985 年第 Z1 期；刘崇山:《我们是怎样加强农村中学语文教研活动的》,《江苏教育》1984 年第 1 期。

② 周生庚:《教研室工作必须改革》,《江西教育科研》1988 年第 5 期。

③《江苏省各级教学研究室试行工作条例》,《江苏教育》1984 年第 24 期。

江苏省各级教学研究室试行工作条例

为了加强省、市、县（区）各级教学研究室（以下简称教研室）的建设，特制订各级教研室试行工作条例。

第一章　总则

第一条　教研室是教育行政部门领导的幼儿园、小学、中学（包括职业中学）、师范学校教学研究机构和教学业务管理机构。上级教研室对下级教研室起指导作用。

第二条　教研室要全面贯彻党的教育方针，面向现代化，面向世界，面向未来，大面积提高教学质量，为培养适应两个文明建设需要的人才作出贡献。

第三条　贯彻“百花齐放，百家争鸣”的方针和一切从实际出发、一切讲实事求是的原则，解放思想，积极开展教学改革工作。

第四条　坚持群众路线，深入调查研究，解剖“麻雀”，抓好典型，以点带面，以面促点。

第二章　任务

第五条　贯彻教育部和上级教育行政部门有关教学工作的指示，提出执行教学计划、教学大纲和使用教材的意见，指导和检查、督促教学工作。

第六条　研究教材、教学方法和教学手段，组织教学研究活动，探索教学规律，提出改进教学的措施。总结、推广教学经验。

第七条　组织编写、审订地方教材、补充教材和教学参考资料。

第八条　组织、推动教学理论的学习和教材、教法改革的实验。

第三章　教学研究人员

第九条　在教研室从事教学研究工作的人员的职务是教学研究

员（以下简称教研员），其职称、工资待遇等按照教育部的有关规定执行。对工作优异和有创造的教研员，要进行表扬和奖励。

第十条　教研员应当从觉悟高、作风好并从事五年以上教学工作实践和具有一定组织能力的优秀教师中选调。小学、幼儿园教研员应具有中师毕业以上文化程度，中学、师范教研员应具有高师毕业以上文化程度。可以聘请学校教师为兼职教研员，发挥中心教研组和学校教研组作用，建立和健全各级教研网。

第十一条　教研员要努力学习马克思列宁主义、毛泽东思想，学习党和国家的教育方针、政策、法令，学习教育科学理论，刻苦钻研业务，努力完成教研任务。每年要安排一至二个月的进修时间，进修时间可以集中使用，也可以分散使用。

第十二条　切实保证教研员至少必须有六分之五的工作日用在业务上。教研员要保持相对稳定，不要随意调动和借用。

第四章　编制和经费

第十三条　教研室人员的编制至少不得低于一九五六年教育厅征得省编制委员会同意的规定，即按照教师（包括中学、小学、幼儿园、师范学校）总数的千分之二配备。教师人数少的县（区）不要少于十二人。为适应市管县的新体制，各市教研室主要学科每科至少配备二至四人，其他学科每科至少配备一至三人，以利开展工作。

此外，还应配备一定数量的行政人员。

第十四条　教研室应有必需的房屋、图书报刊、仪器设备和足够的业务费用。

第五章　其他

第十五条　教研室应在教育行政部门领导下，与有关职能部门分工协作，密切配合，共同做好工作。

教研室要支持和协助教育学会各学科教学研究会的工作，推动群众性的教学研究工作的开展。

其他省（自治区、直辖市）也建立了类似的条例，其内容基本相同。例如，山东省教育厅 1979 年 2 月颁布《山东省教研室工作条例（实施意见）》，规定教研室的工作有调研教学状况、开展教学研究、编写地方教材、补充教学资料和监督考核教学等基本任务。[①]

总之，作为区域教研组织和领导机构，各级教研室职能的恢复与制度的完善为教研工作的有效展开发挥了重要的作用。

2. 开展区域教研工作

这一时期，各级教研室，无论独立与否，都努力承担提升区域内学校教师的专业素质（主要是熟悉大纲和过教材关）、规范教师教学行为和提升教学质量的重任。

（1）开展调研，了解教学现状

当时，各地教研室的主要任务是摸清各地区学校教学的实际状况，特别是师资的数量与质量、教学中的问题与困难、教材和教学参考资料等基本状况，以备今后教研工作的展开。1977 年，上海市青浦县（今青浦市）教师进修学校数学教研室在顾泠沅教研员的带领下，对全县 4 373 名初中毕业生的数学基础知识进行了摸底，了解存在的问题。他们又用一年多的时间，选取了 7 所有代表性的农村初级中学的 50 多名数学教师进行了连续听课、观察，了解教师教学的实际状况，由此做出了在全县范围内开展数学教学改革实验的决定并确立了改革路径，为实

① 梁威、卢立涛、黄冬芳著：《撬动中国基础教育的支点：中国特色教研制度发展研究》，教育科学出版社 2011 年版，第 86 页。

验的成功奠定了重要基础。[①]1981 年，宁夏回族自治区各级教研室教研员走遍全县中小学，掌握了大量的第一手资料，为提高本区教师质量和教学质量奠定了基础。[②]

（2）组织学习班，传授急需的教学知识

当时教师存在的普遍问题是知识不足、对教材理解有问题、教育理论知识欠缺。为此，各地教研室利用暑假，通过培训班、备课会和研讨会等形式，请大学的教育理论工作者、中小学优秀教师及教研员一起帮助教师领会教学大纲和掌握教材。1982 年暑假，广东省教研室先后召开小学数学，初中物理、化学、生物、历史，高中地理，高二英语等科的教材学习会，为县市培训骨干教师。当时参加培训的教师有 747 人。1983—1985 年，各地教研室利用假期举办了教材教法短期学习班。通常，省级教研室负责培训骨干教师，县市级教研室负责中学教材学习班，公社教研中心负责小学教材学习班。在学习班，各地教研室特别注意教材处理、教法选择和深浅难易程度掌握等具体问题的培训与研讨。[③]一些地方的教研室还与省内的其他教研室，以及教师进修学校、高等院校等保持紧密联系，它们互通学术讲座信息，互相交流学习，开阔了教师的视野。[④]

（3）编写教材、教参，丰富教学资源

针对“文化大革命”结束后教材匮乏、教学参考和高考复习资料严

---

① 调研发现，8% 的教师缺少应有的认真态度，16% 的教师对教材尚未真正掌握，74% 的教师存在经验不足或方法落后问题。调研认为，青浦县农村中学大多数数学教师在掌握教材和教学方法方面的问题十分突出，教师的教学方法陈旧，习惯“教师讲例题，学生做习题”“教师教公式，学生套公式”的机械式教学，搞死记硬背。参见熊明安、喻本伐主编:《中国当代教育实验史》，山东教育出版社 2005 年版，第 462—464 页。

② 《加强我区教研工作的几点意见》,《宁夏教育》1981 年第 4 期。

③ 梁威、卢立涛、黄冬芳著:《撬动中国基础教育的支点：中国特色教研制度发展研究》，教育科学出版社 2011 年版，第 95 页。

④ 《我市历史组是怎样开展教研工作的？》,《历史教学》1979 年第 3 期。

重不足的情况，各地教研室着手编写教材、教参资料、复习资料，以满足中小学教与学的需要。1978—1985 年，湖南省教育科学研究所教研员编辑了中小学教材 308 种，教学参考资料 236 种，课外读物 244 种。[①]1978 年，湖北省教研室编写了一套高中复习丛书和供学生课外自学的读物，如《语文基础知识》《化学参考》《简明英语语法》等。同年，山东省教研室也编写并出版了一套包含政治、语文、英语、数学、物理、化学、历史、地理、生物 9 科的高考复习读物《各科复习提纲》。[②] 这些资料开阔了师生的视野，丰富了教师教学和学生学习。但是，这为教研室再一次的"不务正业"开了一个头，导致后来教研室出现定位不清、专业性不强的问题。

（4）教研训结合，开展教学改革实验

20 世纪 70 年代末至 80 年代初，我国教育领域的改革非常活跃，很多"文化大革命"期间中断的教学改革实验开始恢复，如辽宁省黑山北关小学的"集中识字"实验、南京师范学院附属小学的"分散识字"实验、上海市育才中学的"八字教学法"实验、上海市青浦数学教学改革实验等。在这些实验开展的过程中，教研室或参与推广，或直接领导开展，为那个时期教学改革局面的形成、教学质量的提升发挥了重要的作用。

例如，教研室在上海市青浦数学教研中心组开展的数学教改实验中发挥了重要的作用。该实验县教研室是主导者，其领衔人是县教研室教研员顾泠沅，开展工作的队伍是他领导下的数学教研员队伍。该研究小组针对当时师资力量弱、学生基础差、学生起点低的现状，使

① 湖南省地方志编纂委员会编:《湖南省志 · 第十七卷 · 教育志》(上)，湖南教育出版社 1995 年版，第 353 页。

② 梁威、卢立涛、黄冬芳著:《撬动中国基础教育的支点：中国特色教研制度发展研究》，教育科学出版社 2011 年版，第 90—91 页。

用“尝试指导，效果回馈”等教学策略，让所有学生有效学习，大大提高了青浦县中学数学学科的教学质量，获得了良好的效果。[①] 该项工作历时15年，历经调研（1977—1980年）、经验筛选（1980—1981年）、实验研究（1981—1984年）、推广运用（1984—1992年）4个阶段，教研员参与了每个阶段的工作。在这个过程中，县教研室探索出很多有益的经验。他们采用教学、科研、师资培训三位一体的制度，建立教研室与实验学校“教学—科研”联合体，确保教研工作扎扎实实地展开。

（5）开展教学研究会和经验交流会，开阔教师视野

当时，很多省教研室通过召开省域内学科教学研究会，研究与交流全省学科教学问题，提升学科教学质量。1980年，河北省教育局教育科学研究所在张家口市召开小学语文、小学数学教学研究会，出席人员包括全省小学语文、小学数学的特级教师、模范教师和一些重点小学的教师代表，以及地、市、县教研员，共100多人。会议总结和交流了两年来全省小学语文、小学数学的教学经验和研究成果，探讨了如何使小学语文、小学数学的教学更具科学性，如何发展学生智力等问题。会议还初步拟订了研究课题，明确了这两科教学研究的方向。[②]1981年4月，宁夏回族自治区西吉县文教局教研室召开了语文教学经验交流会，50余位中小学教师参加了这次会议。会议讨论了语文教学改革的情况和问题，分享了教学经验，提出“改进语文教学方法，打好扎实的语文基础，过好语文关”是当务之急，还研究了使经验理论化、系统化、科学化等问题。[③] 这一时期，黑龙江省教育学院教研部小学研究室每年召

① 顾泠沅:《上海青浦县数学教学改革的实践与认识》,《人民教育》1986年第Z1期。
② 李德善:《河北省召开小学语文、数学教学研究会》,《人民教育》1980年第9期。
③ 张隽义:《西吉县召开语文教学经验交流会》,《宁夏教育》1981年第4期。

开小学语文、小学数学的教学研究会和经验交流会，分别针对小学数学概念教学、应用题教学及作文教学等开展经验交流会和专题研究会。[①]

3. 因地制宜开展乡村教研工作

长期以来，我国乡村师资队伍的数量和质量都存在严重的问题。面对课程改革和学制改革的新形势，乡村教师更是困难重重。为了解决这些问题，县乡级的教研室发挥了重要的作用。前述的青浦县教改实验就是面向农村学校的成功范例。其实，各地还有很多面向乡村学校的区域教研经验。

（1）建立辅导区或公社教研中心组，开展联片教研

建立辅导区。农村学校教研工作难以开展的原因是学校规模小、教师数量不足、校际距远、交通不便。在这一情况下，不少县通过建立辅导区，开展联片或校际教研。例如，江苏省灌云县的32所中学大部分在农村，最远的离县城超过75公里，教研室很难开展全县范围内的教研。县教研室以完全中学为中心组，建立辅导区，带动区内学校教研工作的展开。又如，江苏省涟水县有51所中学，其中农村中学48所。针对农村中学语文师资不足、教学水平较低的现象，县教研室中学语文组把工作重点放在提高农村中学语文师资水平和教学质量上。为方便开展教研活动，县教研室将全县划分为6个辅导区，以辅导区中学（多为完中）为中心组，建立教研活动网，挑选一些骨干语文教师担任组长，负责教研活动。教研室每学年拟订全县及辅导区的教研计划，确定担任全县实验课或辅导区公开课的人选，开展有针对性的教研。[②]

公社教研中心组。有的地区采取建立公社一级的教研中心组，带动

---

① 梁威、卢立涛、黄冬芳著:《撬动中国基础教育的支点：中国特色教研制度发展研究》，教育科学出版社2011年版，第95页。

② 刘崇山:《我们是怎样加强农村中学语文教研活动的》,《江苏教育》1984年第1期。

和辐射农村学校教研。例如，江西省临川县某公社成立了以公社中心小学为主体的中心教研组，组织全公社各大队小学语文和小学数学教研组组长制订全社教研组活动计划和任务，开展教研活动，内容涉及研究教学大纲、疏通教材、观摩教学、推广经验、对口听课、逐层汇报教学、统一出题检查教学质量。① 又如，江苏省沙洲县（今张家港市）乐余公社乐余中心小学充分发挥自身的骨干作用，带动辅导区 18 所小学开展教研。其教研内容和方式如下：第一，制订计划，各校统一步调。第二，举办现场培训。学习教学理论、教学大纲，分小组钻研教材、集体备课、集体听评课。第三，抓薄弱学校，促均衡提高。学校还把外校老师请到中心小学，与该校教师一起备课、听评课，再通过师徒制方式，重点辅导薄弱学校的教师。②

采取以点带面建立教研网的方式开展教研。例如，江苏省南通市有近 3 000 所小学，其中农村小学占大多数。市教研室把教研的基点放在农村中心小学，组建以附近学校为范围的备课组，把所有教师都组织到教研网内，逐步形成校、乡、区、县、市五级教研网，从上而下地建立起教研指导系统，保证教研信息畅通和教研指挥畅通。③

（2）开展实验课，打造示范课

农村校教学中遇到的主要问题是教师少、平时外出学习的机会少、视野有限，他们不知道什么样的教学是好的教学。即便教师有机会外出，也因学生基础差、遇到的问题与城市学生不同而难以学以致用。为此，一些县教研室通过开展实验课，用精心打造示范课的方式向农村教

① 临川县唱凯公社中心小学：《切实辅导好全社小学教研工作》，《江西教育》1982 年第 3 期。

② 季召龙、顾开源：《辅导乡校　搞好语文复习》，《江苏教育》1983 年第 17 期。

③ 莫惠昌：《以城市为中心　以农村为重点　开展多层次教研活动有成效》，《江苏教育》1985 年第 15 期。

师展示优质教学的面貌。

江苏省涟水县和灌云县的教研室教研员通过组织探索长文短教和读写结合的实验课，带领开课校的教师共同研究教材教法，精心设计教案，使之成为改进农村中学语文教学的示范课。此外，每个辅导区每学期都要组织一到两次公开课，给教师提供优质课示范。[①] 南通市教研室从 1983 年 10 月开始在全市小学开展青年教师教学观摩评议活动，共评选出 63 名青年教学能手。为此，南通市召开总结表彰大会，从精神上和物质上给予奖励，还给民办教师优先转为公办的机会。[②] 这种方式既培养了青年教师，也向全市教师展示了优质课的特点。

（3）开展常规视导，现场解决问题

普遍性的活动如不能解决有些学校个别教师的具体问题，教研室则采用蹲点方式开展工作，以切实提升教学质量。1985 年，江苏邳州教育局教研室在县实验小学建立了为期一年的“跟踪视导”点。具体做法：由教研室派出教研员常驻学校，教研员除参加学校的集体业务活动外，还按照事先拟定的研究专题，选定在素质上、年龄上有代表性的教师及其若干学生进行“跟踪视导”。教研员与教师一起备课、评课和批改作业，听教师讲课，随时记录，定期总结，及时推广好的经验，对存在的问题及时提出改进意见。对学生也是如此，教研员为每位选定的学生准备一张记录卡，记录他们的课堂答问、作业完成等情况，对学生存在的普遍性、规律性问题，撰写分析报告，反馈给任课老师和学校领导。[③]

（4）送教下乡与名师带徒

为解决因农村学校交通不便、教师负担重而导致的难以脱岗进修的

---

① 刘崇山：《我们是怎样加强农村中学语文教研活动的》，《江苏教育》1984 年第 1 期。

② 莫惠昌：《以城市为中心　以农村为重点　开展多层次教研活动有成效》，《江苏教育》1985 年第 15 期。

③ 李德昆：《“跟踪视导”》，《江苏教育》1985 年第 13 期。

问题，一些地方教研室采取送教下乡和名师带徒的方式，为农村学校输送优质智力资源，培养骨干教师。例如，江苏省南通市教研室经常组织特级教师、教学能手到农村学校进行教学辅导，李吉林、杨秀兰等多位特级教师到农村小学和县城小学上示范课或举行讲座。教研室还挑选好苗子交给特级教师带，每位特级教师都有几名徒弟在跟班听课或教学。[①] 送教下乡和名师带徒的方式为农村校培养了不少优秀教师。

江苏省海安县教育局有关股、室的教研员则致力于培养复式教学的骨干。他们通过三种方式帮助农村从事复式教学的教师成长：第一，压担子，让教师上公开课、观摩课、示范课，在“火线”上锻炼成长；第二，提出新要求，引导教师不断向新目标奋进；第三，帮助教师总结提高，发挥工作的创造性。由此，该县初步形成了复式教学的骨干力量。[②]

（5）组织培训和集体学习

针对不少乡村学校教师的教育教学观念陈旧，知识基础差，教学能力弱的情况，各地教研室采取组织集体培训、集体学习等方式加以改善。江苏省涟水县和灌云县的教研室不定期地组织农村教师集体学习，改变其教学观念，提升教师解决问题的能力。针对当地小学升初中后学生语文成绩下降的情况，他们组织教师学习《江苏教育（中学教学版）》1982 年第 6 期的《抓好中小学语文教学的衔接与过渡》，让教师了解其他地区教师看待和解决这一问题的方法和经验。之后，县教研室着重进行初一语文教研活动，组织初一语文教师到小学高年级听课并用座谈会等方式，解决小学、中学的衔接问题。[③]

① 莫惠昌：《以城市为中心　以农村为重点　开展多层次教研活动有成效》，《江苏教育》1985 年第 15 期。
② 程广友：《海安县为复式班办了七件实事》，《江苏教育》1985 年第 15 期。
③ 刘崇山：《我们是怎样加强农村中学语文教研活动的》，《江苏教育》1984 年第 1 期。

一些地方还开展有针对性的讲座解决教师存在的普遍性问题。例如，针对农村教师普遍存在的不会开展复式教学的情况，1982 年暑假，江苏省海安县举办了为期 20 天的复式教学训练班，共有学员 78 人，邀请了在 20 世纪 50 年代从事过复式教学、富有教学经验的老教师做讲师。以老带新，新老结合，学习和研究复式教学的特点和规律，努力掌握复式班管理的基本原则和方法。1983 年 5 月，海安县教研室邀请南通师范学校教师给全体复式班教师讲学；1984 年 11 月，又邀请苏州市教育局教研室的特级教师到该县讲学，传授复式教学经验。[①] 这些教师以自己长期教学生涯中积累起来的丰富学识和经验，分析复式教学的特点与规律、基本结构与方法，使农村教师受益匪浅。

（6）开展经验交流会和教学研究会

经验交流会和教学研究会是农村教研的基本形式。1983 年，湖南省平江县针对全县复式班占 32.8% 的情况，县教研室把复式教学作为教研的主要专题，研究并推广复式教学经验。[②]1983 年，江苏省先后在海安县南屏乡和新生乡组织复式教学研究会，参会的教师观摩了 4 位教师的课堂教学，讨论研究了复式班语文、数学两科的教学和学生能力的培养。同年 12 月，江苏省海安县教育局有关部门拟定了 18 个专题，布置给承担复式教学教师，要求他们边学习、边实践、边总结、边提高；1984 年 11 月，县里召开了复式教学经验交流会，会上，近 10 个单位介绍了复式班办学和教学经验。[③]

（7）多渠道有针对性地解决教师问题

设立教学解疑信箱。为了及时解决农村教师的教学问题，一些地方采用了函授辅导的方式。江苏省涟水县和灌云县的教研室在有兼职教研

①③　程广友：《海安县为复式班办了七件实事》，《江苏教育》1985 年第 15 期。
②　王经文：《教研的重点、基点、落脚点》，《湖南教育》1983 年第 4 期。

员的学校设立了语文教学解疑信箱，由该校兼职教研员和语文教研组负责解答附近几所学校语文教师提出的疑难问题。

成立复式中心教研组。针对教师开展复式教学遇到的困难，江苏省各县教研室成立了复式中心教研组，配备专门的教研员，定期开展有计划的教研活动。例如，江苏高淳县（今高淳区）在县和乡，江苏南通县（今南通市）在新坝公社，分别成立了复式中心教研组。他们定期集体备课、相互听课，建立复式教学样板点，每学期举行一次公开课、教学研讨会，相互交流经验，开设如何备课、如何搞好动静搭配的讲座，编写如何搞好复式教学的业务材料，开展复式教学的评教、评学等。这些方式普及了复式教学基础知识，大力改进了教学方法。①

（四）其他机构参与教研

除学校和各地各层次的教研室外，一些专业机构和教育科学研究所也组织开展教师的教学研究和集体学习。虽然它们有自己的科研和专业委员会系统，但因未建立起上下统筹的机制，其教研活动多独立开展。在整个教研体系中，虽然它们并非主力，但为我国中小学教师的学习和教学研究贡献了力量。

1. 成立学科教学研究会，参与教研

20 世纪 70 年代末至 80 年代初，各地学科教学研究会陆续恢复或成立。这些研究会与官方要求成立的教研室不同，是群众性的学术组织，参与人员更广泛，一般包括从事该学科研究、教学、管理的高校、师范学校、中小学的教师和教研员，他们通常是自愿参加学会，并交纳一定的会费。全国中学语文教学研究会（1979 年成立）通过的《中学

① 徐谋福:《高淳县教研室采取三项措施加强了单班复式教学工作》,《江苏教育》1985 年第 18 期；陈海珊、张玉成:《新坝公社努力提高复式班的质量》,《江苏教育》1983 年第 19 期。

语文教学研究会章程》所确定的学会的地位和宗旨反映了教学研究会的性质和目标：中学语文教学研究会是群众性学术团体，是中国教育学会的分科学会，它的宗旨是进行中学语文教学理论和实际问题的研究，交流经验，加强协作，为改进中学语文教学，提高教学质量和教学效果贡献力量。学会聘请叶圣陶为名誉会长，选举吕叔湘为会长，吴伯箫、苏灵扬、张志公、陈哲文、于漪、刘国盈等为副会长。学会研究了当时语文教学着重关注的三个问题：30 年语文教学的基本经验和教训、语文教材的内容和科学体系、语文教学的特点和方法。①

各地的语文教学研究会秉承了全国语文教学研究会的精神。如 1982 年，江苏省小学语文教学研究会成立，参会代表 70 余人，其中包括一线优秀小学语文教师、师范院校从事语文教学法研究的教师，教育行政部门的教研员等。第一次会议通过主题演讲、小组交流、观看特级教师教学实况录像及研讨等形式，明确了小学语文教学研究的方向和指导思想。② 随后，该研究会带领当地小学教师开展语文教学中关于重点、难点问题的研究探讨。1985 年 5 月，江苏省暨无锡市小学语文教学研究会在无锡市召开了农村小学阅读教学研讨会，苏南五市郊县农村的 20 多位教师和 10 余位教研员出席了会议。会议的中心议题是如何从农村小学的实际出发提高阅读教学的质量。③ 这体现了学科教学研究会对农村学校的关注与研究。

1985 年 10 月成立的江苏省教育学会化学教学研究会，明确提出其宗旨是促进中等学校化学教研活动的开展、改革化学教学、提高化学教学质量和教学研究水平。随后，该会召开了一系列教学研究会议：

---

① 中学语文教学研究会秘书组:《中学语文教学研究会在沪成立》,《人民教育》1980 年第 2 期。

② 《省小学语文教学研究会成立》,《江苏教育》1982 年第 14 期。

③ 舒晓雨:《农村小学阅读教学研讨会在无锡举行》,《江苏教育》1985 年第 21 期。

1986 年，召开初中化学教学经验交流会；1987 年，召开全省化学教学改革研讨会，并评选优秀化学教师；1988 年，召开全省第二次化学实验改进研讨会，同时交流实验室科学管理的经验；等等。[①]

各地学科教学研究会吸纳更广泛的人群自主开展学科教学研究，为提高学科教师的水平和教学质量起了很好的作用。

2. 成立专业委员会，开展教学研究

一些专业学会也参与组织学科教研活动。例如，中国地理学会是新中国成立之初就建立的专业组织。[②]1980 年 7 月，为了提高中学地理教师的专业知识水平和野外考察能力、交流教学经验，以及进一步提高地理教学质量，浙江省地理学会组织浙江、上海、江苏的地理学会会员在浙江省桐庐、建德、杭州等地，联合举办了地理教学研究活动和野外考察活动。参与活动的 120 余位代表大多是教学成绩显著的中老年教师或教学骨干。[③]

中国物理学会成立于 1932 年，是在中国科学技术协会领导下的群众性学术团体。其业务范围是围绕物理及相关学科，开展学术交流、科学普及、物理教学、名词审定、期刊出版和国际交流等方面的工作。1984 年 10 月，由教育部和中国物理学会联合召开的全国中学学生物理实验教学经验交流会在西安举行，来自全国各省（自治区、直辖市）的代表共计 184 人出席了会议。会议期间，代表们就如何搞好实验教

① 白雪:《江苏省教育学会化学教学研究会成立大会在苏州召开》,《江苏教育》1985 年第 11 期。

② 中国地理学会的前身是 1909 年在天津成立的中国地学会和 1934 年在南京成立的中国地理学会，新中国成立初期，中国地学会与中国地理学会合并为中国地理学会。据 2022 年中国地理学会官网显示，学会设有 24 个专业委员会、10 个分会、9 个工作委员会、9 个研究组（工作组），以及 7 个区域代表处，联系地方 31 个省、直辖市、自治区地理学会（未含台、港、澳），拥有个人注册会员 14 000 多人。

③ 傅行健、赵瑾:《浙江、上海、江苏开展地理教学研究活动》,《中学地理教学参考》1980 年第 5 期。

学、开展探索性实验、改进和更新教材中的学生实验项目和自制教具等问题进行了交流和讨论，参观了各地送展的300多项实验和仪器，并评选出优秀作品。[①]

专业委员会从另一个视角参与学科教学的研究、实验与改进活动，虽然他们的活动不一定能直接解决教学过程中的问题，但对于开阔教师视野、丰富教师人生、改进教学是有作用的。

3. 教师进修学校参与教研

如前所述，一些地区教师进修学校与教研室合并，承担起教研职能。但这个时期也有些未与教研室合并的教师进修学校，在开展教师培训的过程中，因发现单纯讲座式的培训效果有限，就采取了针对教学实际的研讨方式开展培训，这些培训工作与教研室的工作差别不明显。

例如，无锡市教师进修学校深入中学一线进行调查研究，了解了中学教学的状况，以研究教材教法和完善教师进修工作。其中两种调研方式与教研密切相关。

一种是经常性调查。各学科组坚持两周一次到中学听课、座谈，参加教研活动，了解学校教学现状和参与学员的教学活动，以便有的放矢地改进进修教学工作。据称，全院教师平均每学期走访20多所学校，听课400多节。一些学科还成立教法研究小组，与一线教师共同开展教学研究。

另一种是定点联系。各学科组自己选定一两所中学作为联系点，经常去参加备课、听课和教研活动。例如，数学、化学、生物等学科组，以无锡市第三十八中学为点，经常与该校师生一起开展教材分析、教法研究、听课评课、举办讲座等活动，并资助购买了一些理化实验仪器和

---

① 刘炳升:《全国中学学生物理实验教学经验交流会在西安举行》,《江苏教育》1984年第1期。

图书资料。[1]这个工作与区教研室的工作几乎完全一致。重庆市沙坪坝教师进修学校开展了“目标教学”的改革实验。[2]课题组通过与沙坪坝区的中小学合作，开展与实验相关的教学研究活动，有效地提升了实验的质量。

4. 教育科学研究所参与教研

同样，这一时期一些地方的教育科学研究所与教研室合并，一些则没有合并。那些未合并教研室的教育科学研究所也组织或参与中小学教研活动。例如，1984 年，为了研究小学语文作文教学问题，中央教育科学研究所在浙江省温岭县（今温岭市）召开了小学高年级实验班读写教学讨论会，来自 26 个省（自治区、直辖市）参与“集中识字”实验的教师和教研员参加了会议。会议本着“交流经验、讨论问题、促进改革、推动实验”的宗旨，就小学作文的性质、作文训练的目标、教学要求、作文训练程序、作文课堂教学结构、观察与作文的关系、“集中识字”后作文教学的特点、低中年级作文基础训练等问题进行了认真的讨论。[3]

三、总结

1. 恢复教研体系

粉碎“四人帮”至 20 世纪 80 年代中期，我国教育界恢复了新中国成立初期的教研体系，以确保基本的教学质量。这个时期，中小学学科教研组，各省（自治区、直辖市）、市、县教研室恢复建设，并积极开展旨在提升教师基本素质和确保基本教学质量的常规教研活动，探讨提升教学质量的途径、方式。这些工作使得“拨乱反正”时期的教学呈

---

① 无锡市教师进修学院：《加强调查研究　促进教师进修》，《江苏教育》1983 年第 9 期。

② 梁威、卢立涛、黄冬芳著：《撬动中国基础教育的支点：中国特色教研制度发展研究》，教育科学出版社 2011 年版，第 154 页。

③ 王爱勤：《小学作文教学研究动向——全国小学高年级实验读写教学讨论会侧记》，《宁夏教育》1984 年第 9 期。

现一种蓬勃向上、勇于创新的态势，对改善中小学教师队伍青黄不接、素质不高的局面，以及对提升校内和区域内中小学教师的专业素质、教学质量发挥了重要的作用。

2. 农村区域教研有条不紊地开展

这个时期值得称道的是面向农村的县乡（公社）教研机构及其活动。这些地区的教研员克服人员少、力量不足、工作任务繁重的困难，面对农村低学历的教师队伍、低水平的教学质量及地理空间距离远等问题，因地制宜，采取辅导区、中心校学科组等组织方式，以区域、片区、校际为单位扎扎实实地展开教研活动，带动了农村校教研活动的展开，为这些地区的教学走上正轨和教学质量的提升做出了贡献。

3. 教研体系的行政化倾向明显

在教研体系恢复重建的过程中，不论是校内学科教研还是校外区域教研，都是在主管领导的直接领导和组织下开展的。各级教研室和学校教研组在上级管理部门的要求下建立规章制度，明确教研组织的目标、任务、内容、方式、频率等，为教研活动有效地开展提供了制度的保障。不过，这也影响了教研组/室工作的自主性，教学规范、教学竞赛、教学检查和监督成为大多数教研组/室的主要工作内容，教研组/室开始出现行政化倾向。

4. 各级教研室的工作繁杂

由于教师队伍的素质、教学的基本规范及教材教参等存在诸多问题，而相关单位又无力及时解决这些问题，各地教研室实际承担了从教师培训到教学规范与监督，从教学研究到教材、教参、复习资料的编写，教学设备的配备等多方面工作。这虽然使教研室的工作更为丰富，但也模糊了教研室与教育行政部门、教师进修院校、教育科学研究所等单位的职能界限，为日后的合并埋下了伏笔。

第二节　中小学教研组织体系建设的大力推进

一、20世纪80年代中期至90年代末的社会与教育状况

1987年10月，中国共产党第十三次全国代表大会第一次系统阐述了社会主义初级阶段理论；制定了“一个中心，两个基本点”为主要内容的党在社会主义初级阶段的基本路线，即以经济建设为中心，坚持四项基本原则，坚持改革开放；制定了“三步走”的现代化发展战略，我国经济领域出现了蓬勃发展的势头。1992年10月，中国共产党第十四次全国代表大会提出了建设社会主义市场经济体制的目标，并把教育放在优先发展的战略地位。1995年5月，中共中央、国务院颁布《关于加速科学技术进步的决定》，提出了实施科教兴国战略，教育作为经济发展的人力基础受到了格外的重视。

1. 教育发展的现状与经济发展的要求不相适应，呼唤教育体制改革

中国共产党第十二次全国代表大会召开以后，教育同现代化建设和新技术革命的形势不相适应的问题凸显出来。教育价值观、教育人才观和教学质量观有的比较陈旧、狭隘，脱离了经济和社会发展现状，甚至在一定程度上阻碍了社会发展。教育体制尤其在教育事业管理权限的划分上统得过死，使地方和学校缺乏活力。教育结构上表现为基础教育薄弱，农村和边远地区的基础教育更为落后，辍学率和失学率高[①]；中等教育结构不合理，中职技术教育比重小、发展慢，不适应我国制造业大力发展的要求。各级学校课程内容陈旧，教学方法死板，实践活动不被

---

① 1990年，我国农村学龄儿童辍学率为2.71%，在调查的1 930个县中，辍学率在5%以下的有1 814个，辍学率在5%—10%的有42个，辍学率在10%—15%的有4个，辍学率超过15%的有70个。

重视，体育、美育和劳动技术教育被忽视。学校教育注重课本知识的掌握，忽视学生独立探索和思考能力的培养，以及忽视全面素质的提升；注重成绩与升学，对学生的爱国精神、献身精神、崇高的理想等方面的教育不够重视，学生的思想、眼界、格局等亟须提升。上述问题严重影响到我国国民素质的提高和人才的培养，也影响我国社会发展的速度和水平。

在此种形势下，1985 年 5 月，中共中央、国务院召开改革开放以后第一次全国教育工作会议，并出台了《中共中央关于教育体制改革的决定》，该决定明确了“教育必须为社会主义建设服务，社会主义建设必须依靠教育”的指导思想，提出了“提高民族素质，多出人才，出好人才”的教育发展目标，以及在全国有步骤地实行九年义务教育的目标。为此，会议提出改革教育管理体制，扩大学校的办学自主权；调整教育结构，相应地改革劳动人事制度；改革同社会主义现代化不相适应的教育思想、教育内容、教育方法。

2. 普及九年义务教育对教育效率提出的要求

针对国民受教育程度低的状况，1986 年 4 月，《中华人民共和国义务教育法》颁布，我国开始全面实施普及义务教育。该法要求：经济、文化比较发达的地区，在 1990 年左右实现九年义务教育；经济、文化中等发达的地区，在 1990 年左右普及初等义务教育，在 1995 年左右实现九年义务教育；经济、文化不发达的地区，争取在 20 世纪末大体上普及初等义务教育。义务教育普及的目标对师资数量和质量提出了更高的要求，增强师资力量到了刻不容缓的地步。

1992 年 10 月，中国共产党第十四次全国代表大会将“到 20 世纪末，基本普及九年义务教育，基本扫除青壮年文盲”（即“两基”）作为 20 世纪 90 年代我国教育事业发展的重要目标。为了实现这一目标，

1993 年 2 月，中共中央、国务院印发了《中国教育改革和发展纲要》，提出了 20 世纪 90 年代乃至 21 世纪初我国教育发展的目标、战略、指导方针和重大政策措施。1994 年，国务院颁布了《关于〈中国教育改革和发展纲要〉的实施意见》，提出了“低重心”的教育发展策略，即抓好整个教育必须以抓好中小学教育为基础，教育事业的重心应向中小学倾斜，全面提升中小学教育的质量。

3. 新一轮课程改革对课堂教学和教师素质提出更高要求

1988 年国家教委颁发了《义务教育全日制小学、初级中学教学计划（试行草案）》，1992 年又修订颁布了《九年义务教育全日制小学、初级中学课程计划（试行）》，首次将“教学计划”更名为“课程计划”，基础教育课程开始改变“小学—中学”的传统分段设计，而代之以“义务教育—高中”两阶段设计，高中之前的学制分为六三制和五四制两种，课程分类为学科课程和活动课程、国家课程和地方课程。与此同时，国家教委组织编订义务教育阶段各学科教学大纲，允许一些地区和单位按大纲编写教材。1992 年，24 个学科义务教育教学大纲（试用）颁布。1990 年，国家教委颁发《现行普通高中教学计划的调整意见》，对高中阶段的课程结构和要求进行了调整。1996 年，国家教委在实践的基础上，颁发了同义务教育课程计划相衔接的《全日制普通高中课程计划（试验）》。

这一时期课程行政管理体制开始打破“集权制”的绝对支配地位，确立了“一纲多本”的课程改革方案；课程的目标、内容、组织、结构等方面借鉴国际上的先进经验，突破以往课程改革中的诸多禁区，如将“个性发展”“选修课程”“活动课程”等内容纳入课程计划、课程标准中。在这样的背景下，课程改革如何落实是摆在中小学教师面前紧迫的任务。

4. 农村教育改革实验展开，对师资水平提出要求

农村教育的发展直接关系到我国现代化建设的整体速度和质量。由于长期以来实行城乡二元治理政策，我国农村地区的发展相对落后，因地制宜地进行农村建设、加速农村现代化进程是改变我国农村贫困落后面貌的根本出路，而教育是为农村现代化建设培养适宜人才的重要途径。但长期以来，农村学校照搬城市办学模式，培养的大多数学生既不能为城市建设服务，又缺乏建设农村的知识和能力。为此，中央屡次发出通知要求改革农村教育。

1987 年，国家教委和河北省人民政府在河北省阳原县、完县（今顺平县）、青龙满族自治县 3 个县建立了河北省农村教育改革实验区，以改革农村教育结构和教育内容，加速当地的经济和社会发展。1988 年，国家教委又部署实施“燎原计划”，“通过改革和发展农村教育，大面积提高农村劳动者素质，增强农村吸收和运用科学技术的能力，提高农村经营管理水平，促进农业生产、农村经济的发展和社会主义精神文明建设”[①]。此计划希望通过改革教育思想、教育结构和教育内容方法等，培养适合农村现代化建设的劳动者。

上述农村教育改革实验的多重目标与任务对师资的数量、知识结构和能力提出了新的要求，而义务教育尚在推动的初期，如何最大限度地用好现有师资是当时学校和教育行政当局必须解决的问题，教研系统正是解决这一问题的抓手。

二、学校教研组和区域教研系统的完善

这一时期，教学研究工作基本上按原有的体系和方式开展，创新性不够，与培养国家经济社会发展所需人才的师资队伍还有距离。但不论

---

① 何东昌主编:《中华人民共和国重要教育文献（1976—1990）》，海南出版社 1998 年版，第 2857 页。

是学校教研还是区域教研，因新鲜因素的注入，教研质量都有所提升。

（一）20 世纪 80 年代中期至 90 年代末，学校教研组的进一步发展

学校内部的学科教研组依然是教师开展教学研究的基层单位和重地。这一时期，各校教研组的工作有条不紊地展开，基本上维持原来教研的模式，即上级指导下级（指学校教务部门和县区级教研室）的按计划开展的常规教研。同时，一些大学、科研院所开始注重把自己的理论研究和教育实践结合，把一线学校作为研究的实验基地，教科研结合成为学校教研的又一个特征。

1. 持续开展常规教研

虽然从教育发展的形势而言须改变教师的教育观念，以及改革学校的教学内容和教学方式，但由于教师有繁重的工作负担和升学压力，以及教育行政部门干预过多等，学校教研的目标依然是提高学生学业成绩。学校教研的重点依然停留在步调一致的教学安排、行政认可的教学规范，以及单一的教学评价中，教研的目标、内容、方式改变得很少。具体的方式依然是集体备课、集体听评课、观摩课、示范课、检查课、研究课及专题教研等常规教研方式。

这一时期农村学校的学科教研普遍展开。随着普及义务教育工作的推进，农村学校规模急剧扩大，一些规模较大的农村学校设立了学科教研组，开展了有计划的教学研究。例如，1985 年，宁夏回族自治区永宁县杨和乡的纳家户回民小学十分重视教研活动对课堂教学的促进作用，每学期制订切实可行的教研计划，针对教学薄弱环节安排专题教研。高年级语文组重点研究 3 类课文的教学重点和教学方法，研究讲读教学和作文教学；低年级语文组着重研究提高识字效率及结合识字进行词语教学的实验。组内教师在探讨教研专题的同时，还举行观摩课、研究课、检查课，养成了教师之间互相听课、相互学习的习惯。通过一

系列的教研活动，教师的教学能力提高了，教学的质量也提升了。[1]

2. 广泛开展教学实验

这是中国基础教育改革非常活跃的一个时期。很多中小学教师在长期的教学经验积累的基础上，开始尝试突破已有的教学内容、教学方式、教学组织形式，探讨有质量的、利于学生长远发展的教学改革实验。这些教学改革实验有的是延续“文化大革命”前已经开展并已有成效、后来被迫中断的实验，如辽宁省黑山北关小学的“集中识字”实验，有的是自主开展的教学改革。教学改革实验主要有以下三种，它们都是在学校教研组范围内开展并取得成果后通过教研体系的帮助得以有效推广。

第一，学校教师自主开展教学改革实验。

江苏省南通师范学校第二附属小学教师李吉林开展的“情境教学”实验是优秀教师依托教研组开展的教学改革。这个从 20 世纪 70 年代末 80 年代初开始萌芽的教学实验，是李吉林多年教学实践与思考的结果。李吉林从“情境教学”入手，对小学语文教学进行大胆革新。在领导的支持下，她带领南通师范学校第二附属小学的语文教师，选定实验班，开展了近 10 年的实验，确立了“情境教学”的五要素：诱发主动性、强化感受性、渗透教育性、着眼发展性、贯穿实践性。1988 年以后，实验突破语文学科的局限，开始“由单科向多科，从课堂教学向课外活动延伸，甚至向整个小学教育拓展”[2]。在李吉林的指导下，各科教师以教研组为单位，探讨并创设了各种激发学生学习兴趣和能力的教学情境，如生活展现情境、实物演示情境、图画再现情境、音乐渲染情

---

① 宁波：《重视教学研究的纳家户回民小学》，《宁夏教育》1985 年第 6 期。

② 李吉林、田本娜、张定璋著：《李吉林小学语文“情境教学—情境教育”》，山东教育出版社 2000 年版，第 70 页。

境、语言描述情境，从而展示了多样化的直观教学模式。[①] 学科教研组在实验的实施、推广、总结等方面发挥了不可或缺的作用。

第二，大学引领开展教学实验。

这一时期我国基础教育呈现百花齐放的局面，涌现出各种教育思想，开展了多种教育实验，大学在其中发挥了重要的作用。但大学的教学实验必须借助于学校的学科教研组及其教师。

例如，湖北大学主持的“异步教学法”实验、北京师范大学主持的“五四学制改革”实验、杭州大学主持的“中小学整体教学改革”实验，都展现出 20 世纪 90 年代前后我国教研的新局面。此时，中小学的教学研究已经突破学校教研组和区域学科教研组的范围，在更多高层次专家的引领下开展教学研究和教学改革实验，取得了良好的效果。在与中小学合作开展教学实验的同时，大学把理论知识与中小学一线教学结合起来，把严谨的科研精神带入中小学教研组，使学校教研从过去以经验性为主的教学研究转入教研与科研的结合。

第三，教育科学研究所引领开展教学实验。

这一时期很多教育科学研究所积极开展基础教育教学改革实验。中央教育科学研究所吕敬先研究员从 20 世纪 60 年代就开展“小学生语文能力整体发展”实验研究。该研究课题于 1976—1988 年在北京的福长街小学、南丰小学、大裕第二小学和稻地小学等 4 所城乡小学开展实验。1989 年以后，该实验在河北省完县（今顺平县）等地进行验证实验。此后，实验在河北省 43 个县，山西、山东、辽宁等省的 15 个区县的 200 多个班 1 万多名儿童中推广。[②] 该实验以发展思维和语言为中心，通过教学结构的整体改革，促进语文能力的提升发展。低年级改

---

①② 熊明安、喻本伐主编：《中国当代教育实验史》，山东教育出版社 2005 年版，第 460、343—344 页。

革识字教学的方式，节省时间以增设说话课、写话课和课外阅读指导课，进行听、说、读、写的全面训练；中高年级增设听说训练课，作文、讲读和课外阅读指导相互配合，全面发展听、说、读、写能力；同时，开展纵向改革实验，力图使幼儿园与小学低年级、低年级与中高年级、中高年级与初中的各阶段语文能力的发展相互贯通与衔接，促进语文能力整体和谐的发展。① 在实验的过程中，研究者依托语文教研组，把自己的小学生语文能力整体发展的思想传递给教师，并与教研组教师合作教研，探讨如何把思想落实到具体的教学内容、教学环节、教学方法中，还与教研组教师共同总结成功经验，以便推广。

这一时期各地不少教育科学研究所与中小学合作开展教学实验。在合作的过程中，教育科学研究所把教学改革实验的思想、思路，科研的范式等引入教研组教学研究的范畴中，并参与教师的教学，使学校教研呈现专题研究和教研相结合的趋势。在教育科学研究所的影响下，很多学校的教师开始参与科研课题，甚至把科研纳入教研组活动的范围。以北京市海淀区为例，参加教科研的教师人数有明显的增长。“八五”期间比“七五”期间增加了两倍多，有的学校甚至出现了人人参与教科研、人人有课题的局面②。

（二）区域教研系统的发展

1. 国家制定政策规范教研室工作

20 世纪 70 年代末至 80 年代初是我国区域教研体系的重建时期。这一时期除恢复设立区域教研机构外，各地还建立了规章制度，明确了区域教研组织的性质、任务。在各地教研室规章制度的基础上，1990 年，国家教委发布《关于改进和加强教学研究室工作的若干意见》，从

---

① 吕敬先：《小学语文能力整体发展实验》，《教育研究与实验》1989 年第 1 期。

② 吴颖惠：《对中小学教师开展教育科研问题的分析》，《现代中小学教育》1999 年第 3 期。

国家教育行政主管部门层面提出了教研室的性质、职能、任务，教研人员的待遇、经费、工作制度等方面的规范化要求。该文件是新中国成立后官方正式发布的较全面的有关教研室建设的意见，标志着我国区域教研室的建设走上了制度化和规范化的道路。《关于改进和加强教学研究室工作的若干意见》的内容有以下五个方面。[①]

第一，明确教研室的组织属性是地方教育行政部门设置的承担中小学教学研究和学科教学业务管理的事业单位。这意味着教研室具有专业指导和行政监管的双重职能。

第二，要求各地建立省、地（市）、县（区）三级区域教研室，明确各级教研室在当地教育行政部门的领导下工作并接受上级教研部门的业务领导，国家教委基础教育司在方针上对中小学教研工作进行指导。

第三，确立教研室设立的多元性原则。各级教研室的机构，可以单独建制，也可同教育科学研究所或教师进修院校联合设置，具体办法由当地教育行政部门根据实际情况自行确定。

第四，确定教研室的工作必须立足于培养社会主义接班人，立足于提高中小学教育质量，以及立足于提高教师的思想政治和文化、业务素质。

第五，教研室的基本职责主要包括七个方面：①根据中小学教学需要，研究教育思想、教学理论、课程设置、教学内容、教学方法、教学手段和学科教学评价等；②根据本地实际，提出执行教学计划、教学大纲和使用教材的意见，为教育行政部门的决策提供依据；③根据地方教育行政部门的部署，组织编写乡土教材和补充教材；④组织多层次、多形式的研究活动，帮助广大教师执行教学计划，钻研、掌握教学大纲和

---

① 何东昌主编：《中华人民共和国重要教育文献（1976—1990）》，海南出版社 1998 年版，第 2984 页。

教材，不断改进教学方法，努力提高课堂教学效益；⑤总结、推广教学经验，组织教学改革实验，探索教学规律，推动教学改革；⑥指导和帮助教师开展学科课外活动；⑦组织对学科教学的检查和质量评估，研究考试方法的改革。

此外，《关于改进和加强教学研究室工作的若干意见》对教研员的素质首次进行了明确的规定：有系统的、扎实的学科基础理论和专业知识，有一定的教育科学理论素养和较丰富的教学实践经验；掌握教学工作的一般规律，能运用科学的方法开展研究；具有一定的指导教学工作的水平和组织管理工作的能力。

《关于改进和加强教学研究室工作的若干意见》发布后，教研室成为集管理和教学研究于一身的单位。这一定位有助于教研室在教学研究中发挥引领作用，但也导致其成为行政部门的附庸，影响了教研员的独立性和自主性。

2. 各地制定教研工作条例，建立和健全教研系统

（1）制定教研工作条例，明确教研机构的性质和角色

国家教委发布《关于改进和加强教学研究室工作的若干意见》后，各省（直辖市、自治区）开始制定自己的教研工作条例。各省（直辖市、自治区）制定条例的目的，一方面是建立和健全各级教研系统，另一方面是明确教研室在教育系统中的性质和位置，规范教研体系的建设。各省（直辖市、自治区）教研工作条例的特点包括以下三个方面。

第一，教研室是集业务指导和业务管理为一体的机构，与教育行政部门和各级教研室有领导与被领导的关系。例如，1992 年，天津市教育局发布了《天津市市、区（县）教学研究室工作规程》。该规程明确提出，教学研究室是同级教育行政部门直接领导下和上级教研部门指导

下，承担中小学（包括职业中学、中等师范学校和盲聋哑智障者等特殊教育学校）教学研究和学科教学业务管理的事业机构，是同级教育行政部门领导教学的职能机构。江苏省教研室是教育行政部门领导下的从事幼儿园、小学、中学教学研究和教学管理的机构。上级教研室对下级教研室起指导作用。①

第二，教研室的职能与国家的要求一致。例如，1991 年，江苏省教委印发的《江苏省各级中小学教研室工作条例》对教研室的任务有如下说明：①贯彻落实国家的教育方针政策；②实施教学业务管理，规范教学常规要求，提出执行教学计划大纲和使用教材、教学资料的意见，指导和检查教学工作，评估教学质量；③研究教育思想、教育理论、课程设置、教学内容、教学方法和手段；④建立和健全各级教研网络，广泛开展教学研究，组织指导教学改革实验，总结推广教学经验；⑤组织教师开展政治和业务学习；⑥编写实验教材、乡土教材、补充教材和教学参考资料。其他省份也大致如此。

第三，明确三级教研机构的工作重点不同。一些省份为了确保各级教研室工作的针对性和目的性，对三级教研室的工作职责进行了明确的分工。

省教研室侧重对省域层面存在的普遍问题进行研究，并对下级教研室进行业务指导和评估。

地、市、州教研室在教育行政部门和省级教研室的总体部署下开展工作，重点是深化初中教学研究，推动高中教学改革。落实调整后的教学计划、大纲和教材，组织好对辖区内重点中学教学的全面评估，推动教学改革以整体提高初中教学质量。

---

① 梁威、卢立涛、黄冬芳著：《撬动中国基础教育的支点：中国特色教研制度发展研究》，教育科学出版社 2011 年版，第 113 页。

县（市）教研室以小学、初中为重点。研究初中教学思想、教学内容和教学方法的改革，使学生在德智体全面发展的同时学习当地生产、生活中实际需要的知识，使大多数毕业生能为当地建设服务。对于小学教育，则按照初等义务教育的要求，切实保证质量。[①]

（2）建立和健全教研系统

在教育部和各省出台相关的教研工作条例或意见之后，各地延续20世纪80年代初恢复重建的步伐，纷纷组建队伍，建立和健全三级教研组织，并开始在规范化的框架下进行建设。前面所述湖南省在20世纪50—60年代就初步建立了省—地市—县乡—校的四级教研体系。[②]这一时期则把这一体系进一步健全和完善，具体有以下三种形式。

第一，建立了隶属于教育行政部门的独立教研室。一些经济文化比较发达的地区，如北京、天津、上海，设立了专门的教研室。教研室是直属教委的处级事业单位，教研工作直接受教育行政部门的领导，教研室有直接拨款的经费。[③]在省教研室基础上，各地积极完善三级教研网络。例如，1985年，青海省普通教育教学研究室成立，隶属省教育厅。截至1998年，青海省各级教研室达到48个，其中省级1个，省辖市、地、州级8个，县区级39个；教研员共有326人，涉及26个学科。[④]

第二，与教育科学研究所合并，形式上是教育科学研究所的下属机构，称为省教育科学研究所教研室。其主要特点为：①教研工作接受教育行政部门和教育科学研究所的双重领导；②教研经费由省教委拨到教育科学研究所统筹使用；③强化了教研室在教育科研方面的职能作用。[⑤]

---

①④　梁威、卢立涛、黄冬芳著:《撬动中国基础教育的支点：中国特色教研制度发展研究》，教育科学出版社2011年版，第114、118页。

②　湖南省地方志编纂委员会编:《湖南省志·第十七卷·教育志》（上），湖南教育出版社1995年版，第183页。

③⑤　詹海:《第八讲　教研机构的设置及网络建设》,《教育管理》1997年第2期。

当时山西、陕西、甘肃、河北、四川等省均有类似的设置。例如，20世纪80—90年代，四川省21个市（地、州）通过合并教研室组建教育科学研究所，教研室的工作依然保留。[①] 这样教研工作与科研工作结合，为提升教研质量提供了组织基础。

第三，教研室与教师进修学校合并，隶属教师进修学校。这个形式以黑龙江省为代表。1990年，黑龙江省教委规定："省、市（地）级教研室设在教育学院，县（区）教研室设在县（区）教师进修学校的体制不变，各级教研室要在当地教育行政部门领导下工作，并接受上级教研部门的业务领导。"[②]

3. 区域教研的有效展开

这一时期，各地借助中央和地方出台的规章制度，通过设立评优制度，开展课题研究，把地方和学校的教研引入追求教研室指导下的优质教研和评优的轨道上。例如，1995年，湖北省襄樊市（今襄阳市）教委组织评选"教坛新秀""学科带头人""拔尖人才"，获评的教师全部是参加过教材实验和各级中心教研组的教师。1996年，在湖北省第四次中青年教师优质课竞赛中的获奖者也属此种情况。[③] 各地的教研主要采取以下方式展开。

（1）以强化管理推动区域教研

20世纪90年代后，一些地区对区域教研工作的管理更加严格，甚至提出了非常细致的量化指标督促教研员开展工作，此举取得了一定的效果。如前述获山东省教委表彰，被评为教科研先进单位、教学改革先

---

① 梁威、卢立涛、黄冬芳著：《撬动中国基础教育的支点：中国特色教研制度发展研究》，教育科学出版社2011年版，第119页。

② 詹海：《第八讲　教研机构的设置及网络建设》，《教育管理》1997年第2期。

③ 祝才慧：《抓教材研究促教法改革——义务教育小学数学教材教法改革研究与回顾》，《湖北教育》1997年第Z2期。

进单位、先进教研室的山东省诸城市教研室，建立明确的奖评机制，推动了教科研的发展。

首先，抓教学评优激励机制，培养骨干教师队伍。山东省诸城市教研室建立和完善了“优质课—教学能手—学科带头人”三个梯度、一个序列的教学评优激励机制，自 1994 年开始，在中小学开展课堂教学达标活动，从中选出骨干教师 612 名、十佳青年教师 31 名。

其次，抓教学常规管理，奠定提高教育教学质量的根基。山东省诸城市教研室每年组织两次教学常规检查，检查内容包括乡镇学校贯彻落实教学常规管理的情况、教师执行教学常规的情况、教案和教学材料的使用情况。

最后，实行教研员学科责任制，激发教研室内部活力。教育局率先在市教研室实施教研员学科负责制，将教研室的总体目标分解到每位教研员，具体为学科教学、学科教研、个体教研、教师竞赛、学生竞赛 5 大项 13 条指标，通过量化管理促进教研工作。1997 年，针对“教”与“研”脱节、工作深度不够、研究效果差的问题，教研室要求每位教研员选取一个班作为自己的教学改革实验班或实验基地，每月按教学进度，至少执教两节课，扎扎实实地开展教学研究。①

（2）关注教学研究和科学研究的融合

各地十分注意教科研结合的问题。例如，山东省诸城市教研室的工作体现了教学研究和科学研究融合的模式。他们树立教学研究、教育科研、教学管理三位一体的意识，面向 21 世纪的教学研究工作，提出了“全面抓常规，着力促科研；常规是根基，科研是关键”的教学管理思路。为此，教研室提出了《关于加强教育科研工作的实施意见》，明确

---

① 李庆平、李怿、张述军:《探索教研、科研、管理工作新体系》,《人民教育》1998 年第 2 期。

了教育科研工作的目的要求、基本原则、总体目标、重点课题和方法步骤，建立了申报、立项、考察、鉴定的制度，要求各乡镇教委、学校开展课题研究，并且教师人人参与课题研究。截至 1998 年，全市个人研究课题 8 700 多个，其中市级重点研究课题 193 个，课题参与者占任课教师总数的 96% 以上。①

（3）拓展教研的参与单位和人员

这一时期的区域教研不再局限于教研系统和学校之内，开始把相关单位的教师、研究者引入区域教研中，以提升区域教研的质量。例如，江西省吉安地区教研室建立了包括学科教学研究会、厂矿学校教学研究会、教育学院、师范专科学校、中等师范学校、教师进修学校的 6 方联系网，经常邀请这些单位参加全区性的教研活动。通过联系网，师范院校学生在校期间就关心全区教学改革的动态。这有利于培养他们的改革精神和提高能力，也有利于激发在职教师的教研积极性和提高他们的教学水平和科研素养。②

教研室与教师培养、培训院校、专业研究会合作开展教研，体现了地方教研室力图突破程式化的教研模式，向建立资源共享、不同学科背景教师互动交流的、高质量的教研方向的努力。

（4）各级教研室积极推动教学改革实验

这一时期，各级教研室的主要工作之一是推动各地区的教学改革实验。20 世纪 80 年代初，上海市青浦教学改革实验受到各地推崇，江西省金溪县教研室数学教学改革小组学习青浦经验，在当地推行教学改革

① 李庆平、李怿、张述军：《探索教研、科研、管理工作新体系》，《人民教育》1998 年第 2 期。

② 吉安地区教研室：《疏通教研渠道加强指导研究——我们是怎样抓全区教研工作的》，《江西教育》1989 年第 3 期。

实验，取得了良好的效果。[①]

4. 乡村教研开创新局面

20 世纪 80 年代中期，各地区乡镇的教研组织开始逐步建立。20 世纪 90 年代后，中央与地方的教研规章制度要求各地设立省、地（市）、县三级教研组织。三级教研组织意味着乡镇教研室并不在教研体系之列。不过，有些地方延续了新中国成立初期的四级教研体系，要求县教研室之下设立乡、校教研机构。这带动农村学校教研有序展开，具体包括以下三个方面。

（1）乡镇教研室：管理和指导并重，以点带面开展教研

设立乡镇教研室的主要目的是帮助农村学校开展教学研究，该形式延续前期的学科中心组、辅导区等方式，建立乡村层级教研网络，规范教研制度，引领教学方向。本书以山西省临汾市各区乡镇教研室为例，阐述其工作内容和工作方式。

山西省临汾市从 1988 年开始建立乡镇教研室，截至 1994 年，167 个乡镇建立了教研室，占全区乡镇总数的 68.2%，专、兼职教研员共有 1 118 人。乡镇教研室的工作主要包括以下三个方面。[②]

①疏通渠道，完善网络。在中心校设立中心教研组，在学校设立学科教研组，形成以乡镇教研室为先导、中心教研组为枢纽、学科教研组为基础的三级教研网络。

②立章建制，规范行为。制订合格的教研组标准，促使全镇所有教研组基本做到了“六有三定四落实”。六有是有计划、有课题、有制度、有记录、有学习笔记、有场所；三定即时间固定、成员稳定、活动内容提前确定；四落实即组织领导落实、考勤登记落实、组长岗位津贴落

① 周国华:《内化青浦经验　发展教研特色》,《江西教育》1992 年第 12 期。
② 秦瑞亮:《深化教研体制改革　办好乡镇教研室》,《山西教育》1994 年第 7 期。

实、教师订阅1—2份业务刊物落实。

③明确方向，把握重点。乡镇教研室以全面贯彻党的教育方针、努力实施素质教育为目标，以提高教师业务水平、提高教学效益为着眼点，以提高教学质量为目的。同时，积极进行教改实验项目的推广普及。

与此相类似，安徽省全椒县在20世纪80年代末改革农村教研工作。其在加强县、区、乡、校教研网建设的同时，注意发挥乡、校两级教研机构的作用，既注意上下“一条线”联系，又注意发挥各级组织横向作用，即“一大片”，从而形成了“点、面、线、体”相结合的主体结构。县教研室下乡抓教研，以乡镇中心校为点，召集全乡教师参加，着重规划乡镇中心校3个中心（教研中心、师资培训中心、图书资料电教中心）的建设，帮助乡镇中心校创造条件，真正发挥示范作用和中心作用。[①]

（2）乡镇学科中心教研组：辐射其他校教研

这一时期，很多地方延续前期的工作，把区域教研室的建设延伸到乡校一级，体现出切实为基层学校服务的意识。例如，山东省诸城市建立了市、乡、校三级教科研网络，他们以市教研室学科教研员为组长，以兼职教研员为成员，建立了32个学科中心教研组，统筹全市教科研工作。另外，全市27处乡镇成立了教研室，配备了专兼职教研员162人，每个乡镇成立了乡镇学科中心教研组，各校成立4—6人的学科教科组，开展学科教研。[②]江西省南城县株良乡有17所农村完全小学，116个教学班，121名语文教师。平均每校只有六七名教师，很难开展校内学科教学研究。为了便于教师开展教研活动，20世纪90年代，株

---

① 江文林：《面向农村小学　改革教研工作》，《安徽教育》1989年第10期。

② 李庆平、李怿、张述军：《探索教研、科研、管理工作新体系》，《人民教育》1998年第2期。

良乡把乡划为3个大片（不含乡中心小学），建立了乡、片、校三级教研网络。乡小学语文中心教研组配备1名教研员负责教研工作，乡镇教育办公室与学校选拔年富力强、有事业心、熟悉业务、教学能力较强的教师分别担任片、校的教研组组长，他们统筹规划，开展乡—片—校的教研，带领区域内教师共同成长。[①]

（3）农村学区教研站：以教学管理为重点

20世纪90年代后期，随着农村教师对教研需求的增加，一些农村地区出现了教研组织的新形式——农村学区教研站。教研站是各市县教委教研室在乡镇学区设立的教学教研组织，具有学区的教学管理、教学研究、教学指导、师资培训和教学服务等职能，通过计划、督促、指导、检查、总结等工作，对各村级小学的教学工作进行指导和管理。现以宁夏回族自治区的各乡镇学区教研站为例，阐述其工作开展的方式和内容。

鉴于乡村学校的间距远、教师少、缺乏能担当引领的优秀教师等情况，20世纪90年代后期，各乡镇成立学区教研站。学区教研站从各乡镇学校选拔优秀教师作为专兼职教研员，开展乡村学校教研，它是提高农村学区教育质量的重要机构。[②]

学区教研站的任务包括四个方面：①执行计划。严格执行上级部门下达的各种工作计划，指导学校和教师制订、实施本单位教学教研工作计划，实现本单位的教育教学目标。②教学管理。建立完善各学区教育教学规章制度，健全教学管理档案、教师业务档案，积累工作资料。加强教学过程各环节的管理和指导，组织学区期末、年终教学质量监测和分析，反馈信息。③开展教研。在上级教研部门的指导下，开展教学研

---

① 傅老祥：《如何抓乡片校三级小语教研网》，《江西教育》1992年第10期。
② 王少云：《农村学区教研站工作简述》，《宁夏教育》1999年第11期。

究，具体内容包括总结、推广教学经验，改革教学方法，解决教学中存在的问题，活动方式有教学竞赛、公开课、示范观摩课、课题研究等。④师资培训。根据教师的实际状况，开展分层次有针对性的培训，内容有基本功训练、继续教育学习等，培训方式主要是专题讲座等。

学区教研站及教研员工作的考评由各市（县）教委教研室负责，使用定性与定量相结合的办法，对教研站及教研员从阶段性工作、即时性工作、年末终结性工作和个人业务能力四个方面进行量化考评。

上述内容可见，宁夏回族自治区农村学区教研站是教学管理组织，教学研究和教师培训是其部分工作。由于教学管理、教学监督是农村学区教研站的主要工作内容，因此，很多乡村教师不认可农村学区教研站对教师教学研究的引领作用。

（三）其他机构参与教研的情况

这一时期，教学研究会、专业委员会、教育科学研究所、教师进修学校等一如既往地参与教学研究，促进了学校教学质量的提升。此外，高等学校也更有热情参与中小学一线的教学研究，如北京师范大学心理系教授冯忠良主持的“结构—定向教学”实验。

“结构—定向教学”实验是从 20 世纪 60 年代开始的，经过断断续续的实验，到 20 世纪 80 年代已经有了较丰富的成果。在总结、检验并不断修正完善的基础上，该研究于 1986 年进入推广阶段，于 1992 年进入广泛应用阶段。整个研究历时 40 多年，经历了前期探索、中期控制实验、后期应用推广三个阶段。在研究的三个阶段中，冯忠良及其他参与者借助中小学课堂教学的平台，召集各个参与学科的教研组及其教师，共同研究这一理论指导下的教学目标、教材及选编原则、教学活动及其组织原则、教学成效考核及其评估原则等。大学和中小学教师共同的研究和实践探索，有利于“结构—定向教学”实验的开展及其对中小学教学的积极影响。

例如，在控制实验阶段，冯忠良与其研究生先后在北京市西城区的南长街小学（实验时间1973—1975年）、顺城街第一小学（实验时间1973—1975年）、宣武区福长街小学（实验时间1980—1984年）、北京市手表厂技工学校（实验时间1986年）等学校开展教学实验。后来，一些学校的教师根据这一理论在学校开展相应的实验。例如，北京教育学院宣武分院的教师杨振英等开展平面几何的教学实验，河北省保定一中的教师胡铭钧开展中学物理教学实验，湖南省桑植县教委组织中学数理化教学实验，等等。在成果推广阶段，在普教系统中，该课题组先后在天津市河西区，北京市朝阳区、崇文区（今属东城区）、宣武区（今属西城区），内蒙古自治区包头市，山东省青岛市、枣庄市，安徽省繁昌县（今安徽省芜湖市繁昌区）等省（自治区、直辖市）分别进行了小学语文、数学和中学的数学、物理、化学、外语等综合性推广应用实验。[①] 在课题组研究的过程中，学科教研组及其教研活动对实验的成功起到了重要的作用。

这一时期，湖北大学主持的“异步教学法”实验、北京师范大学主持的“五四学制改革”实验、杭州大学主持的“中小学整体教学改革”实验、西南大学主持的“GX”实验、华中师范大学主持的“小学生主体性品质培养”实验等，都是大学研究者利用研究多年的理论，依靠中小学教研组和课堂教学的平台，与中小学教师共同进行的实践探索。在这个过程中，中小学教师的教学研究和实践在大学学者的理论指导下进行，与此同时，学者的理论借助于中小学教师的教学实践探索得以修正。尽管大学的理论文化与中小学的实践文化的冲突导致一些合作并不

---

① 冯忠良:《结构——定向教学实验简介》,《教育研究与实验》1989年第4期。

顺利，但在双方的努力下，我国开始了本土化教育理论的探索与建构。

总之，20 世纪 80 年代中期至 90 年代末教研的主要工作是按部就班地开展常规教研，与前期相比，主要有以下三个方面的特点。

第一，一些学校依靠教研组自主开展的教学改革实验，提高了教学的有效性，为一线教师形成自己的教学理论提供了基础。例如，江苏省南通师范学校第二附属小学教师李吉林开展的“情境教学”实验，常州市中小学开展的“尝试教学法”实验，等等。

第二，区域教研承担教学研究和教学视导管理的双重责任。这一时期的区域教研室把自身定位为集业务指导和业务管理为一体的机构。它一方面配合当地教育行政部门，对中小学实施常规教学检查、评估、督导；另一方面通过常规教研、教师培训等方式提升整个区域的师资水平。但其行政管理的特点明显，教研的色彩较淡。

第三，教科研结合是教研的一种形式。教科研结合是这一时期教研的新面貌，大学在其中发挥了重要的作用。这一时期很多大学、教育科学研究所把中小学作为实验、研究的基地，带领教师开展专题研究。在这个过程中，大学把开展科研的方式和思维带进教研组，带动了学校教研的科学化与规范化。

第三节　成绩与问题

1976 年至 20 世纪 90 年代末是我国独具特色的教师学习和教学研究制度重建的时期，伴随着国家各项事业的蓬勃发展，教研制度也以其独特的价值获得认可并得到很好的发展。虽然在这个过程中有成绩也有问题，但无论怎样，教研制度是这一时期基础教育健康发展的重要保障。

一、成绩

1. 恢复重建了新中国成立初期的教研体系

这一时期我国恢复建立了以学校教研和区域教研两个教研系统为主体，有高等学校、各级教育科学研究所、教师进修学校、教学研究会、专业研究会等参与的中国特色的教研体系。在这个体系中，省—地市—县三级教研系统（有的地区是省—市—县—乡四级教研系统）主要承担了区域层面的教师素质提升、教学研究和检查督导等工作，为区域层面教师关于教育理论与政策的学习、教学规范化、教师整体的教学能力提升、教学质量的提升创造了条件；学校层面学科教研组则为学校内部本学科教师专业素质的提升、教学规范和教学质量的提升提供了重要的支持。除此之外，一些高等院校、教师进修学校、教学研究会等也积极通过课题研究、教育实验、教材教法研究等方式参与中小学教学研究，丰富了我国中小学教师的教研渠道和教研方式。

总之，不论是以城市为主体的省—地市—县三级教研系统，还是面对乡村学校的县—乡—校教研系统，不论是独立的校本教研，还是联片、跨校的教研，不论是学校（学科）教研组，还是以辅导区、公社教研中心组、乡镇教研室、乡镇学科中心教研组、农村学区教研站等形式的新型教研组织，都体现了中国特色的教研体制的创新。这一教研体系为快速恢复被“文化大革命”破坏的教育秩序、确保中小学教育教学基本质量提供了有力的支持。

2. 中国特色教研制度的建立

这一时期是具有中国特色的教研制度的建设时期。我国中小学摆脱了 20 世纪 50 年代初期照搬照抄苏联教研制度的方式，根据我国学校的发展、学生学习和教师教学的特点，建立了从中央到省级、区县、乡、学校的教研组 / 室的规章制度。这些规章制度明确了教研组 / 室的宗旨、性质、隶属关系、工作内容、工作途径、评估方式等，为各级教研部门提供了制度的支持，也为很多缺乏教研经验、缺乏基本规范的教研组织指明了方向和途径。在这样的制度构架中，不论校内学科教研组还是区域教研室，都承担了教学研究和教学督导的双重职责。这一制度把教师组织起来，促进了教师之间的集体学习和研究，使教师的教学不再是孤立状态下的个体性活动，为后续完善的教师学习研究共同体的建立奠定了基础。与此同时，这一制度帮助教育行政部门及时了解基层学校的办学亮点和困境，有助于实施更有针对性的政策，有助于教育政策的落实、课程改革的推行及教育的均衡发展。

3. 教学研究开始转向以“业务学习”为重

“文化大革命”期间，教研活动中政治学习占用了大量的时间；“文化大革命”结束后，教研活动转向更多的时间用于业务学习（这里说的业务学习不仅包括专业知识的学习，还有与专业学习和成长有关的专业活动）、教师教育理论的学习和教学的研究。不论是区域教研还是学校教研，各地教研活动都把注意力放在教师的专业成长和学生的学习上。各地教研组织通过常规教研，深入研究教学大纲、教材教法等，规范了教师的备课和教学，不少学校教研组和地方教研室更是组织起来，探索高效教学和提升区域教学质量的路径。教研工作内容的转向对改变教研组织的性质，使之成为支持、帮助教师发展的专业组织发挥了积极的作用。

4. 强化我国常规教研模式的同时出现了教科研相结合的趋势

“文化大革命”前我国已经建立了校内外的常规教研模式，但常规教研并没有全面普及。改革开放以后，常规教研模式得到了进一步的强化。常规教研的内容主要包括政治与业务学习、教材教法研究、教学大纲和教学计划研究、教学改革实验、教学经验交流等，常规教研的形式主要有集体备课、集体听评课（观摩教学）、公开课/示范课、专题研究、试卷分析、优秀教学经验推广等。此外，集体学习与交流、师徒制也都是由教研组/室创建的。常规教研模式成为我国各地校内外教研的基本模式，对促进教师快速成长和提高教学水平起到了积极作用。

此外，20 世纪 80 年代中期以后，各地出现了大学、教育科学研究所、区域教研室和学校教研组合作开展的教学改革实验。合作使中小学教研突破了教研组/室空间和人员的局限，以及仅以课堂教学为指向的教研活动的目标、内容和方式，而在更高层次专家的引领下和在更多元人员参与的情况下，开展具有更高目标和更丰富内容的教学改革实验和教学研究。这一教学研究，一方面，体现出教科研相结合的特点，使教研工作更为深入，更有时效性，使教研组织更具专业性；另一方面，帮助大学和科研机构开展教育研究，为创建我国本土的教育理论提供了实践的平台。

5. 创造适合农村需要的教研途径和制度

以县（区）教研室、乡中心教研组和学校教研组为代表的农村教研机构，从农村教育自身的特点和需求出发，或在县（区）教研室组织指导下，建立了以中心校为主的公社（乡）一级的学校教研活动中心，或以中心校为主设立了辅导区，开展片区或校际教研，为农村教师开阔眼界、提升教育教学能力，以及为提高农村教育质量作出了重要的贡献。

另外，这一时期的农村教研还形成了独特的经验。各地除开展疏通教材、研究教材重难点、安排教学进度、制订教学计划、公开教学、评教评学、分析试卷、总结教学经验与问题等教研活动外，一些地方还结合农村学校的特点开展了“专题教研—单级教学教研”、复式教学教研和设立教学解疑信箱等活动。这些创造性的教研活动为解决乡村教师教学中的实际问题提供了很好的渠道。

二、问题

虽然这一时期我国在教研体系、教研制度、教研模式上都有不少创新，但也存在一些问题。

1. 教研存在“重城镇、轻乡村”的现象

研究发现，城市中小学教研活动比乡村学校丰富得多，教研存在“重城镇、轻乡村”的问题。城市学校由于原有的教研基础好、交通便利，各级教研机构多设在城市（包括县城），活动也多在城市开展。虽然一些地区也开展了县以下区域的农村教研，但一般出现在教育基础较好的上海、江苏、湖南等地区。广大的农村地区，特别是教育基础较为薄弱、交通不便的农村地区的教研体系，并未发挥很好的作用，不少地区没有开展经常性的、实质性的教研。城市学校内部的校本教研基本实现了制度化、常规化，内容也更丰富，而乡村学校的教研受规模小和教学领导者缺乏等因素的制约，存在较严重的形式化现象，大量存在的村小、教学点受师资条件、教育资源等影响，尚不具备成立独立教研组的条件。

2. 教研中的形式主义倾向较为严重

在这一时期的教研活动中，教师专业自主的条件还不成熟，各地教研工作呈现了程式化、强制性的特征明显。每周定期开展的教研活动，实际上仅给教师布置了工作的任务，不少教师在教研活动中人到心不到，教学研究难以真正展开。教研组组长并非专业活动的领导者，而是单一的信息传递者和教师的管理者，组长的专业引领作用未真正地发挥出来。[①]

另外，不少教研室在开展区域教研时，不顾学校的特点、城乡的差异和教师的需求，在教研组织方式、内容等方面搞“一刀切”。不少地

① 王雪茹:《学校转型性变革背景下教研组长的角色定位》,《中小学管理》2011 年第 12 期。

方搞一些花样十足、规模大的公开课、展示课，一些教师甚至不惜弄虚作假，违背了教研的本意。一些学校的集体听评课成为表扬课，不同的意见、观点难以抒发。一些地方开展专题研究的题目大而空，难以真正地开展研究。①

3. 区域教研的功利化倾向严重

这一时期区域教研室利用中央和地方规章中赋予它们在行政和学术上的双重权力（具有评估检查和教学指导研究两个职能），一方面建立量化的评价标准敦促教研员开展工作，另一方面赋予教研员对一线教学和教师评优选优的资格，强迫学校为达到教师队伍优化的量化评价指标（此为参评重点校和参评示范校的重要指标）和为教师获得某些荣誉，唯教研员指挥棒开展教研。虽然这样便于区域教研机构开展工作，但使教学研究参与方的平等性和求真精神弱化，教研成为一个帮助学校和教师追求名利的平台。

4. 教师广泛参与课题研究导致教学研究弱化

从 20 世纪 80 年代中期开始，我国兴起了中小学教师参与教育研究的潮流。大学、教育科学研究所等积极地把学术研究的范式引入中小学，教育行政部门也积极要求教师参与课题研究，这些使得教学研究别开生面。但是，课题研究与教师的教学研究有所不同，课题研究的要求与教学的要求也并非一致，课题研究对规范性、科学性的要求更高，对教师的挑战性更强，一线教师的时间、精力有限，他们在繁忙的工作之余开展林林总总的课题研究，致使教学研究形同虚设，影响了教师的教学能力和教学质量的提升。更为严重的是，这使得教研组的性质和职能模糊，影响了教研组的建设。

---

① 刘承武:《教研活动要讲求实效》,《江苏教育》1984 年第 19 期。

5. 强势年级组的出现影响教研组功能的发挥

从 20 世纪 80 年代末开始，随着教育事业的发展、义务教育的实施，学校规模不断扩大，一些学校建立了年级组，而强势的年级组影响教研组功能的发挥。

年级组隶属于政教处，是行政组织，主要负责学生管理和教师队伍建设，它直接面向班主任；而教研组隶属于教导处，属于业务组织，负责教学研究和教学管理，直接面向学科教师。但为了加强对学生和教师的管理，很多学校干脆把年级组作为教学管理组织。① 于是，教学研究就在年级组范围内同一学科的教师间开展，实际是以备课组的形式进行。备课组是参照 20 世纪 50 年代形成的同年级集体备课制度，按年级设置，设组长一名，配合教研组组长工作。

因教研组不是行政组织，这就导致强势年级组和弱势教研组博弈局面的产生。在年级组和教研组并存的学校里，年级组为办公单位，教研组仅在学校规定的时间内进行集体备课、教学研究等活动。② 这样的组织方式严重影响了教研组的独立性和专业地位，很多时候教研组要让位于年级组，加之缺乏独立的空间、时间，一些学校教研组的工作难以有效展开。

---

①② 周民书:《教研组　年级组　抑或两者并存？》,《教育管理》1996 年第 2 期。

| 第六章 |

中国中小学教研组织的体系化之四：改革与创新（2000年至今）

第一节　中小学教研组织体系改革与创新的背景

一、世界的竞争与挑战对人才提出更高的要求

进入 21 世纪以来，中国和世界都进入了一个复杂的时代。在这个时代，传统与现代、现代与后现代并存，文明的交流与冲突既给各国带来了契机也带来了挑战。各国的科技、经济、文化、军事、贸易都处在一个高度合作与高度竞争的环境中。全球化、知识经济、信息化、贸易保护等问题备受关注。

2001 年，中国正式加入世界贸易组织，开始以更加积极、主动、开放的姿态参与全球经济竞争，并且，随着经济实力的增强，中国在世界舞台上的影响力越来越强。但是，以美国为代表的西方社会把中国作为一个强大的对手看待，在中国和世界成为相互需要的命运共同体的今天，却从各方面对中国设置壁垒，加以限制。

与此同时，中国自身的发展受到严重的挑战：经济快速发展带来的环境污染问题严重地影响了人民的生活质量和经济的可持续发展能力；中国经济在转型和更新换代过程中遭遇技术滞后、体制不健全、劳动力数量不足、经济积累不充分等因素的限制。中国发展的道路上面临的困难重重，需要更多更高素质的人才。

二、我国教育积极迎接各种挑战

包括中国在内的世界各国都把解决上述问题的希望寄托在教育上，希望通过教育培养更多的促进社会健康、良性发展的人才，促进人类社会的和谐、文明与进步。1995 年，中央提出实施科教兴国战略，《中华人民共和国国民经济和社会发展“九五”计划和 2010 年远景目标纲要》提出优先发展教育，要求积极推进教育改革，改革人才培养模式，由“应试教育”向全面素质教育转变，改革教学内容和课程设置，加强

学生综合素质的培养等。1999 年，国务院批转了《面向 21 世纪教育振兴行动计划》。该计划明确提出："在即将到来的 21 世纪，以高新技术为核心的知识经济将占主导地位，国家的综合国力和国际竞争能力将越来越取决于教育发展、科学技术和知识创新的水平，教育将始终处于优先发展的战略地位，现代信息技术在教育中广泛应用并导致教育系统发生深刻的变化，终身教育将是教育发展与社会进步的共同要求。""我们应当及早准备，迎接新的挑战。"[①] 在世纪之交，中国对人才的质量和人才培养方式进行重新定位，开展了轰轰烈烈的教育改革与探索，一方面探索建立中国特色的人才培养体系和方式，另一方面进行教育的均衡化、信息化建设等。

三、基础教育课程改革呼唤高质量的教学

基于我国社会经济发展对人才的新要求，我国开始了新一轮的以课程改革为突破口的基础教育改革。

1999 年 6 月，中共中央、国务院发布了《关于深化教育改革全面推进素质教育的决定》，该决定明确提出：调整和改革课程的体系、结构和内容，建立新的基础教育课程体系，试行国家课程、地方课程和学校课程，改变课程过分强调学科体系、脱离时代和社会发展及学生实际的状况，加强课程的综合性、实践性，培养学生的实际操作能力，增强农村特别是农村贫困地区义务教育的课程、教材与当地经济社会发展的适应性。[②]2001 年，教育部印发《基础教育课程改革纲要（试行）》，从课程改革的目标、课程结构、课程标准、教学过程、教材开发与管理、课程评价、课程管理、教师的培养和培训、课程改革的组织与实施 9 个方面提出了课程改革总体目标和做法，正式拉开了新中国第八次课

①② 何东昌主编:《中华人民共和国重要教育文献（1998—2002）》，海南出版社 2003 年版，第 217、288 页。

程改革的序幕。2010年，教育部又印发了《关于深化基础教育课程改革进一步推进素质教育的意见》，从充分认识深化基础教育课程改革的重要性、明确深化基础教育课程改革的主要任务、加强基础教育课程改革保障机制建设3个方面提出了14条意见。

在教育部的指导和要求下，从2001年秋季起，首批国家课程实验区的小学、初中一年级学生进入新课程实验，2006年，全国范围内所有小学、初中一年级学生都进入新课程；2004年，首批4个省进入高中新课程实验，到2014年秋季，全国范围内所有高中各年级学生全部进入新课程。[①] 新课程改革的落实取决于教师的认同与师资水平，但历次课程改革的效果并不理想，究其原因主要是师资的问题。

四、教育信息化使教育的机遇和挑战并存

21世纪影响深远的技术莫过于计算机技术的快速普及与多样化应用。21世纪的第一个十年是第三次全国性的计算机普及高潮，这次普及高潮的切入点是互联网应用，我国学习和使用计算机的人数已数以亿计，网民数量居世界第一。[②]

信息技术的普及、渗透深刻地影响到教育领域，国家积极采取应对措施。2001年《国务院关于基础教育改革与发展的决定》中提出了“大力普及信息技术教育，以信息化带动教育现代化”的要求。《基础教育课程改革纲要（试行）》提出：“大力推进信息技术在教学过程中的普遍应用，促进信息技术与学科课程的整合，逐步实现教学内容的呈现方式、学生的学习方式、教师的教学方式和师生互动方式的变革，充分发挥信息技术的优势，为学生的学习和发展提供丰富多彩的教育环境和有

---

① 刘坚：《新世纪课程变革：亲历者的视角》，《北京大学教育评论》2013年第4期。

② 谭浩强：《我国计算机普及的历程及其启示——纪念我国计算机普及30周年》，《计算机教育》2011年第17期。

力的学习工具。”[①]2010年发布的《国家中长期教育改革和发展规划纲要（2010—2020年）》指出：“信息技术对教育发展具有革命性影响，必须予以高度重视。把教育信息化纳入国家信息化发展整体战略，超前部署教育信息网络。”[②]2012年教育部印发《教育信息化十年发展规划（2011—2020年）》，对这一阶段的教育信息化发展做出了战略部署。

五、高质量的教育目标对师资水平提出更高的要求

高素质创新人才和高质量人口素质的需求对师资水平提出了更高的要求。2001年，国务院颁布的《关于基础教育改革与发展的决定》，除强调继续重视基础知识、基本技能的教学外，还要求：“关注情感、态度的培养；充分利用各种课程资源，培养学生收集、处理和利用信息的能力；开展研究性学习，培养学生提出问题、研究问题、解决问题的能力；鼓励合作学习，促进学生之间相互交流、共同发展，促进师生教学相长。”[③]随后的《基础教育课程改革纲要（试行）》进一步要求：“培养学生的独立性和自主性，引导学生质疑、调查、探究，在实践中学习，促进学生在教师指导下主动地、富有个性地学习”，并要求教师：“尊重学生的人格，关注个体差异，满足不同学生的学习需要，创设能引导学生主动参与的教育环境，激发学生的学习积极性，培养学生掌握和运用知识的态度和能力，使每个学生都能得到充分的发展。”[④]这些教育目标的提出，对师资水平提出了更高的要求。

但是，我国中小学教师队伍的总体状况仍不理想，高质量的师资缺乏，不合格教师依然存在。以具有研究生学历的教师的占比情况为例，进入21世纪各级学校教师中具有研究生学历的教师占比依然很低，小

①③④ 何东昌主编:《中华人民共和国重要教育文献（1998—2002）》，海南出版社2003年版，第908、889、908页。

② 《国家中长期教育改革和发展规划纲要（2010—2020年）》，人民出版社2010年版，第58页。

学教师中研究生学历的教师占比很少，2001 年以后的 10 多年里具有研究生学历的小学教师的占比近于 0，截至 2019 年，具有研究生学历的小学教师占比才达到 1.4%；中学里具有研究生学历的教师占比也一直比较低，截至 2019 年，初中教师中具有研究生学历的占比仅为 3.5%，高中教师中具有研究生学历的教师占比是 10.6%。[①] 在美国、英国、德国、波兰等国家，拥有研究生学历的教师占比均超过了 50%。[②] 我国师资队伍状况显然不能实现我国培养 21 世纪“高精尖缺”人才的目标，也难以满足国家要实现公平有质量的教育目标的要求。

第二节 教育主管部门引导下中小学教研组织体系的改革

这一阶段，我国中小学教育一方面要确保基本的教学质量，实现教育的均衡化发展；另一方面要注重培养具有批判意识的创新型人才和应用型人才，迎接更具挑战性的未来。因此，教育主管部门一方面加强基础教育阶段师资的培养，另一方面利用原有的教研体系，加强对教学过程的影响，提升在职教师队伍的质量，具体工作包括以下五个方面。

一、明确要求教研为基础教育服务

（一）协助上级部门进行教学过程管理

1998 年 2 月，《国家教委关于推进素质教育调整中小学教育教学内容、加强教学过程管理的意见》发布，该意见要求：“责成省教研部门

① 教育部发展规划司:《全国基本情况：普通高中分课程专任教师学历情况 / 初中分课程专任教师学历情况 / 普通小学分课程专任教师学历情况》,《2019 年教育统计数据》, http://www.moe.gov.cn/jyb.sjzl/moe_560/jytjsj_2019/99/. 访问时间 2021 年 9 月 3 日。

② OECD. *Education at a Glance2020: OECD Indicators*. Paris: OECD Publishing, 2020, p.456.

在调查研究的基础上，组织力量，结合本地实际进行调整。”“各级教研部门、学校和广大教师要把优化教学过程作为现阶段教学改革的重点，努力减轻学生过重课业负担，认真提高教学质量。各地要以这次调整为契机，切实加强中小学教学工作的管理，严肃执行课程计划，建立经常性的检查、监督制度，努力提高教学质量和效益。”①

（二）协助上级部门帮扶薄弱校

20 世纪 90 年代中后期，教育部开始格外关注基础教育领域的均衡发展，要求各地加强对薄弱校教师的业务指导：“各地也可以通过组织高校、教育科研、教研机构的专家以咨询组、顾问组等形式，深入薄弱学校，帮助研究提高教育管理水平和教育教学水平。”② 随后的教师轮岗交流制度和支援农村学校的师资交流制度等都是这一政策的体现。

（三）明确要求教学研究要为课程改革服务

为了应对课程改革和教育信息化浪潮的挑战，教育部要求：“广大教师要积极参加教学实验和教育科研，教研机构要充分发挥教学研究、指导和服务等作用。”③2001 年，教育部印发的《基础教育课程改革纲要（试行）》中，明确提出了教研机构对新课程改革的研究、指导、服务的角色，并要求教研机构与基础教育课程研究中心建立联系，发挥各自的优势，共同推进基础教育课程改革。④2010 年，教育部在《关于深化基础教育课程改革进一步推进素质教育的意见》中提出：“完善教研工作机制，创新教研形式，建立直接服务学校的专业支持网络……促进农村学校建立多种形式的教研共同体和教学合作组织。”⑤

---

①②③④ 何东昌主编：《中华人民共和国重要教育文献（1998—2002）》，海南出版社 2003 年版，第 21、188、889、909 页。

⑤ 《教育部关于深化基础教育课程改革进一步推进素质教育的意见》，http：//www.moe.gov.cn/srcsite/A26/s7054/201006/t20100601_92800.html. 访问时间 2021 年 9 月 3 日。

二、重新强调以校为本的教研定位

针对前期一些教研机构（包括学校）过度追求与大学或研究机构结合和过度强调教科研结合导致的中小学教研大学化的倾向，教育主管部门强调教研要回归教学一线，特别提出了校本教研理念。

2002年以后，教育部密集出台一系列政策，强调建立自上而下的“以校为本”的教研制度。2002年，教育部在《关于积极推进中小学评价与考试制度改革的通知》中提出：“学校应建立以校为本、自下而上的教学研究制度，鼓励教师参与教学改革，从改革实践中提出教研课题；学校应有归纳课题、组织进行教学研究的能力，有促进教师专业发展的规划与措施。”①2003年7月，教育部副部长王湛在全国基础教育课程改革实验推广会上，把校本教研制度看作建立教师间的合作文化、学习型组织的重要基础，要求创设教师间相互关爱、互相帮助、互相切磋、交流的学校文化，使学校不仅成为学生成长的场所，也成为教师成就教育事业、不断学习和提高的学习型组织，并提出教育部要在国家级实验区建设一批实验性、示范性的以校为本教研制度建设基地，各省（自治区、直辖市）也要逐步建立起一批省（市）级以校为本教研制度建设基地。② 教育部办公厅《关于2003年义务教育新课程实验工作有关要求的通知》要求，各区域教研室的工作重心要下移到学校，要深入了解并及时解决教学实践中的困难和问题，总结、推广教学经验，探索教学规律，形成民主、开放、科学的教研机制，在课程改革的实践中不断提高教师的专业水平和中小学课程建设与管理能力。因此，各地教育主管部门把建立以校为本的教研制度作为教学制度的创新，并按照新课

① 何东昌主编:《中华人民共和国重要教育文献（1998—2002）》，海南出版社2003年版，第1454页。

② 何东昌主编:《中华人民共和国重要教育文献（2003—2008）》，新世界出版社2010年版，第150页。

程的要求改革和重建教学管理制度，形成一批以校为本教学研究制度的示范基地，从而形成及时为教师提供专业帮助的教学支持网络和实现教学、教研、培训三位一体。①

截至2003年底，全国84个区县教育局被教育部基础教育课程改革重点项目确立为全国首批以校为本教研制度建设基地。②

三、加强农村地区的教研建设发展

由于城乡教育发展的速度和水平不一致，加之城乡教育质量差距的加大，农村教师队伍的质量并未得到根本性的好转。2009年，教育部《关于改进基础教育教学研究工作的意见（征求意见稿）》针对农村地区实施学校教研不便的现实提出：各级教研部门要因地制宜，分类指导，制订帮助广大农村教师适应新课程、提高学校教育质量的工作规划，探索提高农村教学质量的途径；各级教研人员要定期深入农村，建立定点联系指导农村学校的机制，通过区域教研、联片教研等方式，组织和指导农村中小学开展教学研究；农村中小学现代远程教育工程要使每所农村学校都能享受到网络资源平台提供的在线培训、网络教研、专业咨询、优质资源共享等服务，提高农村教师的专业水平和实施新课程的能力。

四、五级教研组织体系的确立

2019年，教育部出台《关于加强和改进新时代基础教育教研工作的意见》，该意见全面提出了完善教研体系、深化教研改革、加强队伍建设和完善保障机制的指导思想。

在完善教研体系方面，该意见要求进一步完善国家、省、市、县、

① 何东昌主编：《中华人民共和国重要教育文献（2003—2008）》，新世界出版社2010年版，第81—82页。

② 李保强：《校本教研制度建设研究回顾与前瞻》，《教育理论与实践》2007年第9期。

校五级教研组织体系，有条件的地区应独立设置教研机构，暂不具备条件的地区应在相对统一的教育事业单位内独立设置，形成上下联动、运行高效的教研工作机制。各级教育行政部门要加强对教研机构的组织领导，上级教研机构要加强对下级教研机构的业务指导，教研机构要加强与中小学、高等学校、科研院所、教师培训、考试评价、电化教育、教育装备等单位的协作，形成以教育行政部门为主导、以教研机构为主体、以中小学为基地、与相关单位通力协作的教研工作新格局，并要求各地加强校本教研工作和健全校本教研制度。

在深化教研改革方面，该意见要求加强对课程、教学、作业和考试评价等育人关键环节的研究，创新教研工作方式，因地制宜采用区域教研、网络教研、综合教研、主题教研、教学展示、现场指导和项目研究等多种方式，提升教研工作的针对性、有效性和吸引力、创造力，积极探索信息技术背景下的教研模式改革。

在加强教研员队伍建设方面，该意见要求严格专业标准、认真遴选配备、促进专业发展。

在完善保障机制方面，该意见要求各地加强组织领导、加大经费投入力度、强化督导评估。①

在上述政策的引导下，我国各级教研室和中小学教研组开始了新一轮的组织建设、制度建设和队伍建设。

第三节　教科研训一体化视角下中小学教研组织体系的创新

这一时期，教研体系出现的革新是县区级教研室与教师进修学校、

① 《教育部关于加强和改进新时代基础教育教研工作的意见》，http://www.moe.gov.cn/srcsite/A06/s3321/201911/t20191128_409950.html. 访问时间 2021 年 9 月 3 日。

教育科学研究所、电化教育馆、教育装备站等合并，实施教科研训一体化。所谓教科研训一体化是指将传统的教学研究、教育科学研究与教师培训进行有机整合的教师教育新模式。

一、教科研训一体化产生的背景

（一）基础教育新课程改革需要教师具备较高的教学和研究能力

如前所述，2001 年开始实施的新一轮的课程改革要求培养学生的独立性、自主性、质疑精神和探究能力，要求按照学生的不同需求，让每个学生都得到充分的发展。然而，大幅度地调整和改革课程的体系、结构、内容和建立国家、地方、学校三级课程体系，对一线教师的教育观念、教学行为和方式提出了更高的要求。它需要教师有先进的教育理念，有担当新课程的研究者、实践者和创造者的能力，对社会、教育的现实和未来有深刻的理解，对学生有深切的理解和关怀，还要具备扎实的学科知识、学科教学知识（PCK）和很强的反思性实践能力、研究能力及创造性开展课堂教学的能力等，但长期以来的“应试教育”使具备能应对这些挑战的、具有较高素质和能力的教师很少。

（二）基层教研室、教师进修学校和教育科学研究所工作不适应教师发展的需要

传统上，我国教研、培训、科研是三个体系，从省级层面到地市级层面、县级层面都建有相应的教研、进修和科研的组织，维持着相应工作的展开。教研室主要在当地教育主管部门的领导下，深入一线开展教学研究。教师进修院校主要是开展教师继续教育，20 世纪 80—90 年代，它的主要任务是使教师学历达标和知识更新。体系化的教育科学研究所是在 20 世纪 90 年代建立的，建立的初衷是为教育改革提供教育思想理论及其实施策略的内在支持。总体而言，三者之间是彼此割裂

的。日常教研缺乏科研的基础很难保证质量，教师培训不结合一线的实际、缺乏研究的基础就很难有针对性和高度，教育科学研究所不立足于一线教育教学只能是纸上谈兵，对实践的帮助有限。与此同时，教研员、培训者、科研队伍也因相互割裂的工作导致自身的发展受限。事实上，此三类机构在世纪之交的处境均比较困难。

随着教师专业发展概念的引进和研究型教师、反思性实践者等概念的提出，教师专业发展不再局限于掌握扎实的学科知识，而且要求教师在此基础上，具有反思性实践能力、较强问题意识与研究能力及专业自主性等。这三类机构为了适应现实的需要，工作内容纷纷向另外两个领域拓展，这导致同一区域内工作交叉、重叠、效率低下，并且教师负担增加，怨声载道。

（三）建构主义理论及其应用指出了教科研训一体化的方向

基础教育新课程改革的重要理论基础是建构主义理论。建构主义理论强调学习者在学习过程中从已有的经验中积极构建自己的知识和意义。它强调以学习者为中心，重视学习者原有的经验，提倡学习者之间对话、沟通的互动学习方式，在对话、质疑、反思中逐渐形成自己的知识和对新知识的意义构建。这一知识建构的方式对成人的学习尤其有意义。成人拥有丰富的知识和经验，只有把他们的知识、经验和个人的问题纳入学习的范围，才能提升学习的兴趣和动机，新知识的构建才可能实现。因此，教师的专业发展已不能拘泥于教研、培训和脱离一线实际的研究这三个方面，而需要把教师的理论学习与实践情境、已有的经验结合起来进行符合学习者自身特点的学习和意义的构建。这就为教师专业发展指出了方向——以教师为中心，即把教学研究、科学专题研究、教师培训有机结合起来，创造能够帮助教师掌握学习任务的条件和资源，创设真实的情境，让教师有多种机会在不同的情境下应用他们所学的知识和将所学的理论“外化”。所谓“外化”，即提供多种信息资源支持教师自主学习和主动探究，重视学习过程中的合作沟通，为教师创设合作学习的氛围，鼓励教师在学习中对所学的内容与过程进行反思，发展自我反思能力，适时总结、矫正自己的行为，促进专业能力的提升。

二、教科研训一体化视角下的教研组织创新

教研、科研、培训一体化的进程早在20世纪80年代中期就开始了。当时，在教研体系重建的过程中，就有教研室与教师进修学校合并的模式，也有与教育科学研究所合并的模式，还有干部培训、电化教育、教研合并的模式，不过独立的模式是主流。进入21世纪以后，我国各级教研机构表面上依然沿袭过去已建立的省—地市—区县—学校四级教研体系，开展在同级教育行政部门和上级教研机构管理、指导下的，以学校和区域（县区层次）为基本单位的教研活动，但在实际运行中，教科研训一体化或研训一体化已成趋势。当前，教研的机构建设分为两个层面：在省级层面主要是教研室、教育科学研究院/所与教师继续教育学校合并，在区县级层面则是教研室、教育科学研究所、电化教育站/馆等部门的合并。

（一）省级层面：教研室与教育科学院/所、教育学院的合并

此类机构的合并发生在教研室建立初期，特别是在20世纪80—90年代恢复重建时期，为工作方便，设立合并的教研机构，进入21世纪之后才从教师发展的角度和从理论上认识到教科研训不可分割。合并后机构的隶属关系有所不同，具体如下。[①]

第一，作为教育科学研究院下属的部门。例如，2001年湖南省教

① 梁威主编:《触摸中国基础教育的脉动：中国特色教研制度区域发展的回顾与展望》，教育科学出版社2011年版，第2—5页。

育厅将3个相对独立的教育科学研究机构合并，组建湖南省教育科学研究院，原湖南省教育科研所（教研室）纳入其中为湖南省基础教育研究所。

第二，与教育科学研究所（院）合二为一，直属教育行政部门。一些省为加大教学研究的力度，将教研室与教育科学研究院合二为一，合署办公。例如，安徽省教育科学研究所同时挂有安徽省教学研究室的牌子，合署办公；海南省于2003年将原海南省教育厅教研室和海南省小学师资培训研究中心合并，组建海南省教育研究培训院，以基础教育教学研究为主要工作。

第三，作为教育学院（或师范学院）的下属部门。为使教学研究与教师培训结合，教师职前培养与职后培训结合，一些省级教研室与教育学院或师范院校合并。例如，黑龙江省基础教育教研室设在黑龙江省教育学院内承担具体的教研工作。2001年，辽宁省撤销教育学院成立省基础教育教研培训中心，第二年，经省政府决定和教育部批准，又与沈阳师范学院合并组建沈阳师范大学，辽宁省的中小学教研机构正式纳入沈阳师范大学。

（二）区县级层面：教研室与教师进修学校、电化教育馆、广播电视大学等的合并

区县级层面主要是干部培训、电化教育、教研机构的合并。由于区县层面教育科学研究所很难承担起教育改革需要的教育思想理论及实施策略的支持，且教研室由于人手不足，工作开展困难，与教育科学研究所、教师进修学校曾经分分合合，因此，1990年，国家教委颁布了《关于改进和加强教学研究室工作的若干意见》，该意见提出：“各级教研室的机构，可以单独建制，也可同教育科学研究所或教师进修院校联合设

置。具体办法由当地教育行政部门根据实际情况自行确定。”[①] 随后，特别是 20 世纪 90 年代中后期，县级教研室与县级教师进修学校、教育科学研究所、教育装备站等出现合并的趋势。由于管理体制不畅，合并后的工作并不顺利。

大规模的合并发生在进入 21 世纪之后。为了整合资源，2002 年，教育部出台《关于加强县级教师培训机构建设的指导意见》，该意见提出：“按照小实体、多功能、大服务的原则加强县级教师培训机构建设。积极促进县级教师进修学校与县级电教、教研、教科研等相关部门的资源整合与合作，优化资源配置，形成合力，努力构建新型的现代教师培训机构。”[②] 区县级教科研训机构的合并已是必然。2005 年，教育部下发《关于开展示范性县级教师培训机构评估认定工作的通知》，该通知要求把与科研、教研、电化教育等相关机构的职能和资源的有效整合作为评估的前提条件，把组织、协调、指导、管理和服务等功能作为新型县级教师培训机构的定位。[③]

在教育主管部门的推动之下，各区县级教科研训机构开始合并，并统筹开展工作。例如，2004 年，江苏省某市将市教育科学研究所、市青少年科技辅导站与教师进修学校合并，2005 年又与教育局教研室、信息中心合并，构建了“五位一体”的中小学教师培训中心，初步形成了资源共享、教科研训一体化的工作模式。届时，江苏省若干区县的相

---

① 何东昌主编:《中华人民共和国重要教育文献（1976—1990）》，海南出版社 1998 年版，第 2984 页。

② 何东昌主编:《中华人民共和国重要教育文献（1998—2002）》，海南出版社 2003 年版，第 1149 页。

③《教育部办公厅关于开展示范性县级教师培训机构评估认定工作的通知》，http://www.moe.gov.cn/srcsite/A10/s7034/201111/t20111129-146086.html. 访问时间 2021 年 9 月 3 日。

应机构合并，实现了培训、科研、教研和电化教育职能的整合。[①]河北省石家庄市藁城教师进修学校于2006年在教育局的统一协调下，实现了与教研室、电化教育站、广播电视大学的资源整合，成立了藁城市（今藁城区）教师教育研训中心，形成了“四位一体”的工作机制，确立了培训、研究、指导、服务四大功能，形成了新型的现代化教师教育模式。[②]2010年4月，安徽省金寨县在全省率先把原县教师进修学校、县广播电视大学工作站、县电化教育馆、县教研室整体合并，完成了机构与资源的整合，建立了集培训、教研、教育信息化、学历教育等职能于一体的金寨县教师学习与资源中心。[③]

2012年教育部启动了国家级示范性县级教师发展中心的评估工作，要求通过整合各区县教师进修学校、教研室、教育科学研究所、电教馆的职能和资源，建立“四位一体”的教师发展中心，实现区域内教科研训一体化。上海、广东等地整合后成立了教师进修学院，江苏省大多数市县整合后成立了教师发展中心。[④]整合成为这一时期县级教师发展的支持性措施，整合后的单位称教师培训中心、教研训中心、教育研究培训中心或教师学习与资源中心，这类机构都围绕教师专业发展开展教研、培训和科研等工作。

（三）教研机构合并整合的经验与问题

区县级层面的教研机构、培训机构、科研机构、电化教育馆（站）

---

① 徐钟灵、孔祥沛:《多功能　多模式　多角色　强师资——新型县级教师培训机构发展模式个案分析》,《中小学教师培训》2014年第10期。

② 石家庄市藁城教师进修学校:《创新校本研修机制，加快推进教师专业成长》,《河北省教育厅2009年继续教育工作会议暨河北省教师教育学会2009年年会交流材料汇编》,2009年12月1日。

③ 卢万胜、陈绍国:《整合教师培训资源，促进教师专业发展——金寨县教师培训资源的创新实践》,《安徽教育》2014年第5期。

④ 徐伯钧:《微课题研究：县域教科与研训一体化的有效途径》,《中小学教师培训》2014年第12期。

等的合并整合，既有成绩也有问题。

教研机构的合并整合取得的成绩主要体现在三个方面：第一，在实践层面解决了过去区县一级教育机构部门过多、机构臃肿、彼此职责不清、相互牵制的问题，实现了“小实体、多功能、大服务”的机构定位。第二，机构的合并整合了资源和工作内容，优化了资源配置，实现了优势互补，有助于区县层面的教师培训、教学研究和教育科研之间的有机结合，形成了上挂科研机构、下联中小学的现代教师学习与资源中心，有效地促进了中小学教师的专业发展。第三，实现了从业人员的角色转变和素质提升，促进了教研员向研究员的转变，促进了教师教育者向教研员和研究员靠拢，也帮助教育研究人员扎根一线和增强理论与实践的有机结合。

教研机构的合并整合也存在不少问题，具体表现在以下三个方面：第一，整合大多是形式上、物质上的整合，工作职能如教学研究、教育科研和教师培训，依然是相互独立的，彼此缺乏内在联系，教科研训一体化大多还停留在概念阶段。[①] 第二，各机构工作人员由于长期从事单一工作，难以在短期内提高自身的教学、教研、科研、培训等多种能力，也难以开展相应的工作。第三，各层级教研机构在新机构里依然未能较好地履行教研的职责：省级教研室缺乏对教育教学的具体指导，对高考改革的研究不够深入，对各地市的中考改革缺乏有效的指导；地市级教研室对地方课程建设和指导学校开发校本课程等方面缺乏力度；区县教研室教研员用于教学研究的精力较少，由于教研活动多，许多教研员只能被动地应付教研室的工作，例如，有些区县教研室仅组织“赛课”“学科竞赛”或编写教辅用书等，有些区县教研室主要负责资料的

① 徐伯钧:《教科研训一体化：县域教师发展中心的功能融合》,《教育理论与实践》2015年第11期。

发放，或者仅负责小学教研而对中学教研放任不管。[①]

三、新形势下教研人员的专业发展

（一）教研员和教研组组长自身存在诸多问题

课程改革要求中小学教研机构要把基础教育课程改革作为重心，充分发挥教学研究、指导和服务等作用。这就要求教研员不仅能承担课堂教学研究，还要开发地方课程、指导开发校本课程、指导和开展教学改革实验、研究并履行考试评价等，但大多数教研员并未将上述工作视为己任，也缺乏相应的知识和能力。此外，教研员在工作中也存在一些问题：在教学指导方面与教师的需求存在一定的差异，在考试评价方面没有掌握科学的方法，在教师培训方面教研员的组织工作大多比较零散、缺乏系统。[②]

同时，教研员在身份定位方面也存在很多困惑，主要表现在三个方面：第一，教研员的身份定位与一线教师的关系。教研员不能把自己的工作内容、对象、方式等与一线教师进行很好的区分。第二，教研员的身份定位与研究者的关系。由于工作的实践性强，教研员很难把自己的身份与科研院所、大学的研究者联系在一起，但教研、研究、培训等工作又要求教研员具有研究能力并从研究者的视角去开展工作。第三，教研员的身份定位与管理者的关系。理论上教研员是专业工作者而不是教育行政人员，其主要职责是对教师开展教学研究、课程开发等方面提供指导、服务，但是，从教研室的工作环境、工作制度和工作内容而言，教研员工作的行政性很强，教学管理是其重要的职责。[③]

---

① 朱志平:《改善教研方式，提升教研水平》,《全球教育展望》2003 年第 8 期。

② 宋萑:《论中国教研员作为专业领导者的新角色理论建构》,《教师教育研究》2012 年第 1 期。

③ 卢乃桂、沈伟:《中国教研员职能的历史演变》,《全球教育展望》2010 年第 7 期。

另外，教研组组长的素质直接影响学校教研活动的质量，可是教研组组长的素质未得到教师的广泛认可。通过对北京市中学教研组组长素质状况的调查，笔者发现：教师较为认可组长的学科教学能力，但对组长的教学理论水平、学识、科研能力等认可度略低；教师认可组长作为领导者的大部分个人品质，但普遍认为教研组组长的思想较为保守，引领教师专业发展的能力比较欠缺。另外，任命制的组长产生方式导致教研组组长的素质与专业课程领导者的素质有差距，而半行政半专业的组织性质导致组长的专业课程领导的作用难以真正发挥，影响组长素质的提升。①

（二）课程改革对教研员提出多重角色和素质的要求

鉴于课程改革的要求，一些研究者对教研员的角色进行了新的诠释，主要有以下五种。

1. 教研员要由国家课程和教学大纲的诠释者变为课程和教学理论的研究者，由共性化课程的规范者变为个性化课程的催生者，由教师教学水平的鉴定者变为教师专业自主化发展的促进者。②

2. 教研员要由原来的管理者、考察者、监督者变成引导者、服务者和激励者。③

3. 在高中新课程改革的背景下，教研员应成为课程专家，成为教研员与教师之间、教育行政部门与学校之间、学校与学校之间的纽带和桥梁。教研员要从以前的检查者、指导者变成现在的“平等中的首席”，成为教育理论的亲身实践者；要从以前精通某一学科的“专家”变为现

---

① 胡艳、高志雄：《当前北京市中学教研组长素质状况及其影响因素研究》，《教师教育研究》2012 年第 6 期。

② 潘涌：《论新课程与教研员角色的创新》，《全球教育展望》2003 年第 1 期。

③ 周勇：《新课程背景下基层教研部门的重新定位》，《全球教育展望》2003 年第 8 期。

在通晓跨学科知识的“杂家”。①

4. 教研员应该成为专业课程的领导者，教研工作的重心需要从执行教学政策走向发展地方课程政策，从研究学科教学走向研究课程发展，从实施“以考代管”走向研究质量监测。②

5. 教研员不仅要下移到基层学校，还应深深下移到学校教学的每个“神经末梢”。教研重心下移要求教研员关注常态课，走近师生个体，持续不断地对教学现实进行关注和思考，并且要经常上一些研究课和示范课。③

总之，教研员作为教学研究者、专业（课程）领导者、教师发展支持者和服务者的角色和身份更加被重视。这对教研员的素质提出了更高的要求。有的研究者提出，教研员要有开放的理论视域、敏锐的学术洞察力，既要丰富自己的教育理论思维，以开放的心态审视当代中国的教育现实，又必须创新自己的课程与教学理论思维，以获得对教学问题的深度透视力和前瞻力。④还有的研究者提出，教研员的专业发展应该聚焦课程、教学与评价，改善课程发展能力、专业服务能力与自我发展能力。⑤

（三）各地致力于教研员队伍的建设

教研工作的质量取决于教研员的专业水平。进入21世纪以后，各地开始对教研员的素质提出要求，并且开展相应的培训以加强教研员队伍建设。

2010年初，山东省教育厅对教研员的素质、选拔、培养和教研工作提出了明确要求。①教研员要具备上示范课的能力，要履行教学管

---

① 马玉玺:《教研员在高中新课程改革中的作用》,《教育理论与实践》2008年第28期。

②⑤ 崔允漷:《论教研室的定位与教研员的专业发展》,《上海教育科研》2009年第8期。

③④ 潘涌:《教研员：教研重心下移与学理素养提升》,《人民教育》2010年第10期。

理、教学指导、上示范课、听评课、案例分析、调查研究、区域交流、网络教研、经验总结推广等岗位职责。②教研员的选拔要关注其工作经历和影响力，如备选的教研员应具有5年以上教育教学工作经历，应为当地教育教学工作中有较大影响的优秀教师。③为了加强教研员与实际工作的联系，教研员实行流动工作制度：教研员在岗工作满五年，要到基层学校从事教育教学实践半年至一年；基层学校优秀教师可到教研室担任一定年限的兼职教研员。④在教研工作方面，地方教研要重心下移，面向学校实行跟进式教学指导制度，加强教学引领和指导，教研员要固定联系城镇和农村各一所学校。[①]

与此同时，一些地方加强了教研人员的素质培训。2006年，湖北省教研室提出，教研工作的可持续发展用3年左右的时间，分批组织各级管理、教研、资料三类约3 000人进行研修培训。研修内容包括职业道德、教育理论、研究与指导、教研管理、教育科研及教研信息等。截至2009年，已培训教研室主任和中小学学科教研员1 200多人。[②]北京市为帮助教研员尽快提高业务水平，达到基本胜任新课程的要求，于2005年4月启动了北京市中小学教研员“金色种子”培训工程，利用3年时间，对北京教育科学研究院基础教育教学研究中心、北京市各区县教研员分期分批进行通识培训和专项培训。截至2007年3月，分三批的培训活动完成了对全北京市近千名中小学教研员的轮训。[③]

---

① 宋全政:《山东让教研员“流动”起来》,《中国教育学刊》2010年第2期。

②③ 梁威主编:《触摸中国基础教育的脉动：中国特色教研制度区域发展的回顾与展望》,教育科学出版社2011年版，第159、11—12页。

第四节　进入21世纪以后教研组织开展活动的基本趋势

总的来说，这一时期的教研机构依然按照前期的四级教研网络体系开展工作，不过在形式上和在内容上有所创新。由于这一时期教研工作的创新主要体现在学校教研和区域教研的结合上，而这两类教研活动在形式上和内容上无本质区别，因此，本书把两类教研机构合在一起，从教研的形式特征的角度进行阐述。

这一时期的教研活动有三个方面的特点：一是在教育主管部门的政策引导下，注重校本教研，注重教研的信息化、网络化，注重学校间的协作教研等；二是大学、教科研机构与教研室积极、深入合作，以研究带动教研活动的内容与方式创新，提升教研质量；三是通过信息化手段，改变教研的途径和方式，提升教研的便利性、有效性。具体的教研活动情况如下。

一、教学研究的校本化

（一）校本教研的模式与案例

1. 基于班级发展的校本教研模式

过去，学校的教研以教学改进为主要目的，以学科教研为主要内容。这一时期，一些学校的教研由关注教学内容、教学方式开始转向关注学生的发展，开展基于班级发展的校本研究。

2007年，北京市密云县（今密云区）中小学针对学生学习积极性不高、学科教研很难解决学生学习动力等难题，从关注学生出发，开展了“以生为本，关注差异”“促进每个学生发展”课题研究，获得了较好的效果。从2009年开始，越来越多的区县学校加入该课题的研究中来，2012年又陆续在北京市的17个区县（今燕山）的298所初中学校推广。①

这一模式的主要特点是以区县教科研部门为组织管理单位，以中小学校长为第一责任人，以教学副校长、德育副校长或主任为负责人，以年级组组长或教研组组长、大队辅导员为召集人，以班主任为主持人，由教授同一个班级的所有任课教师组成一个研究团队，各相关人员共同参与，把班级/学生的发展基础、存在问题、发展需求和潜能作为研究对象，以有效促进每个班级/每位学生发展为目的，有组织地、定期开展校本研究。②

这一模式的实施程序包括五个方面：深入调研，聚焦问题；组建团队，制订方案；组织培训，专业引领；实施干预，调整改进；反思评价，总结提升。③

该模式不仅在理论上探讨了“以生为本，关注差异”“促进每个学生发展”的教育改革理念，而且在实践上把教育改革理念从理想变成了现实，并形成了教师集体研究学生的新型学习共同体。另外，这一模式还探索了大学与地方教科研部门、中小学有效合作的方法，构建了一种合作共生的文化。

2. 以校为本，区域推进

该模式是由山西省太原市杏花岭区教育局提出的。其特点是扎根学校实际，以区域整体推进为指向，有的地方称为“集合式”校本教研组织模式。

鉴于传统的学校和学区教研相对封闭和僵化，引领者和新生力量缺乏等导致教研效果不佳，山西省太原市杏花岭区教育局建立了“以校为本—校际联动—专业引领—区域推进”的教研模式，采用课题带动、跨

---

①②③ 梁威、卢立涛、温水擎著:《基于班级：校本研究的新路径》，北京教育出版社2012年版，第6—7、5、36页。

校和跨群体成员参与的方式开展教研活动。其具体方式如下：首先，各校根据自己的实际情况提出课题和研究方式，学校从经费、时间、人力和物力上给予相应的支持。其次，各校之间组建研究共同体，聘请外部专家和区教研员共同参与并进行指导。最后，在各校取得相应成果后，区教育局和教研室组织全区范围的总结和交流，达到资源共享、共同提高、区域推进的目的。①

3. 其他类型的校本教研模式

除上述校本教研模式之外，学校的日常教研活动还存在多种教研模式。张诚、蒲大勇提出了五种助推教师专业发展的校本教研模式。②

第一种，自修反思式教研模式。该模式通过教师的自修和经常性反思，对已发生的教学行为和教学活动进行再认识和再建构，主要包括激发价值取向、引领自助发展、内化专业素质三个环节。

第二种，专题研讨式教研模式。这一模式主要从教学中筛选教师关心和困惑的研究问题，组织教师进行专题研讨，包括问题筛选、理论研讨、实践验证和品位提升四个环节。

第三种，学术沙龙式教学模式。这是一种根据教师的兴趣、爱好和学习需要组织的，以读书报告会、教学经验交流会、教育教学研讨会为主要特征的校本教研模式，包括确立主题、破解难题、开放对话和多元分享等环节。

第四种，案例透析式教研模式。教师剖析和研究有针对性的教学案例，从而学习、反思和感悟，实现自身的专业发展。这一模式包括案例选择、整理加工、展示评析、专业引领四个环节。

---

① 陈秋宾、李晓红:《以校为本，区域推进——山西省太原市杏花岭区校本教研探索》,《教育理论与实践》2005 年第 8 期。

② 张诚、蒲大勇:《几种助推教师专业发展的校本教研模式》,《教育理论与实践》2008 年第 15 期。

第五种，课题牵动式教研模式。这一模式让教师带着课题从事教学实践，在实践中通过课题研究改进教学，包括申报立项、资源开发、深度研究和共享推广四个环节。

（二）校本教研的优势及其问题

校本教研的优势是扎根学校的日常环境和教师的日常教学，对教师教学提供直接的、有针对性的帮助。不过，在具体实施的过程中，仍有可能出现各种各样的问题。

1. 重形式轻实质的校本教研

校本教研的概念是进入 21 世纪以后提出的，但自教研制度建立以来，我国的教学研究活动一直以课堂为基础，以教师的教学为出发点，以学校为基地，并无新意。为了实现教研的创新，一些地区和学校在形式上可谓推陈出新，但在实际工作中往往热衷于教研方法的翻新，而忘记了校本教研的基本精神是为了学生的学习、学生的发展和为了解决教师的困惑与问题。因此，有的研究者提出，在谈论“教师学习”“课例研究”“行动研究”等校本教研方法时，应更注重引导教师去理解和体验“好教师”“有效教学”“好学生”和“有效学习”等问题。[①]

2. 校本教研的非校本化倾向

虽然教研强调以校为本，但在大学和教育科研机构的影响下，以及在行政部门和地区教研机构的干预下，校本教研中的“非校本化倾向”很严重。其表现是有些校本教研违背了“为了学校、基于学校、在学校中”的原则，教研的目的不是要真正促进教师发展和教学改善，教研内容也不是教师自发形成的，而是上级部门指派的。课题研究的指标化、

---

① 刘良华:《“问题”还是“方法”——走出校本教研的“方法中心”》,《教育发展研究》2004 年第 9 期。

课程管理的程式化和综合实践活动的非活动化现象明显。[①]

3. 教研割裂的情况依然存在

校本教研面临的一个重要问题是“教而不研”“研而无效”。究其原因是教师对校本教研本质的认识不足，意识不到自身在校本教研中的主体作用，习惯性地将教学和研究分离。有一些教师过度依赖专家进而失去对教研的自觉，还有一些教师对当下以研究为基础的教研存在误解和排斥心理，有抵触情绪。另外，中小学科层制的管理模式造成各教研主体之间的“伪”协同也是原因之一。[②]

胡庆芳等将校本教研制度建设中容易出现的矛盾归结为四点：第一，教师负担过重制约校本教研的质量；第二，根深蒂固的学校应试文化与校本教研理念存在冲突；第三，校本教研制度急功近利，与长期而系统的教学改进要求不符；第四，师资水平不高，有限的教育资源限制了农村和贫困地区校本教研的有效开展。[③]

二、教研活动的网络化

（一）网络教研模式与案例

1. 网络校本教研模式

网络校本教研指在校本教研中利用网络对整个流程进行重组而形成的教研模式。北京大学附属中学广州实验学校在校本教研制度、校本教研质量监控机制、学科教与学发展性评价的建构中，以网络积分制为手段评价考核教师，引导教师自主开展教研。该模式在一系列软件工具平台的支撑下，形成了以“发现问题并学习研讨—形成方案并组织实施—

---

① 徐文彬:《校本教研中“非校本化”倾向及其成因分析》,《全球教育展望》2007 年第 12 期。

② 范蔚、谭天美:《校本教研生态失衡的根源探析》,《中国教育学刊》2015 年第 10 期。

③ 胡庆芳、陈向青、徐谊等著:《校本教研制度创新》，教育科学出版社 2007 年版，第 24—26 页。

在实施过程中进行自我反思和交流研讨—新一轮基于问题解决的校本实践”为行为链的网络校本教研模式。这是典型的行动研究范式在教研中的反映，见图 6-1。[①]

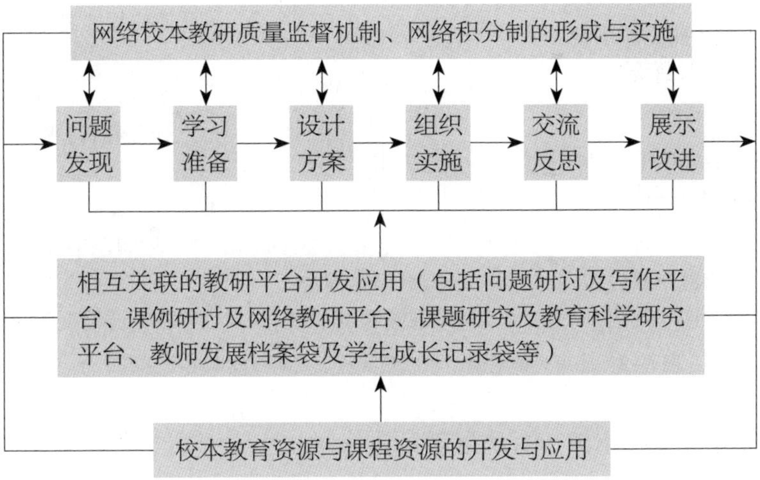

图 6-1　北京大学附属中学广州实验学校网络校本教研模式

为支持网络教研的有效展开，该校依托以学校网站为核心的包含网络教研资讯平台、教科研工作平台、教师信息技术培训网、网络教学研究课例、校园数字电视台、校园电子邮局＋即时通信 MSN、问题研讨平台等在内的网络教研平台，推进校本教研的可持续发展，见图 6-2。[②]

2. 基于网络社交空间的教研

随着信息技术的广泛使用，现代教育技术改变了教学研究的形态和方式。这类教研主要在博客、网络即时通信软件（如腾讯 QQ）、网络论坛等网络社交平台上进行。

①② 钟和军：《网络校本教研的实践模式与推进策略》，《中国电化教育》2004 年第 9 期。

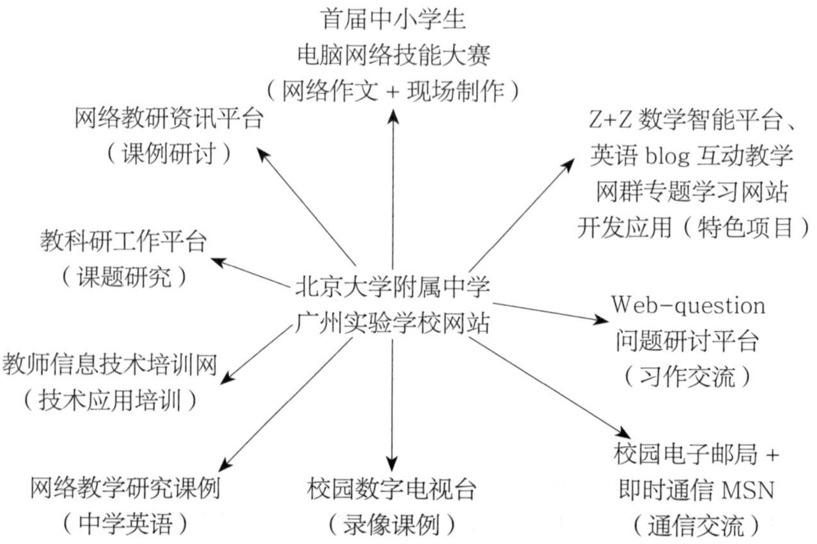

图 6-2　北京大学附属中学广州实验学校网络校本教研应用平台

黑龙江省哈尔滨市香坊区教师进修学校小学语文学科建立了“青青子衿专业社群”博客圈，博客上的主题交流成了教研活动的延展地，基于博客的网络视频教研成了课例观摩的资源库，博客圈社群活动则是团队合作的新平台。基于博客平台的网络研讨在每次学科集中教研后都要开展：一是解答教师的疑问，每次集中教研时，教师在提问栏写下自己的困惑，活动结束后教研员便将教师的提问发布在博客上，并带领教师逐一解答；二是教师交流，实现同伴关照，教师和教研员的主博客之间、教师和教师之间都有博客链接，可以随时随地进行交流，并且博客的视频功能把特级教师、各级大赛和区优质课录像传到网上，为教师们提供丰富的学习借鉴、研究实践的资源，并要求在一周内观课、议课，进行研讨。[①]

① 季平著:《新课程背景下教研员专业发展指南》，教育科学出版社 2014 年版，第 217—218 页。

3. 网络协同教研模式

网络协同教研是在网络环境下两个或两个以上的教研者协同一致地完成某一教学研究目标的教学研究系统，具体有以下三种。

第一种，校际网络协同教研。该教研主要在水平不同的学校之间开展，系统包含校际网络协同教研平台、网络协同教研资源、协作学校和教研者等，基本运行流程有协同教研准备、协同教研活动设计、协同教研活动实现、协同教研活动实施、协同教研过程管理和协同教研成果总结六个环节。[①]

第二种，区域网络协同教研。该教研涉及的行政机构和服务对象较多，主要包含教研理念、组织管理和技术支持三个系统，具体实施过程包含主题确定、教研协同体形成、主持引领任务协同和总结反思与系统形成四个环节。例如，“同课异构”网络教研通常由不同地域、不同学校的教师分别执教同一教学内容，并利用网络教研平台的教学录播系统进行网上直播，而专家、教研员参与网络教研平台的讨论、点评，区域内学校的教师也通过平台进行教学观摩并登录网络教研平台参与互动交流。2010 年，广州市教育信息中心组织从化市教育局和天河区教育局开展了“同课异构”的区域视频网络教研活动，活动现场分别设在从化市（今从化区）街口新城小学和天河区龙洞小学。两校的四年级语文教师、其他年级语文骨干教师和各教育指导中心小学语文业务干部共 400 多人在广州市天河区、从化市的 11 个远程教学点进行观摩。[②]

第三种，名师工作室。该模式指有组织地开放特级教师和学科骨干教师本人命名的教师空间，为广大教师有针对性地选择与自己的教育教学活动相关的专家或专家团队提供持续的教学科研服务。国家数字教育

---

① 李华:《基于网络的协同教研系统研究》,《电化教育研究》2012 年第 12 期。
② 魏晓彤:《“同课异构”网络教研模式的探究》,《中国电化教育》2011 年第 2 期。

资源公共服务平台为名师工作室提供虚拟课堂、合作交流工具、知识建构工具、反思总结工具，相关教育行政部门对名师工作室的工作给予支持和奖励。

（二）网络教研中的优势与问题

不可否认，网络教研带来了教研领域革命性的变化，带来了积极的态势。

第一，教研的途径和方式发生了变化。教师不再拘泥于一定的时间和场所，可以随时随地开展教学研究。

第二，给教研带来了便利性，节约了教师的时间。教师开展教研遇到的很大困境是缺乏时间和工作负荷沉重，而网络可以帮助教师随时随地开展资料传输、教学研讨、教案分享等教研活动。

第三，提供了平等开展教研的机会。影响教学研究活动有效性的一个重要因素是受制于科层制的管理模式，教研员或教研组组长与教师之间缺乏真正的平等关系，而在互联网的环境中，不存在正规的组织氛围和具象的领导，大家可以随时大胆地发表自己的意见。

第四，可以提供流动的教师领导者。影响学校教研有效性的另一个重要因素是缺乏有效的专业领导，而在开放的互联网环境中，任何一位教师只要有某一项专长，就可以及时承担起领导者的角色，为其他教师提供专业支持。

尽管用互联网开展教研有很大的优势，但也存在一些问题。

第一，李克东难题——教研缺乏深层次对话。2008 年，在中国教育技术协会年会上，华南师范大学李克东教授就国内网络教研的发展和四大教师博客群的现状提出了三个方面的质疑。2009 年，上海师范大学黎家后教授将其归结为两个问题："一是为什么海盐教师博客有着丰富多彩的博客文字，但却缺少深度互动的思想碰撞？二是为什么海盐教师博客发表了近万篇博文，却不能够说出解决了哪些问题？”还将其定义为“李克东难题”。[①]“李克东难题”点出了网络教研中缺乏深度讨论与互动的问题。其他学者的调查也证实，教师在网络教研中缺少深层次交互，既缺少与同伴间的深层交互，也缺少与自己的深层次对话。[②]如何让网络教研更真实、有效是亟须解决的问题。

第二，网络教研平台缺乏优质的资源。网络传输资料和信息的方便性使许多教研网站的平台资源异常丰富，但是，发表的文章大多数是教师个人对教学的经验性认知，缺乏深入研究和协作共创，尚未体现出理论层面的深度思考和研究。此外，由于技术人员和专业人员分离，网上的资源未被筛选。这些原因导致无法形成可供教师在实践中利用的有效教学资源，并且，从总体上看，网络平台资源形式较为单一，不能很好地满足教师对于资源的需求。[③]

第三，网络平台存在一些问题。主要的问题有三种：一是缺少统一的集成多种交流工具的网络教研平台，网络教研的基层实践平台亟待建设和完善；二是网络教研平台的组织管理不善，视频服务功能不够；[④]三是许多区域的教研网或校园网还存在栏目设置随意性强、网络资源更新不及时、网络管理技术与业务分工不明确、对教研工作中承上启下的作用发挥得不充分等问题。[⑤]这些问题导致网络教研无法有效地展开。

第四，教师的坚持度不理想。李娟等对山东省网络教研现状的调研

---

① 姚赛男：《深度对话：试解“李克东难题”的可能路径——基于“杜甫诗歌”专题教学的个案研究》，《中国电化教育》2010年第7期。

② 李宇峰、李文：《社会性支持软件支持网络教研共同体有效构建的策略研究》，《现代教育技术》2013年第11期。

③ 赵云建：《网络教研中的活动设计策略研究》，《中国电化教育》2015年第10期。

④ 李华等：《网络协作教研的问题与对策研究》，《电化教育研究》2011年第12期。

⑤ 季平著：《新课程背景下教研员专业发展指南》，教育科学出版社2014年版，第217—218页。

发现，虽然众多教师以极大的热情参与网络教研，但有些教师不能持之以恒。有些教师在博客刚开通教研时的积极性非常高，经常进行教育叙事和教学反思，但一段时间之后博客更新的速度越来越慢，直至停止。①

三、教育均衡视角下的联片教研

联片教研这一概念在20世纪80—90年代就存在，它是指在特定区域内不同地理位置的学校共同开展的教研活动。通常，一些规模小、师资力量相对薄弱、校内学科教研开展存在局限性的农村学校采取临近学校合作搭建平台、共同参与、联动合作的方式开展教研活动。然而，进入21世纪以后，因实施示范校制度，并且管理水平和师资质量有差异，同一行政区内学校的发展存在严重不均衡情况。为实现教育的均衡发展，在教育主管部门的引导下，一些城区整合学校教育资源，开展共同教研活动，促进学校教学质量的共同提升。这一时期有代表性的联片教研情况如下。

（一）山西省阳泉市盂县的四种联片教研模式

以山西省阳泉市盂县为例，在全面进入新课程改革之后，该县组建了县、乡、校三级教研网络，在此基础上按区域将全县小学整合为5个联片教研组，将全县初中整合为9个联片教研组，并且构建了主题研究、临场会诊、课例引领和点名示范四种教研模式。②

第一种，主题研究模式。该模式将教师在课堂教学中存在的问题提炼为各种研究主题，并在区域教研活动中研讨和提出解决方案的教研模式。盂县第二中学针对教师教学缺乏有效性的情况，提出了“如何构建

---

① 李娟、张景生、郭峰:《山东省网络教研现状与分析》,《中国电化教育》2008年第6期。
② 盂县教育局:《联片教研，区域互动，努力提高医务教育教学质量和水平》,《教育理论与实践》2008年第35期。

最有效课堂”教研主题。他们通过进入片区内名校观摩学习、与名校教师结对子及结合实际进行研究等方式，实现构建有效课堂的教学。城区中学联片教研组则以“素质教育下的中考策略”为研究主题，研讨新理念、新课程改革与九年级教学如何有机结合的问题。主题研究对全县构建有效课堂教学、提升教学质量做出了很大的贡献。

第二种，临场会诊模式。这种模式从教育教学实际入手，把随时教研与大型联片教研结合，采取“临场会诊、资源共享、小中见大、以点带面”的方法，力图达到个性与共性的和谐统一。2005 年 4 月初，山西省盂县仙人联校教研组在对二年级识字教学进行检查时发现教师在识字教学的备课、讲课方面存在问题，便立刻上报东片教研组。4 月 9 日，东片教研组即在片区内的一所小学里举行全区域二年级语文教师观摩李秀华老师执教的识字课，并要求教师对比自己平时的教学进行自我诊断，纠正教学中的偏差。

第三种，课例引领模式。该模式以课例为载体，采取“多人同课循环”（即多人同备一节课、多组循环讲同一课），“一人同课多轮”（即以一人为核心、以多人辅助精雕细琢为手段、以推陈出新为目的）和“五同两课”（即同备一节课、同说一节课、同上一节课、同评一节课、同反思一节课，上好引领课、展示课）等方式开展集体教研。

第四种，点名示范模式。该模式以实施课程改革以后盂县出现的本土名校名师为资源，开展引领示范、自我反思活动，通过城乡结对、送教下乡等形式提升薄弱校教学水平。

（二）区域统筹、片区实施、学校配合的教研模式

该教研模式主要针对教育不均衡而展开。例如，北京市海淀区地域广阔，教育不均衡状况严重，农村教师专业发展受制约。2007 年，为了全面落实高中课程改革和提升农村学校教学质量，海淀区教师进修学

校数学教研室将全区高中按地理位置相对临近、规模条件和办学水平相似、能形成资源互补等原则分成 7 个片区，每个片区选派 2 名教研组组长，以片区为单位开展数学区域教研活动。

为了确保片区教研的顺利展开，海淀区教师进修学校明确各参与方的责任：区教师进修学校数学组负责宏观管理和统筹工作，协调片区内各学校间的关系，解决运行中的各种问题；片区教研组负责人制订区域教研计划并组织开展活动；各学校教研 / 备课组负责安排本校参与区域教研活动的人员，协调教师的时间。

本书以海淀区东片区域教研组为例来分析海淀片区教研的情况。东片区域教研组由北京航空航天大学附属中学、北京科技大学附属中学等几所大学的附属中学组成。在优质学校林立的海淀区，这几所学校的学业成绩排名并不高。为了提升这些学校的教学质量，片区教研针对这几所学校存在的普遍性的问题，如师生之间、教师之间缺乏真正的尊重和关爱，青年教师专业发展问题紧迫等，开展了以尊重、关爱和合作为基本理念，以青年教师的专业发展为目标的教研活动。教研的内容从问题出发，以促进有效教学、实现教学改革和教师发展为目标，具体包括合作开展日常教研解决实际问题、开展公开课研究、开展试题研摩活动三个方面。①

（三）联片教研的经验与问题

联片教研的优势主要体现在两个方面。一方面，相对于以学校、年级为单位开展的教研，联片教研打破学校教师长期的小团体封闭的环境，让教师获得了更广泛的、来自不同学校文化环境的优秀教师的支持和合作，帮助教师从不同层面、不同角度重新思考问题，从而促进了教

---

① 金红梅、赫秀辉、李海丽主编：《区域教研与教师专业发展》，中国青年出版社 2015 年版，第 42—45、47、110—111 页。

师的专业发展。另一方面，相对于区县这样较大范围的教研，联片教研在一个地理位置相对接近的校际间展开，既节省了教师的时间，又可使教研在参与学校较少的情况下更加注重学校的特点和需求。

但联片教研也存在问题，特别是农村地区的联片教研存在的问题较多：一是组织松散，联片教研大多数建立在完成上级教育行政部门布置任务的基础上，少有自发和自觉的合作行为；二是形式单一，仅有上课评课一种方式；三是教研的前期准备和后续行动缺乏，联片教研活动因“点”的分散，更关注“面”的活动，对教研活动的“集中部分”做了大量的工作，但忽视了相应的前期准备工作和后续行动；四是农村联片教研的优势互补往往停留在师资交流上，各学校优势的发现、提炼和发挥还不够；五是联片教研和校本教研融合得不好，主要表现在教研主题不征求各校学科教师的意见，大部分教师只是被动地听和记，教研的效用不能得到深化和扩展；六是缺乏效果评价机制和监督管理机制。①

四、校际教研共同体

校际教研共同体是几所学校为了满足自身发展与教师成长的需要，根据同质促进、异质互补的原则而构建起来的一种民间教研联合团体。② 与在行政力量干预下的联片教研不同，校际教研共同体基本上是学校自发形成的。这一教研共同体在 20 世纪 50 年代就存在，20 世纪 80—90 年代发展得较快，进入 21 世纪以后较普遍存在。

（一）校际教研共同体的组织类型

1. 城乡校际教研共同体

城乡校际教研共同体是指一定区域内的城区学校与若干农村学校联

---

① 顾恩良：《农村联片教研的问题和策略》，《教育发展研究》2007 年第 22 期。

② 徐和平、来尧林编著：《校际教研共同体》，浙江教育出版社 2010 年版，第 1 页。

合组成的教研合作组织，它的建立有助于实现城乡教育资源的互补、提升农村学校的办学水平和促进城乡教育的均衡化。2008 年的一项调查显示，浙江省杭州市萧山区参与城乡校际教研共同体的城乡中小学有 80 所，占全区义务教育段学校的 64%，农村地区与城区优质学校结对率达到 75%，城乡结对互助受益面达 70%。① 杭州市萧山区有代表性的城乡校际教研共同体主要有校际联动和结对互助两种。

其一，校际联动。2005 年底，杭州市萧山区 5 所初中组成了校际教研共同体。这 5 所学校校长为共同领导，不定期召开研讨会，对联谊活动的目的、组织、形式、方法、内容、步骤等进行研讨决策。每次联谊活动由主办学校教研组组长担任组织者，邀请区教研室领导和学科教研员进行点评、指导，并开展课堂教学示范展示、教学专题研讨和学生牵手结对等活动。②

其二，结对互助。杭州市萧山区体育路小学携手几所农村小学建立的校际教研共同体积累了一些经验：一是建立“名师共享”机制，充分发挥城区学校中名师、名校长、优秀教师、教坛新秀、学科带头人的作用，以定期上公开课、做专题讲座等形式给结对教师指点迷津；二是实行“跨校兼课”制度，通过城区学校的名师到农村薄弱学校兼职的方式，帮助农村薄弱学校进行改造；三是开设校际学术沙龙。不同学校轮流主办沙龙，通过技能比武、案例反思、教学论坛、观点报告等主题活动，促进校际的交流和教师成长；四是实施多元化“师徒结对”。骨干教师的“师徒结对”，从校内的“一对一”转变为校际的“多对一”，以确定帮扶对象。对业务上急需帮助的教师通过双向选择、结对帮助的方式，组织他们到城区学校开展“教育体验”活动。③

---

①②③ 徐和平、来尧林编著:《校际教研共同体》，浙江教育出版社 2010 年版，第 66、66—68、69—71 页。

2. 同类学校校际教研共同体

同类学校校际教研共同体是由生源相近、学校层次相同、地域相近、学校领导互动密切的学校构成的教研共同体，如浙江省杭州市萧山区城北片八校教研共同体。

2008年，杭州市萧山区新街小学、长山小学等八所城北片的学校成立了教研共同体，由各学校轮流主办，开展了除语文、数学外的音乐、体育、美术等小学科教研，班队、校本课程等教研内容也被纳入活动内容。2008年，杭州市萧山区城北片八校教研共同体的教研活动见表6-1。①

表6-1 2008年浙江省杭州市萧山区城北片八校教研共同体的教研活动

序号	时间	活动内容	地点	主办单位	参加者
1	2月25日至3月7日	各校上报学科负责人名单和本年度工作计划	网上	—	各校教导主任
2	3月27日	语文同课异构教研活动暨共同体成立签约仪式	新街小学	新街小学、长山小学和宁围三小	各校相关语文教师、各校教导主任
3	4月10日	音乐磨课活动	红山农场学校	红山农场学校	全片专职音乐教师
4	5月22日	美术同课异构	宁围一小	宁围一小、宁围二小、闻堰小学	全片专职美术教师
5	6月5日	校本教材展示	宁围二小	宁围二小、宁围三小和宁围四小	全片校本课程教师
6	9月23日	班队课（班主任论坛）	宁围三小	各校一人	班主任代表

① 徐和平、来尧林编著：《校际教研共同体》，浙江教育出版社2010年版，第84—86页。

续表

序号	时间	活动内容	地点	主办单位	参加者
7	10 月 20 日	数学同课异构	长山小学	长山小学、宁围一小和宁围四小	对口年级教师
8	11 月 4 日	科学同课异构	宁围四小	宁围四小、闻堰小学和新街小学	科学教师
9	11 月 18 日	思想品德同课异构	闻堰小学	闻堰小学、宁围一小和宁围二小	各校三名思品教师

除以上内容之外，教研共同体还建立了共同体博客，利用网络平台拓展交流的时空、畅谈参与活动的感受和浏览其他人的评论。

3. 集团化学校教研共同体

集团化学校教研共同体指在同一个教育集团内的几所学校组建的教研联合团体。例如，杭州市萧山区教育局从 2006 年开始实施“名校集团化”战略，积极帮助农村偏远学校、新建学校、城郊薄弱学校办学，集团将教研活动从个体化、孤岛式的校本教研引向了群体性的合作教研。[①]

此外，杭州市萧山区学前教育也有集团化的教研活动，有代表性的教研共同体有以下两种。

其一，高桥学前教育集团园际教研。

杭州市萧山区高桥学前教育集团依托集团化管理的优势，在各园区设立专门从事教育组织规划、人力资源调配和教育过程督导的管理部门，对各园区的教育科研、教师专业成长工作进行统筹规划与指导（见

① 徐和平、来尧林编著:《校际教研共同体》，浙江教育出版社 2010 年版，第 89 页。

图 6-3)。① 该集团教研共同体的组织架构在纵向上设置从教育发展中心到班集体的职能部门，开展自上而下的管理与指导；在横向上，开展同一层次、同一岗位的教师的教研，使不同教育环境、教育对象的教师能在集体教研中开阔眼界，从而提升了教研的广度与深度，也更容易使教师产生共鸣。

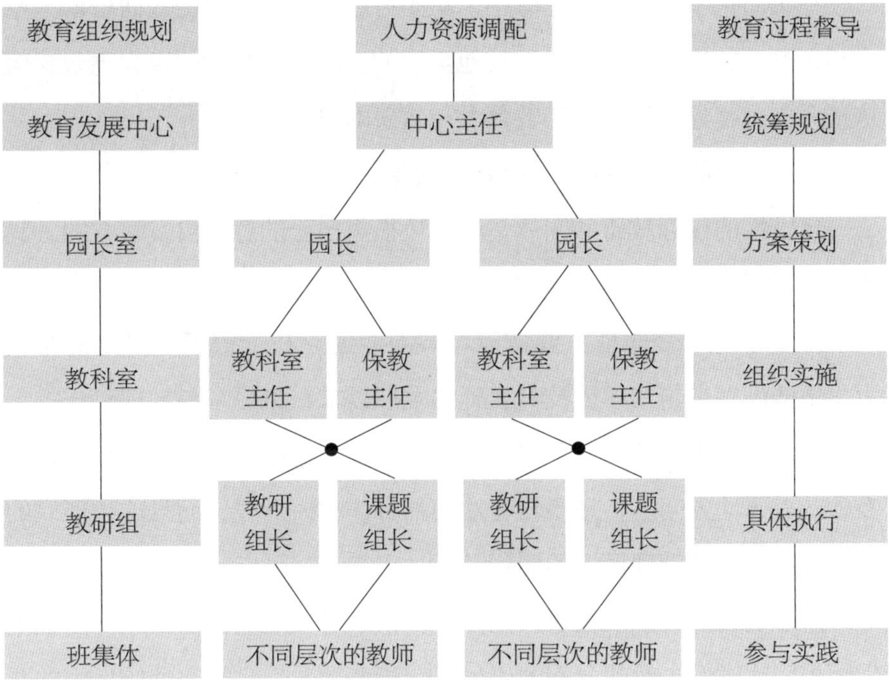

图 6-3　高桥学前教育集团园际教研的组织架构

其二，笑笑学前教育集团的教师分层研修。

笑笑学前教育集团针对类别不同、教师专业发展层次不同的情况，组建了多个具有鲜明特色的教研协作共同体，如教龄在 4 年以内的“扬帆起航教研协作共同体”、教龄在 4 年以上的“乘风破浪教

① 徐和平、来尧林编著:《校际教研共同体》，浙江教育出版社 2010 年版，第 90 页。

研协作共同体”、各个园区担任业务指导的保教主任和教研组组长的“舵手教研协作共同体”、名师和骨干教师的“领航教研协作共同体”。在集团内形成了普及性教研与提高性教研相结合、常规教研与特色教研相结合的系列教研活动，使集团教师参加协作教研活动的达到100%。①

在集团化学校教研共同体中，集团行政力量的介入使教研资源的整合与各方面的组织协调相对于其他类型的校际教研共同体更为高效，但这种介入也容易消解学校和教师参与教研的自主性。

（二）校际教研共同体的经验与问题

自发性的校际教研共同体是各学校根据自己的意愿自发建立的，其优势是显而易见的。

第一，自发合作是主要特点。共同体建立在学校领导自愿的基础上，更能满足参与的学校及其教师的发展需求，也更容易发挥参与的学校领导及其骨干教师的专业领导力。它在一定程度上解决了参与学校和教师的教研动力问题，是比较受欢迎的合作教研形式，而且这种形式的教研组织是一种管理模式的创新。

第二，在同类学校教研共同体中，由于学校之间校情相似，面临的问题相同或类似，教师之间的研讨具有更多的共性，同类学校之间的联合教研也更具有针对性，质量也更高。

第三，城乡教研共同体在活动形式上与其他形式的校际教研没有明显的区别，不过，由于城乡学校之间有资源和文化的差异，学校之间结对的意义不仅有利于城乡教育均衡发展，而且有利于学校文化的优势互补。

---

① 徐和平、来尧林编著：《校际教研共同体》，浙江教育出版社 2010 年版，第 90 页。

总之，这种自发的联盟发挥了学校校长和教师的主动性，并且教研的内容更具针对性，这有利于解决学校教师存在的问题。

但这种自发的教研共同体也存在问题。

第一，校际教研共同体的建立是学校层面的自发而非教师层面的自发，在学校内部依然存在因行政因素的介入而产生的问题。对教师而言，它依然是一种自上而下的、来自外部的教研任务。当学校内部的行政力量过于强大时，教师的自主性会受到很强的限制。

第二，校际自发形成的教研共同体是一种较松散的组织结构，不能对参与教研的教师形成很强的心理约束。如果参与的学校之间存在较多的文化冲突，或者出现校长和教研组组长调离、学校工作目标转移等情况，相互之间的合作就会弱化，甚至停止。

第三，无论哪种共同体，教研工作的质量主要取决于专业领导的水平和能力，除优势互补的学校之外，一些弱弱联合学校由于缺乏有力的教学领导，效果并不理想。

第四，教师的工作负荷仍是影响校际教研共同体的教研质量的重要因素。校际教研共同体是一个自发的组织，有自身的目标要实现，也有一系列的活动要开展，但教师依然要参加区县层面的教研活动。参与两个教研系统的活动会给教师增加很多的工作量，而农村学校教师的工作负荷更重，工作压力更大。因此，校际教研共同体的教研质量受到严重影响。

第五，农村地区校际教研共同体的学校往往相距较远，活动的开展受到人数、时间、活动频率等多重因素的制约，农村地区校际教研共同体遇到的困难往往多于其他形式的教研。

五、区域教研的新形式——伙伴合作教研

伙伴合作教研主要是由大学、教师进修院校、教育科学研究机构与

中小学合作开展的教研，尤以大学和教师进修院校与中小学合作的教研居多。从世界范围内来看，有代表性的伙伴合作教研模式出现在20世纪80年代中后期的美国。[①] 在我国，伙伴合作教研早在20世纪50年代就存在，进入21世纪后出现井喷式发展，大学与中小学之间的合作教研已经非常普遍。我国伙伴合作教研大致可分为教师进修学院与中小学的伙伴合作教研，大学、教育行政部门与中小学的伙伴合作教研和专业发展学校模式三种。

（一）教师进修学院与中小学的伙伴合作教研

教师进修学院是与中小学联系较紧密的教研机构，上海市闵行区的“教研组建设伙伴合作”项目是这方面的典型。

随着新课程改革的实施，2005年上海市闵行区教师进修学院开始启动“课程改革与教师专业成长研究——区域推进教研组建设伙伴合作的实践”项目。该项目的目标是改革教研组机制，开展新的教研制度与文化建设，形成新的管理模式，促进教研员专业成长。在教研机制上，学院提出“构建区域推进教研组建设伙伴合作模式，形成以研训员为核心的学科指导组、校长、教研组组长和教师四位一体的校际协同共建教研组的运行机制”；在教研制度上，学院要求“建设适应课程改革与教师专业发展要求的现代教研制度，促进区域教研组均衡发展，提升区域教育品质”；在教研文化上，学院要求“通过伙伴合作，将教研组建设成学习型、研究型、创新型团队，推进以校为本的教研文化建设”；在管理模式上，学院要求“形成网络环境下教研组建设伙伴合作的过程管理模式，形成区域促进教研组建设的发展性评价机制”。最终，通过研训员与高等院校教学专家的对话和深入学校实践的教研工作，研训员得

① 操太圣、卢乃桂著:《伙伴协作与教师赋权：教师专业发展新视角》，教育科学出版社2007年版，第98页。

到了专业成长。[①]

上海市闵行区的伙伴合作教研项目主要采取专业引领、校际联盟和合作开展课题研究三种模式。

第一种，专业引领模式。上海市闵行区在调研中发现，由于缺少外部力量的支持，校内教研多停留在浅层次上，教师存在执行脱节、缺乏问题意识等现象，教研质量不高。因此，项目组将研训员与学校结成合作伙伴，通过对研训员的专业引领促进校内教研走向深入。

例如，上海市闵行区某校地处偏远，语文是薄弱学科。区教师进修学院小学语文研训员与该校合作后，决定聚焦课堂教学诊断，了解教师教学存在的问题。在研训员的引领下，校教研组针对该校 7 位教师的日常课开展了三次集体教学诊断，做了课堂诊断报告并提出了三项建议：第一，深入研读教材，加强文本观念；第二，自主设计并在实践中不断优化教学目标；第三，强调诵读，注重在语境中培养学生的语文能力。在此基础上，第二学期学校开展了“问题为本、同伴互助”课堂教学评比活动，由区小学研训部的教研员，华东师范大学附属小学校长、骨干教师和华东师范大学教育管理系的教授组成评审团对教学进行指导，整个教研过程注重问题意识和教师反思能力的培养。[②]

第二种，校际联盟模式。该模式指在以研训员为核心的指导组的指导下、不同学校同一学科的教研组之间结成合作伙伴的教研，校际联盟在形成“研究学习型”伙伴合作团队文化的同时共同探究并解决教育教学中的问题。

例如，在区教师进修学院的组织下，上海市闵行区第三中学、上海市田园高级中学、上海市莘格高级中学三所学校组织校际联盟教研组，

①② 徐国梁等著：《伙伴合作：教师群体专业发展的脉动》，上海教育出版社 2010 年版，第 38、104—105 页。

针对学生基础差、学习动力不足等问题，研究确定了建立适切性物理课程资源的工作目标。在合作的过程中，大家以研究的思维与方式开展工作。他们在理论学习、实证研究、评估诊断的基础上，开发了适合三校的物理课程资源。在此过程中，教师学习如何开展研究和如何开展团队合作。

位于闵行区最北端华漕镇的华漕中心小学、诸翟学校、纪王学校三所学校，地理位置偏远，交通不便，教师很难参加区级教研活动。区美术研训员就联合三校美术教师和小学美术中心组北片组长，采用网络环境下小学美术课堂教学远程互动的模式，开展提高小学美术课堂教学效率和教研组研讨效率的探索与研究。①

第三种，合作开展课题研究模式。此模式指相关部门根据教师日常教学存在的问题提出研究主题，把与相同或相近主题相关的教师集中组成课题群成员，由研训员引领课题群成员开展课题研究的教研。

2009 年 2 月，闵行区教师进修学院发布了《闵行区教学小课题研究实施方案》和《闵行区教学小课题研究指南》，在全区范围内实施教学课题研究。例如，教学水平相对薄弱的浦江第二中学与文绮中学组成学科组课题群，共同研究“高三总复习阶段如何培养学生研究性学习能力”的问题，在区教师进修学院研训员的组织和带领下，教师合作编写了相关的学习资料，取得了较好的效果。

为了加强课题研究的实效性，闵行区还加强课题研究机制的建设。教师进修学院出台了《闵行区教学小课题研究实施方案》，学校推出了相应的配套管理措施。例如，闵行区华坪小学在课题运作中构建了“三研讨”和“三合适”机制，即教研活动的“多元课例研讨”、专家引领

① 徐国梁等著:《伙伴合作：教师群体专业发展的脉动》，上海教育出版社 2010 年版，第 124—126 页。

的“理论指导攻关研讨”、专业社群的“前沿话题自主研讨”和合适的“状态评价”激励、合适的“成果展示”激励、合适的“考核评价”激励，有力地促进了课题研究质量的提升。[①]

（二）大学、教育行政部门与中小学的伙伴合作教研

大学、教育行政部门与中小学的伙伴合作教研按实践中参与主体可细分成六种。

第一种，U—S（大学与中小学合作），如华东师范大学、三峡大学与湖北省宜昌市西陵区绿萝路小学之间的合作[②]。

第二种，U—D—S（大学、区域教育行政部门与中小学合作），如首都师范大学、北京市顺义区考试局与顺义区的农村中小学之间的合作。

第三种，U—A—T—S（大学、教育行政部门、教研机构与中小学合作），如东北师范大学农村教育研究所、厦门市思明区教育局、厦门市思明区教师进修学校与思明区的中小学之间的合作。

第四种，U—N—S（大学、非政府组织与中小学合作），如西北师范大学教育学院、香港乐施会与甘肃省50多所农村小学开展的合作，还有西北师范大学、香港田家炳基金会与甘肃省5所田家炳中学之间的合作。

第五种，U—N—D—S（大学、非政府组织、区域教育行政部门与中小学合作），如西北师范大学、美国福特基金会、甘肃省教育厅与甘肃省榆中县、天祝藏族自治县中小学之间的合作[③]。

---

① 徐国梁等著：《伙伴合作：教师群体专业发展的脉动》，上海教育出版社2010年版，第145—147页。

② 由吴煌、冉华、姚秋兰撰写的关于海峡两岸及港澳地区的第八届“伙伴协作与学校改进”学术研讨会综述，发表于《教育发展研究》2014年第20期。

③ 由王嘉毅、程岭撰写的关于海峡两岸及港澳地区的第五届“学校改进与伙伴协作”学术研讨会的会议综述，发表于《教育发展研究》2011年第20期。

第六种，U—G—I—S（大学、政府、区教师进修院校与中小学的合作），如北京师范大学教师教育研究中心、重庆市教育委员会与重庆市江北区人民政府合作的 APEx 实验区项目等。在这多种的模式中，不同参与主体扮演的角色和功能构成了各有特色的发展路径。

大学与中小学的伙伴合作教研的目的是提升学校或区域的教育质量。在合作的过程中，由于不同主体机构的性质、拥有的资源及各自的目标存在差异，相互之间有互补也有博弈。在北京师范大学与重庆市江北区政府合作开展的“APEx 实验区：优质教师队伍培育”项目中，子项目“以校为本的教师研修集群建设”是一个典型的大学、政府、教师教育院校与中小学合作的教研。本书以此为案例剖析和探讨大学、教育行政部门、教师进修院校与中小学合作教研的经验、机制和存在的问题。[①]

1.“以校为本的教师研修集群建设”项目的背景与目标

重庆市是我国经济文化教育发展较好的地区之一，但发达的城区、城乡接合部和乡村三块区域的教育发展存在明显的不均衡，教师素质参差不齐，教师继续教育的实效性也有待提高。

为解决上述问题，2014 年，重庆市教委师范处牵线并委托北京师范大学与江北区教委签订了为期三年的合作创建教师教育实验区的 X 项目。该项目希望通过大学、区教委、区教师进修学校和当地中小学多方的合作，探索一条教师专业成长的有效模式，以增强教师培训的实效性。与此同时，该项目希望探索有效的 UGIS 合作模式，推动教师素质的整体提升和学校教学质量的改进，同时实现师范教育更加适合基础教育实际的目标。X 项目涉及多项实验，其中一项子项目“教师研修集群”

---

① 胡艳、袁丽：《UGIS 伙伴协作的困境与出路——大学的视角》，《北京师范大学学报（社会科学版）》2015 年第 6 期。

聚焦薄弱的农村校和城郊接合部学校，在原来联盟校教研组的基础上，建立有效的教师学习研究集群，以期促进该区教师素质的整体提升，带动教育均衡发展。

2.“以校为本的教师研修集群建设”项目的主要活动

“以校为本的教师研修集群建设”项目注重发挥大学的引领作用及激发中小学教师自我发展的动力。因此，项目组采取了以下四种方式开展教学研究：①以叙事探究为起点，激励教师自我探究、自我提升的热情；②根据阶段性任务邀请大学的专家学者、一线的特级和优秀教师做讲座，让教师接触先进的教育理念，探寻理论与实践结合的路径；③以课题为引领，大学研究者和北京市优秀教研员共同指导一线教师开展教学研究，研究方式包括教学观摩、听评课、跟踪教研员学习等；④定期阅读与反思提升教师的反思能力。大学教师推荐一定的阅读材料供教师们阅读，同时定期与一线教师沟通探讨。

就教学研究而言，针对该区新一轮课程改革中提出的“以学生为中心”的理念，项目组以英语和体育两个薄弱学科为抓手，与区教研员一起，确定英语学科的教研主题为“提升学生课堂学习参与度的小组合作学习研究”，确定体育学科的教研主题为“以学生为中心的校园足球、啦啦操推广的教学研究”，然后，大学教师、区教研员和一线教师合作开展相应的教学研究。

3.“以校为本的教师研修集群建设”项目的机制

有效的合作教研需要一定的机制保障，“以校为本的教师研修集群建设”项目建立了“集群建设支援小组—联盟校片区教研—联盟校教师及校本教研”三位一体的研修机制。集群建设支援小组包含北京师范大学专家、北京市优秀教研员、重庆市专家（省级和区级优秀教研员和特级教师）、联盟校骨干教师四个主体，其中北京师范大学专家从总体上起到了引领作用，本地专家在北京师范大学专家的带领下参与指导联盟校骨干教师进行联盟校教研、联盟校小片区教研和学校教研，如图 6-4 所示。北京的教研员随时在网上或不定期到现场与省域专家、一线教师进行交流。在这一机制下，不同规模的教研活动都能得到专家的指导并能从更大的共同体教研中获得相应的支持。①

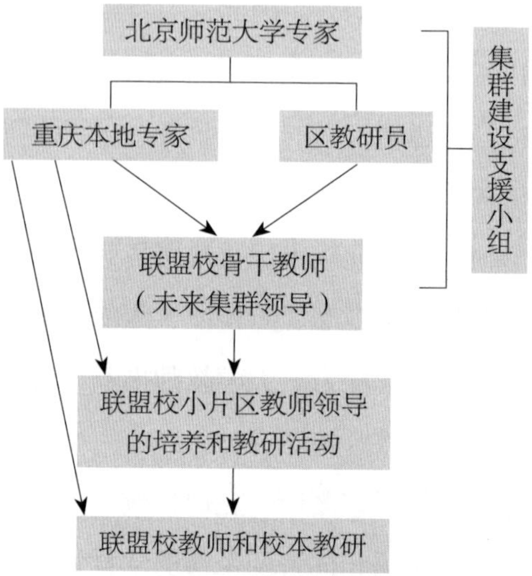

图 6-4 “以校为本的教师研修集群建设”项目的机制

4.“以校为本的教师研修集群建设”项目的张力

在这样一个多主体参与的合作项目中，由于利益相关者众多，不同主体之间既存在相对默契的合作，又因各自不同的追求而在项目实践中存在一定的矛盾。主要矛盾表现为：①合作方角色的不一致导致利益的不一致；②合作目标、合作意愿、秉持的理念不同，以及合作双方的文化、资源等不对等，导致合作中时有摩擦。

① 胡艳、袁丽:《UGIS 伙伴协作的困境与出路——大学的视角》,《北京师范大学学报（社会科学版）》2015 年第 6 期。

（三）教师专业发展学校模式

教师专业发展学校是以中小学为基地，由大学、教育科研机构与中小学合作建立的、旨在促进教师专业发展的教研共同体。① 从本质上说，它是大学与中小学之间一种更为深入的伙伴合作形式。在世界范围内，教师专业发展学校兴起于 20 世纪 80 年代的美国，1986 年的霍姆斯小组报告《明日之教师》认为，教师专业发展学校是适合初学者的专业训练和有经验者的继续发展，也适合教学研究和发展。②

1. 我国教师专业发展学校的兴起

21 世纪初，我国开始建设教师专业发展学校。2000 年，首都师范大学教育科学学院开始酝酿建设教育发展服务区，探索区域教育发展的新模式，并借鉴了美国的教师教育经验，率先建立起我国的教师专业发展学校。2001 年 1 月，首都师范大学教育科学学院与北京市丰台区教委一起建立了丰台区教育发展服务区，并将教师专业发展学校的建设列为丰台区教育发展服务区的项目之一；同年 5 月，首都师范大学教育科学学院在丰台区教育发展服务区正式建立了 4 所教师专业发展学校。2002 年 9 月和 2004 年 4 月又先后与河北省石家庄市、唐山市，辽宁省沈阳市和北京市合作建立了第二批、第三批教师专业发展学校。③ 此后，其他地区的师范院校也陆续与中小学合作建立教师专业发展学校。例如，上海市浦东新区从 2006 年开始相继出台了《关于教师专业发展学校建设的若干意见（征求意见稿）》《浦东新区教师专业发展学校工作协议》和《浦东新区教师专业发展学校管理手册》，以推动浦东新区的中小学与大学合作建设教师专业发展学校，并于 2009 年向上海全市

---

① 钟智:《教师专业发展学校的构建》,《教师教育研究》2005 年第 4 期。

② 潘海燕、余娟著:《大学与中小学融合共生——教师专业发展学校建设研究》，华中科技大学出版社 2015 年版，第 16 页。

③ 王长纯:《教师发展学校的构想》,《中小学教师培训》2003 年第 12 期。

推广。[①] 同年，青岛大学师范学院与青岛城阳区教育体育局合作探索教师专业发展学校建设的模式。[②] 从 2009 年开始，湖北第二师范学院陆续建立了 8 所教师专业发展学校。与此同时，《浙江省中小学教师队伍建设“十三五”规划》提出要建设 1 000 所教师专业发展学校。

2. 教师专业发展学校的教研活动案例

教师专业发展学校是集师范生培养与中小学教师专业发展于一体的伙伴合作教研形式，对于中小学而言，利用大学的资源开展教育教学研究、促进教师专业发展和提升教育质量是其在合作中的利益诉求。教师专业发展学校所依托的大学在教育科学研究方面的优势和中小学自身在实践方面的经验的结合是教研工作开展的土壤，从现有的案例来看，有代表性的教师专业发展学校的教研活动主要有以下三种。

第一种，基于教师自主发展的合作教研。

四川省成都市实验小学教师发展学校是依托高校、专家、兄弟学校和小学自身的优质教育资源自主组建的、具有独特个性的教师学习型组织。该组织于 2004 年正式成立，机构设置包括教师发展管理委员会和教师自主活动联合会，前者主要负责开展各种教师发展活动，后者为教师发展提供直接的帮助与支持。学校关注教师自身的需求，强调教师的自主发展，并为此制定了“分层发展，自主积分”的原则，从而调动了教师的主观能动性。基于学校的特色，学校还开展了“促进教师自主发展的学校文化实践研究”课题研究。四川省教育科学研究所、四川师范大学教育科学学院等单位的专家对课题进行了指导，各方的合作与帮助促进了教师的发展。[③]

---

① 邓志伟、周勇:《教师专业发展学校实践范式研究》,《教育发展研究》2010 年第 24 期。

② 矫志庆、杨磊:《“教师专业发展学校”建设程序与模式探讨——以青岛大学师范学院教师专业发展学校建设为例》,《青岛大学师范学院学报》2008 年第 4 期。

③ 陆枋、李蓓、王婉:《我们的教师发展学校》,《人民教育》2009 年第 8 期。

第二种，案例研究式的合作教研。

这一种合作教研涉及的学校是首都师范大学与北京市丰台区某优质学校合作建立的教师专业发展学校。该模式包含的基本环节有“案例描述—案例分析—案例归纳—创设新案例—专题研究”。该校教师把在教学实践中遇到的问题及其处理过程写成“案例”，然后跟来自大学的教师一起讨论和分析，并形成“案例”研究报告。在合作的过程中，来自大学的教师努力激发中小学教师的反思行为与研究意识，帮助他们形成从研究视角审视日常教育教学的习惯，并在发现问题的基础上开展行动研究。此种方式有效地提升了中小学教师的反思意识和研究能力。①

第三种，研究课式的合作教研。

这一种合作教研也是首都师范大学与教师专业发展学校共同探讨的教研模式，具体步骤为“共同准备研究课—上一堂研究课—对研究课进行人种志描述”。例如，在一次“教师专业发展日”的活动中，任课教师讲授了《氧气的性质》一课，课前测试结果显示学生对前一节课的知识掌握得比较扎实，但没有学生还记得小学自然课中学过的关于氧气性质的实验。任课教师与来自大学的教师讨论时，来自大学的教师追问了四个问题：①现象描述为什么不到位？②没有学生能说出正确的答案吗？③原来是怎么处理的？④能不能与学生一起探讨失败的原因呢？经过对这些问题的反思，任课教师调整了这节课的教学目标。课后，教学主任和来自大学的教师从备课、文字表达式的书写、学生环保意识的培养、教学过程的教育意义等多个角度对这堂课进行了点评。随后，任课教师撰写了当天的生活日志（人种志报告），来自大学的教师阅读后又

① 于学友:《教师发展学校建设中的大学与中小学合作》，首都师范大学硕士学位论文，2005年，第23—24页。

与任课教师进行了深入的交谈，授课教师从中获益匪浅。[1]

3. 教师专业发展学校中教研案例的共性与个性

从上述几个案例可见，教师专业发展学校的教研活动各有特色。从合作的层次上看，有的以学校教师的自主发展为主，同时整合外部资源，有的则强调外部力量的专业支持，依靠大学专家的介入以推动教研走向深入。无论何种方式，教师专业发展学校的教研目标是教师自主发展意识、反思意识和研究意识的觉醒。

（四）伙伴合作教研取得的成绩及存在的问题

伙伴合作教研模式取得的成绩是突出的。

一方面，伙伴合作教研模式大多数是大学与中小学之间的合作，这一模式把大学的文化和研究的精神、理论的深度和科学的方法融入中小学的教研中，帮助中小学教师突破长期以来在内部的相对封闭的研讨环境，从另一角度审视平常熟知的现象，从而发现问题和解决问题。此外，大学的理论和科学方法也提升了中小学教研的科学性和严谨性，提升了教研的质量。

另一方面，大学（包括教师进修院校）和中小学的合作较少局限于教学研究领域，大多数是全方位的合作，如学校文化建设、教育与教学研究、教育教学测量与评估等以学校整体改进为目标的合作研究。实事求是地说，教学质量的提升和教师专业发展不以学校的整体改进为目标则难以独立地进行。学校只有从教育目标到学校文化、从课堂教学到教师发展、从师生关系到家校关系等诸方面进行全面的改进，才有可能实现局部发展的目标。

但自伙伴合作教研模式出现以来，学术界针对它的质疑就一直存

---

① 于学友：《教师发展学校建设中的大学与中小学合作》，首都师范大学硕士学位论文，2005 年，第 27—28 页。

在，主要有以下三个方面。

第一，合作中冲突多于实际的合作。伙伴合作教研的两个主要的参与者是大学和中小学，在传统的教师教育模式中，两者的地位不对等，大学是指导者和帮助者，中小学是被动的接受者。在合作的过程中，大学的理论性和研究性文化得到发扬，但是中小学的实践性和日常性的文化却跟进不足。在这样的结构框架下，两者的文化冲突不断，双方难以建立平等互信的关系，双方对合作的性质和愿景也没有清晰的认识，仅为完成课题而做课题的现象普遍存在，导致很难真正地展开更深层次的合作。

第二，合作中融合得不够。在合作中，一部分中小学和教师由于自身的理论基础和研究能力薄弱，并且过度崇拜权威和依赖大学教师，不能从经验优势的角度去把握话语权，因而丧失了自己在专业发展中的自主性。与此同时，大学对中小学的实践性知识研究得不够，很难把理论与实践有效地结合起来，在实际引领中过度地、抽象地解读理论，导致中小学和教师在具体实践中有些迷茫。[①]

第三，合作的动力不足。合作的重要基础是合作双方真诚地接纳和展开工作。受大学的文化环境和考评指标等因素的影响，大学教师不愿意在合作项目中投入过多精力，而中小学教师经历初期的盲目崇拜之后，发现有的大学教师的理论如空中楼阁，对实践的影响有限，而且增加了自己的工作量，因此也不愿意更多地参与其中。两者合作动力的下降直接影响了合作的展开。

总之，在诸多的问题当中，大学的理论资源与中小学的实践资源是否进行有效互动和大学的理论资源能否推动中小学实践是影响合作能否

---

① 王常泰:《关于大学——中小学合作机制的研究》，南京师范大学硕士学位论文，2008年，第30页。

持续下去的主要问题。

六、名师工作室

（一）名师工作室的缘起

名师工作室是由名师和相同学科骨干教师组成的教育教学专业机构，是集教学、研究和培训于一体的教研共同体。设立名师工作室有三个目标：一是教师的培养与培训，二是开展有针对性的教研活动，三是促进学校教育整体改革。[①]

2000 年，上海市卢湾区（今上海市黄浦区）教育局印发《中共卢湾区教育局委员会卢湾区教育局关于建立“名师、名校长工作室”的通知》，名师工作室这一新生事物正式面世。2002 年，上海市宝山区教育局也发起成立名师工作室，旨在解决教师队伍中出现的“名师断层”现象，其中首批 18 个名师工作室由一些优秀教师负责具体运行。[②]这之后，北京、山东、重庆、浙江、云南、吉林等省（直辖市）也相继出现了各种不同类型和层次的名师工作室，省级层面、地市级层面、县级层面、校级层面的名师工作室等纷纷亮相。2016 年 3 月，江苏省南通市举办了首届全国名师工作室发展年会。2016 年 8 月，北京大学教师教育中心、南京师范大学基础教育师资培训中心和中国出版集团现代教育出版社联合发起的全国名师工作室联盟在南京成立，还发布了《全国名师工作室联盟宣言》《全国名师工作室联盟章程（草案）》。

（二）名师工作室的实施

本书以山东省“齐鲁名师”建设工程为例分析名师工作室的实施情况。2009 年，山东省教育厅印发了《关于加强名师名校长工作室建设的指导意见》。该指导意见对各职能部门在名师工作室建设的责

---

①② 韩爽：《以教师专业发展为指向的名师工作室运行研究——以吉林省中小学名师工作室为个案》，东北师范大学博士学位论文，2015 年，第 5、3 页。

任提出了明确要求：省教育厅师范处领导全省名师、名校长工作室建设，省中小学师资培训中心承担名师、名校长工作室建设的管理和协调；各市、县教育行政部门领导属域内名师、名校长工作室的建设和管理；各级教研部门加强对名师、名校长工作室群组的专业研修活动指导，并将它纳入年度教研工作计划；中小学组织广大教师积极参与名师工作室活动，利用名师工作室开展日常跟进研修、集体备课等日常教研活动。此外，该指导意见还要求各级教育行政部门和中小学将名师、名校长工作室研修活动纳入中小学教师、校长的继续教育的学分管理中。

为了切实提升名师的引领力，山东省教育厅要求：从2010年春季新学期开始，名师工作室要利用山东省教师教育网的齐鲁名师工作室平台组织“名师导教”“课例打磨”“课题研究”“在线研讨”等日常教学研修活动，并向全省开放。全省中小学教师注册后，可共享资源和参与活动。①

（三）名师工作室取得的成绩及存在的问题

名师工作室改变了过去仅以教研组/室为教学研究的场所、以制度化的刻板程式开展教研的方式，发挥了优秀教师的实践智慧及其引领其他教师发展的能力。这一教研模式不但有助于优秀教师进一步提炼自己的教学思想和理论，而且有助于普通教师在优秀教师的教导下成长。

但在实际运行中名师工作室仍存在一些问题：①“名师”逐渐远离教学一线的现象较为严重，这导致名师对一线教学难以有切实的指导；②一些名师工作室过分倚重“名师”的单兵作战，而名师的教学风格和教学魅力有较强的个性特征，这导致名师工作室难以形成辐射性影响；

① 《关于加强名师名校长工作室建设的指导意义》，http：//edu.shandong.gov.cn/art/2009/12/15/art_1990_7739156.html. 访问时间2021年9月7日。

③一些名师工作室中的名师自身发展停滞，或名师的领导力不足，给名师工作室带来潜藏的风险；④有的名师工作室在运行过程中出现机制性障碍，例如，工作室的角色定位“非官非民”，以及教师发展的自发性、组织的松散性、目标的模糊性和辐射区域的有限性，致使名师工作室的作用难以发挥；⑤名师工作室的评估存在内容窄化、方法表面化、标准僵硬化、评价主体单一化和评价过程封闭化等问题，这些导致评估难以有切实的指导作用；⑥其他原因。例如，名师工作室的经费不足，一些名师工作室中教师间的合作意识薄弱，教师工作繁忙带来的时间冲突等。①

进入 21 世纪以后，社会各方面都在加速发展与变革，我国教研工作面对的处境越来越复杂，在实际的学校教育中，落实课程改革理念面临很大的、多样化的困难与阻力，现代技术在教育和生活中的渗透也使学校教育出现越来越多之前未曾遇到的困难。这些给教研带来了挑战，教研组织的建设机制和教研工作的质量在一定程度上决定了我们的学校教育能不能应对复杂多变的环境，以及能不能发展高质量的教育。

综上所述，进入 21 世纪以后，教研组织体系出现了改革的新趋势。教科研训实现一体化发展，教研员成为沟通教育理论与教育实践桥梁的角色定位得以巩固，教研员的专业发展受到关注，教研与现代信息技术的结合，以及校本化教研、网络化教研、联片教研、校际教研共同体、伙伴合作教研、名师工作室等多种教研模式的出现，等等。这些是教研组织对新时代、新环境、新挑战的积极回应。

但是，问题仍然存在，教研工作无论是在组织建设、工作模式的

---

① 韩爽:《以教师专业发展为指向的名师工作室运行研究——以吉林省中小学名师工作室为个案》，东北师范大学博士学位论文，2015 年，第 61—62、102—110 页。

建立方面，还是在活动组织开展方面，有待改进的空间还很大。教研机构和教研活动受到行政主管部门过多的干涉，学校和教师的自主性、积极性不能很好地发挥出来，教研质量还不高。教研活动还没有从理论层面上对实践性知识进行深入的研究，还不能使教育理论和教育实践进行充分和有效的沟通。教研组织体系的建设和发展任重而道远。

结语

研究我国中小学教研组一百多年的历史，令笔者感慨万端。教研组竟然在我国已有了一百多年的历史，并依然有着旺盛的生命力。在本书的最后，笔者在前面研究的基础上，就教研组/室的存在价值及其与现代西方概念中共同体的关系，以及未来教研组/室的发展方向进行探讨。

一、一百多年来中小学教研组的演进特点及存在价值

我国中小学教研组的发展与教育的现代化进程相伴随，因此，现代化与专业化是探讨教研组历史价值的重要视角。

（一）我国中小学教研组形成了中国特色和中国经验

我国中小学的教研组织萌芽于晚清，形成于民国时期，新中国成立以后更以制度化、常态化、体系化的方式开展工作。迄今为止，这一组织在我国已有一百多年的历史。虽然在性质定位、组织建设、内容构建等方面受到国外同类机构的影响，但我国已形成了世界上独一无二的教学研究制度和体系，这为中国基础教育的健康发展起到了保驾护航的作用。

从晚清民间设立新式学堂开始，张伯苓、严修等开明绅士通过学习日本批评会设立普通学社、师范补习所、教员养成所等，开展帮助教师学习现代自然科学知识和提高现代教学能力的活动。到民国，我国就建立了学校教研和区域教研两个教研系统，甚至一些地方建立了省市（直辖市）—省分区—县市—学区—学校五级教研网。新中国成立以后，在学习苏联教研制度的基础上，我国建立了学校教研和区域教研两个教研系统。在横向上，我国设立了校内学科教研组和跨校的教研机构；在纵向上，我国建立了国家—省—市—县—校五级教研体系（到直辖市多为2—3级，到农村多为4—5级）。各级教研机构在接受上级教研机构管理与指导的同时接受同级教育行政部门的管理与指导。客观地说，我

国的教研机构在新中国成立之后才真正成为一个体系化、制度化、常规化的工作机构，并在党的教育方针政策的指导下和在教育行政部门的管理下，有计划地切实开展工作。今天，各级教研组织都建立了相对完善的、规范的教研工作规章制度，为有质量地、有效率地开展教研活动提供了保障。

我国教研制度体系的特色主要表现在以下三个方面。

1. 建立了学校教研和区域教研两个独立又相互支持的教研体系

我国的教研体系包含学校和区域两个教研系统。前者主要在学校同一学科的教师开展教育方针政策和教育理论的学习，围绕日常教学开展集体备课、集体听评课、教学经验交流等活动，开展与课程教学有关的课题研究，促进本学科教师开展规范化和有质量的教学，提升教师的素质；后者则是在省（自治区、直辖市）、市、县（区）、乡范围内开展的区域教师的教研，虽然活动的内容和方式与学校教研的区别不大，但区域教研更注重所负责区域教师的整体发展、教学质量的全面提升和有效教学模式、经验的推广等。一般而言，学校教研则是依据区域和学校的要求，根据本校本学科教学的需要和教师的需求展开的，而区域教研对学校教研具有领导性和指导性，区域教研的计划是在调研区域内学校的需求和教育行政部门的要求两方面的基础上制订的。两者配合，确保了学校和区域的教学质量，规范了教师的教学，也实现了教育教学的发展和教师队伍的培养。这一特色在新中国教研体系中更为突出。

2. 形成了独特而有效的教研制度、方式和途径

首先，我国形成了独特的教研制度和有效的教研方式，有目标的、有计划的集体研修是其常规且有效的教研制度和教研方式。为了确保学校和区域教研活动的有效开展，我国规定中小学超过 3 人的学科必须组建一个学科教研组，人数较少的学科可组建联合教研组，县域及其以下学区必须建立教研组/室，组织不同范围的教师进行集体学习和集体研究。不论是学区教研室还是校内教研组，每学年、每学期甚至每星期都有详细的教研目标和计划，每次教研活动都有具体的目标和明确的任务，而学校和区域的教研均与学校和区域教育发展的总目标契合。为了使教研有效展开，校内教研由教研组组长组织，区域教研则由区域教研员领导。不论是教研组组长还是教研员（21世纪初因实行教科研训一体化，多称研训员），都是本学科内有教学能力和领导力的教师，教研员一般也是从富有教学经验的一线优秀教师中选拔。由于他们来自一线又服务于一线，其工作更具有针对性和指导力。

其次，我国创造了形式多样的教研模式。我国既建立了集体学习、集体备课、集体听评课、观摩示范课、教学展示课等多种常规的教研模式，也建立了讲座、培训、课题研究、主题教研、经验交流等多种促进教师学习和发展的方式，还开创了校本化教研、网络化教研、联片教研、校际教研共同体、伙伴合作教研、名师工作室等新形式，并建立了中小学与大学、教育科学研究所、教师进修学校合作的教研模式。这些模式具有以下优点:（1）立足于教师自己的课堂，把日常教学的重点和难点通过集体教研的方式给予指导;（2）把教学的管理与教学的指导合为一体，在评估的同时开展有针对性的指导，并且指导重于评估;（3）拓展了中小学教研的空间和增加了人员，特别是大学、研究机构的专家的介入，开阔了教师的视野，丰富了教师的知识，提升了教师的能力;（4）使从事教师教育的各类机构（大学、教师研修机构、政府、中小学）通过教研真正地合作起来，在提升中小学教师素质和教学水平的同时提升大学教育研究与教育实践的结合能力，推动教师研修机构的学术和领导水平，也让政府的管理落到实处，帮助其从管理机构向服务机构转型，最终实现中小学教师的质量提升。

最后，我国建立了具有自己特色的教研员队伍。这支队伍由经验丰富的一线优秀教师组成，从新中国成立以后开始组建（民国时期开始出现，但非独立的队伍），经过 70 多年的建设发展，基本实现了专业化、实践与学术结合、具有教学领导力和专兼职教研员结合。我国中小学教研工作的有效展开、教学质量的全面提升、课程改革的有力推进、教师质量的全面提高等，都得益于这支队伍。

3. 教研制度体系成为实现我国教育现代化的重要力量

从一百多年来教研组织发展和演变的历史来看，我国教研制度体系是为服务于教育现代化而建立的。

在我国新教育产生的初期，类似今天教研组 / 室的组织就把一线教师组织起来，通过开展教师学习和教学研究，把现代科学人文知识的传授、现代教学模式的输入与现代教师的塑造、现代学校的建立联系起来，并切实促进了当时教师及其教学的现代化和规范化。民国时期，民间组织和教育行政部门把这种学校教研和区域教研作为专业教师塑造的手段开展工作，它与现代师范教育制度合作，为教师专业化及现代学校教育的全面铺开做出了巨大的贡献。新中国成立之后，我国更是把教研组织作为社会主义现代化教育和造就人民教师的基地，建立完善的教研组的集体学习和集体研究制度，帮助教师认识了新中国教育的基本性质、特点和目标，对落实国家的教育方针政策、开展社会主义性质的现代教学、推动和实施现代课程教学改革和提升教师质量等起到了重要的作用。改革开放之后，我国几次课程改革的落实、现代教育观念的更新、城乡教师素质的全面提高和城乡教育差距的缩小，均得益于教研制度体系。直至今天，教研组依然在中小学教育现代化和教师的专业化进程中发挥重要的作用。

（二）中小学教研组织制度与时俱进、日趋完善

我国的教育现代化始终与民族的救亡图存联系在一起，一些爱国知识分子在其中发挥了重要作用。面对三千年未有之大变局，一些开明绅士把教育救国看作救亡图存的根本。

这些知识分子认识到新教育的推进在于实质（教学内容和方式）而非形式（建筑、教室布置、排课形式），其背后的根本是教师的现代化。民间人士如张伯苓、严修于1903年、1905年分别设立普通学社、师范补习所等。随后，民间教育团体，如各地的私塾改良会和教育会，开设教员研究会、师范补习所、单级教授练习所、教员批评会等，致力于教师的现代转型与教学现代化。

民国初年，在民间教育团体的进一步推动下，如各省教育总会联合会通过市、县、乡各级教育会，或设立学科教授研究会，或成立小学教育研究会，或开设中学课程研究班，进行私塾改良、教学研究与改进、教师培训等，促进当地教育的现代化和教师专业化。各类教育团体在推动我国教学的现代化、教师的专业化中发挥了不可或缺的作用。

民国后期，南京国民政府通过政策和制度，开始有目的、有计划地指导地方和学校建立体系化、制度化的教研组织，建立了省市（直辖市）—省分区—县市—学区—学校五级教研体系，促进教师和教学的现代化、规范化。

新中国成立后，我国各级学校在学习苏联的教学与教师管理制度的基础上，建立了校内教研组和区域教研室两个教研系统，它们既相对独立又相互联系，后者对前者具有管理和指导的责任。这一体系在落实党的教育方针、政策，完善社会主义教育制度、教学制度，督促教师转型（成为全心全意为人民服务的人民教师），以及探索具有中国文化特色的教育教学模式等方面做出了重要的贡献。

可以说，中国的教研制度体系是中国教育现代化和教师专业化进程的独特支撑系统，它的发展历程也体现出与时俱进、日趋完善的特点。

（三）中小学教研组织制度直接服务于中小学教学质量，成效明显

教研组对教育的引导作用主要体现在两个方面，一是对教学方法和教学模式的规范，二是对教师的教育思想及背后的指导思想的规范。前者的出现是因为教育的现代化需要通过教学的现代化来实现。具有现代特征的教学除教学内容与现代生产生活联系密切之外，还需要用适合青少年特点、适应现代工业社会要求的班级授课制的教学模式和方法来实现。在传统教育向现代教育转型的过程中，这个任务十分繁重也极其重要。后者的出现一方面是为了确保教师具有现代教师观和现代教育观，只有具有现代教育观念的教师才能实施真正的现代教育；另一方面是为了确保每位教师承担起为国家、为社会培养所需人才的使命。这就需要教师具备相应的思想意识、价值情感，全面落实国家的教育方针、政策等，而所有这一切需要在日常教育教学中、在学校的日常生活中得以明晰和贯彻。教研组/室这个以教师为主体的基层组织，是从专业上实现对教师群体规范的最便利、最通用的渠道。

晚清，面对民间及西方传教士开展的不同于传统教育的教育活动，清政府明确提出实施新式教育。1904 年颁行的《奏定初等小学堂章程》就明确提出："国民之智愚贤否，关国家之强弱盛衰""以启其人生应有之知识，立其明人伦理爱国家之根基"。[①] 新式学堂承担起培养具有爱国情怀、能肩负国家强盛职责的国民的重任。因此，要求"从幼童入初等小学堂始，为教员者，于讲授功课时务须随时指导，晓之以尊亲

① 朱有瓛主编:《中国近代学制史料》(第二辑上册)，华东师范大学出版社 1987 年版，第 174—175 页。

之义，纳之于规矩之中。一切邪说诐词，严拒力斥；使学生他日成就，无论为士为农为工为商，均上知爱国，下足立身，始不负朝廷兴学之意”[①]。为了落实清政府的要求，地方教育行政部门承担起相应的责任：一方面，地方政府创办小学堂和师范学校，并对课程设置和教学内容提出严格的要求。另一方面，为了短期内造就能实施班级授课制教学所需的教师，1910 年清学部颁行《改良私塾章程》，明确要求地方当局设立地方劝学所，划定学区，分区调查私塾状况，劝导私塾改良和塾师改造。之后，各地学务局、提学司等设立各种用于教师学习和教学研究的机构，如夜班、私塾改良研究会、师范研究会、（小学）教育研究会等，开展现代教学理论和技能的培训与课堂教学研究，促进教师从私塾先生向现代教师转型。

民国初期，北京政府一方面变革教育宗旨，改革教育内容，建立师范学校培养现代教师；另一方面，北京政府通过教研体系规范教师教学，并把公民应具备的国家意识、思想情感、行为方式等通过这一组织加以落实。这一时期，由于北京政府的腐败和无能，政府对教育教学工作和教师的培训的影响力十分有限。但是，政府一方面通过出台相应的法律法规，如《教育会规程》等，引导民间团体设立教员研究会、分科教授研究会和教师假期讲习会等，致力于新教育的推进与旧教师的改造；另一方面，政府直接设立单级小学研究会、教师假期研究会、塾师研究会等，组织教师进行学习和开展现代教学研究，帮助教师掌握现代教育理论知识和技能，规范教学行为。

民国后期，南京国民政府把教研组织作为国家治理教育的工具。

① 朱有瓛主编：《中国近代学制史料》（第二辑上册），华东师范大学出版社 1987 年版，第 80 页。

"国家统制教育，使教育为政治的工具，在今日已认为事理之当然"[①]。为此，南京政府一方面通过政策和制度，建立了由省市（直辖市）—省分区—县市—学区—学校五级教师学习与教研组织。另一方面，取缔民间教育团体，如各省市教育会，仅保留政府和学校层面的教师发展组织。

新中国成立以后，我国的社会制度发生了根本性的变化，由原来为剥削阶级服务的半封建半殖民地的国家转为为工农大众服务的社会主义国家。这一时期，我国教育现代化的任务并没有完全实现，现代学校尚未普及，有些地方还存有私塾，教育内容和教育手段陈旧、落后。广大从旧社会过来的教师在思想意识、价值观念、行为方式等方面与新中国的要求还有相当大的距离，如何让他们真正承担起为人民服务的重任是当时教育领域亟待解决的问题。因此，新中国成立后不久，教育主管部门就发出了学习苏联的各种教育制度的指示，苏联的教学研究制度也成为我国学习的重要内容。由此，我国建立了新中国的教研体系。这个新的教研体系一方面落实了党的教育方针政策，指导和帮助了教师开展课程改革，另一方面推动了教师的转型，使其成为全心全意为人民服务的人民教师。

改革开放以后，我国恢复建立了以学校和区域两个教研系统为主体的教研体系，其任务依然以提升教师的专业素质、规范并确保教师的教学质量为目标。在这个体系中，省—市—县三级区域教研系统主要承担了区域层面的教师学习、教学研究和检查督导等方面的工作，为区域层面教师教学的规范、教学质量的提高、教师教学水平和素质的整体提升创造了条件。学校层面学科教研组则为学校内部本学科教

① 樊兆庚：《我国小学教育最近的趋势》，《教育杂志》1937年第9、10期。

师的政治素质和专业素质的提升、教学规范和教学质量的提升提供了重要的支持。

今天，教研系统依然开展丰富多彩、形式多样的区域层面和学校层面的教研活动，将为提升教师质量和专业化水平，培养新时代需要的、能承担起中华民族伟大复兴使命的创造性人才做出新的贡献。

二、一百多年来中小学教研组织建设的理论反思

教师学习共同体、教师（专业）学习共同体、教师专业学习社群是源自西方的概念，是在西方社会面对复杂而危险的社会环境、教育情境时，教师自发建立的具有共同愿景的教师组织。它把处在孤立境地的教师连接起来，让他们共同学习，相互支持，相互促进，以提升自身乃至学校教育的质量，促进学生的发展，并在此过程中让教师成为学校真正的主人。

我国的教研组/室是主要由民间团体和政府领导的、制度化的教师专业学习组织，政府在这一制度体系的形成过程中发挥了举足轻重的作用。那么，从共同体的视角看它是一个什么样的组织？我们应如何理解其组织性质？我们先要对“共同体”“（专业）学习共同体”“专业学习社群”等概念进行分析，然后对我国的教研组/室的性质、作用进行再探讨。

（一）关于共同体概念的认识

所谓专业学习共同体/社群，英文是 professional learning community（PLC）。对 community，我国有的翻译为共同体，也有的翻译为社群、社区等。community 作为共同体的概念是由德国社会学家滕尼斯提出的，迄今已有一百多年的历史。他的共同体的概念源自人类出于“本能中意”而自然形成的三种亲密关系——母子、夫妻、兄弟姊妹。他认为，这三种关系的突出特点是相互依赖、相互给予、相互习惯，拥

有共同的生活，并因此“都存在和形成着享受和劳动的某种不同和分配，产生着享受和劳动的相互性”①，这种相互性使他们团结一致，同仇敌忾，共同发挥作用。在这三种基本关系的基础上，滕尼斯又提出血缘共同体、地缘共同体、精神共同体三个概念。这三个概念的核心依然是休戚与共——他们彼此信赖（在物质上和精神上），相互需要，相互支持，具有密切的关系，并具有“相互之间的—共同的、有约束力的思想信念作为一个共同体自己的意志，就是这里应该被理解为默认一致（consensus）的概念”②。

滕尼斯进一步指出，“平等”并非共同体的特征，这是因为“较大的共同体的力量也是较大的进行帮助的力量……因此尤其在这种血缘的有机的关系之内，存在着一种强者对弱者的本能的和天真的温柔，一种帮助人和保护人的兴致，这种兴致与占有的欢乐和享受自己的权力在内心里浑然结为一体了”③。即便不是在血缘共同体中，在其他形式的共同体中，“有一种优越的力量，它被用于下属的福利或者根据下属的意志实施，因此也为下属所首肯”④，这种力量被称为威严或权威，如年龄的权威、强大的权威、智慧或者智力的权威。这就意味着，由于这种优越的力量通过“权威”在共同体的整合和利益的维护中发挥着重要的作用，共同体成员间存在某种不平等关系。“既由于增加的也由于减少的义务和优先权，在共同体内部通过其意志而存在着和产生着现实的不平等。”⑤但这种不平等是有限的，它不能破坏共同体作为差异的统一体的本质。

上述可见，与教师共同体较为接近的概念是精神共同体。精神共同体的核心是“友谊”，它是同心协力工作的思想条件，与“把人作为一个整体的成员团结在一起的特殊的社会力量和同情”⑥是默认一致的。

---

①②③④⑤⑥ ［德］斐迪南·滕尼斯著，林荣远译:《共同体与社会：纯粹社会学的基本概念》，商务印书馆 1999 年版，第 62、71、64、64、71、71—72 页。

“由于职业或艺术的相同和相似，最容易产生友谊”[①]，他们是志同道合者。虽然共同的事业而连接起来的精神纽带不一定如血缘共同体那样能建立如此强的相互信任、依赖和支持的关系，但具备共同的信仰和共同的目标，并一起付出努力，共同体就形成了。由此可见，共同的职业或爱好、共同的思想信念（默认一致，或共识）、共同的事业追求是形成精神共同体的“友谊”的基础。

在滕尼斯提出的精神共同体的基础上，涂尔干提出了职业共同体概念。他提出，只有那些相需相成的相异性才会使人产生吸引力，而“分工”正是造成这种吸引力的条件，分工具有整合社会集体，维护社会统一的功能，是社会团结的基础。[②]现代社会要重建社会秩序，必须重建社会共同体，实现新的社会整合，而职业共同体是建立社会共同体的基础。这是因为：①人们寻找职业、自我选择的力量会使相似心态的工作者进入相似的职业；②职业活动使得人们每天见面，并形成长久的相互依赖关系；③共同工作的社会互动，使从事同一职业的工人产生合作和共享的价值观；④各种专业化培训是一种社会化过程，加上非正式的互动，使同一职业人群产生了同质化；⑤职业的责任和义务使从业者形成了可以追求的共同利益；⑥在以分工为基础的职业群体内形成的行为规范和组织形式会变得非常稳固和明确，并成为职业内的法律法规；⑦职业伦理是整个社会正常运转的重要基础，将职业伦理推广到各职业群体中，能实现社会的和谐。[③]在涂尔干的概念里，职业共同体的核心是共同的职业，相同或相似的教育经历、密切的社会互动与合作、共享的价

① ［德］斐迪南·滕尼斯著，林荣远译:《共同体与社会：纯粹社会学的基本概念》，商务印书馆 1999 年版，第 67 页。

② ［法］涂尔干著，渠东译:《社会分工论》，生活·读书·新知三联书店 2000 年版，第 20—26 页。

③ 李强著:《社会分层十讲》，社会科学文献出版社 2008 年版，第 43—44 页。

值观和共同的追求。涂尔干的职业共同体类似于滕尼斯的精神共同体的概念。

其实，对于共同体性质的认识还有很多种，由于共同体概念存在模糊性，人们在运用它时一直存在争议。但总体而言，现代社会的共同体概念更接近于涂尔干的职业共同体概念。

（二）关于教师专业学习共同体的认识

根据社会学领域对共同体概念的认识、杜威对“探究”在教师学习中价值的认识和维果茨基等对“学习”概念不断加深的认识，① 斯腾豪斯提出，教师应是学校和教室的研究者，且在课程发展中起积极作用②，并强调了教师在教学中的地位及主动在实践中探究的必要性。直到舍恩提出“反思的实践者”这个具有影响力概念③，教师作为孤立的“牧羊人”的角色才被否认，而教师间加强合作、支持的呼声才增强。由此，西方一些学校开始给教师职业生涯提供支持，包括同伴的支持，也因此发现在教学和班级实践中获得同伴和学校支持的教师比那些没有获得认可的教师在工作中有更高效率和更具有责任感。④20 世纪 90 年代，霍德（Hord，1989）、琳达·哈蒙德（Linda Darling-Hammond，1996）和杜富尔和伊克（Dufour & Eaker，1998）等学者提出了教师专业学习共同体概念。归结起来，教师专业学习共同体，是指教师间形

① 关于“学习”的概念：（1）关于“学习”“学习”是习得，是关于获得知识、理解和技能的过程。（Vygotsky，1978）；（2）“学习”是参与。个体通过参与并增进共同体的实践来进行学习，共同体则通过锤炼这些实践，确保其成员生成新的实践而进行学习（Lave and Wenger，1991）；（3）各成员通过持续的交往相互关心，提出问题，热衷探讨某一主题，加深其知识和专业技能（Wenger，1998）。

② L. Stenhouse. *An Introduction to Curriculum Research and Development*. London: Heinemann Educational Books Ltd., 1975.

③ ［美］唐纳德·A. 舍恩著，夏林清译：《反映的实践者：专业工作者如何在行动中思考》，北京师范大学出版社 2018 年版。

④ S. Rosenholtz. *Teachers' Workplace: The Social Organization of Schools*. New York: Longman, 1989.

成相互支持的学习小组，通过以合作、反馈和成长为导向的方式，分析、研究教师的教育教学实践，帮助教师解决实践中的问题，以改进学生的学习。[①] 雪莉 · M. 霍德（Shirley M. Hord，1997）、W.G. 塞卡达（W. G. Secada 等，1997）、理查德 · 杜富尔（Richard Dufour 等，2003）、路易丝 · 斯托尔（Louise Stoll 等，2006）等学者研究了教师专业学习共同体的特征。其中雪莉 · M. 霍德的观点影响较大。她认为，教师专业学习共同体有五个核心特征：（1）具有支持性和共享型的领导；（2）具有团队创造力；（3）拥有共享的价值与愿望；（4）具有支持性的条件（物理条件和人品能力）；（5）强调共享的个人实践。[②] 在此基础上，一些学者归纳出教师专业学习共同体的三个基本特征。[③]

第一，在达成共识的专业知识支持下增强学生的学习。教师专业学习共同体的最终目的是增强学生的学习能力。为实现这一目的，共同体的学习需要专业性：在专业知识的支撑下，专业委员会达成很强的集体一致性，通过集体对实践和专业标准的控制实现专业自主。

第二，在共识基础上保持个体的独立。共同体成员有着共同的信仰和理解，能够相互交流和共同参与。与此同时，它具有内部独立性，即能充分关注并尊重个体和少数人的观点，从而在成员间建立有意义的关系（通过个体的联系建立有意义的关系）。

第三，相互联系是学校专业学习共同体的基本特征。这表现在：拥有共同的价值观与愿景；对学生和同事的学习共同负责；反思专业探究，

①③ Louise Stoll. Teacher Educators in the 21st Century: The Role of Professional Learning Communities. 2011 年 11 月全球教师教育峰会，北京师范大学。

② Shirley M. Hord. *Professional Learning Communities: Communities of Continuous Inquiry and Improvement*. Austin, Texas: Southwest Educational Development Laboratory, 1997, pp.6-18.

包括对话和去私人化的实践；超越提供表面帮助的合作；小组学习、集体学习和个人学习并存；成员间彼此信任；具有包容性的，共同体包括学校内所有成员；具有开放性；在学校之外寻找进一步学习的思想和资源，如与其他学校、大学和其他服务者建立网络和伙伴关系。

也就是说，密切的"联系"或者"关系"是教师专业学习共同体建立的基本条件，这可能就是滕尼斯所说的"友谊"。这种"联系"或者"关系"建立的基础是共同的专业知识、共同的目标/愿景（改善学生的学习和教师的发展）和彼此的需要（现实工作中的困难与问题），相互的信赖、支持和包容，共享的领导，共担团体行为的责任等。它既是"职业共同体"，也是教师的"精神共同体"。

（三）走向更高水平的教师专业学习共同体

教师专业学习共同体的终极目标是提升学校的教学质量和增进学生的学习，其核心目标是促进教师的专业发展。由此可见，有效的教师专业学习共同体既要促进学生和教师的学习与发展，又要建立合作学习的组织文化。

基于上述对共同体、教师专业学习共同体两个概念的分析，笔者认为，在我国实施了一百多年的中小学教研是一种教师专业学习共同体。清末新教育产生之初，新式学堂的教师被组织起来，进行了现代学科知识的学习和现代班级授课的教学研究，这样那些从未把教学作为终身职业、习惯于关起门来自成一体的孤独的传统教师组成了"命运共同体"。他们在古代教育向现代教育转变的社会转型时期，彼此联系起来，共同面对角色转变的"命运"，共同面对不知所措的当下和无可预知的未来，在集体学习和相互观摩的过程中，认识现代教学的价值规范和认识现代教学职业的本质，同时得到彼此情感和精神的支持，形成"职业共同体"。之后，随着各类学校和区域范围的教师学习、教学研究的教研组织的建立及校内外教研活动的开展，教师才开始以专业的姿态共同面对复杂的和混乱的民国社会及其教育。新中国成立至今，我国的教研组/室更是通过制度化、专业化的方式把学科教师组织起来，开展了有目标的、有计划的专业学习活动，使教师之间共同学习并彼此分享实践的智慧，共同面对复杂多变的教育形势和教育问题并探索应对策略，从而在教师间形成了相互支持和相互影响的同人关系。

虽然我国的教师专业学习共同体不是教师自发的专业学习共同体，但它是一定范围的教师密切接触的组织，是教师为了共同的利益（学生成绩的提升、教师自身的发展、学校发展目标的实现），以及为了解决教育教学现实中（微观层面的和宏观层面的）的问题而开展的专业学习和教学研究活动，他们之间形成了仅次于家人的密切关系和利益共同体。对外，成员之间要共同面对教育行政部门、学校乃至家长的要求；对内，成员间要相互支持和分享来完成和达到上述任务和要求。

另外，教研组/室内部的关系不一定是绝对平等的。教研组组长或教研室主任具有教师领导的身份，以滕尼斯的“智力或者智慧的权威”承担起引领教师学习和发展的责任，并为团体的共同利益承担责任、付出知识和情感等。他们在共同体的建立和发展中的角色是重要的，也是必需的。一个休戚与共的命运和精神共同体必须有一个具有领导力的“权威”，否则是一盘散沙，教研组也是如此。因此，我国的教研组是中国文化背景下的中国特色的（教育行政部门领导下的、制度化的）教师专业学习共同体。

我国教研组的教师合作学习具有较强的“人为合作”特点，因此，未来我国教研组的发展应更加重视教师自愿合作的共同体建设，让个体教师在其中的角色和作用越来越突出，给教师充分赋权，让那些被边缘化的人群得到发声的机会。学校和教育行政部门的作用是鼓励教师之间，教师与其他利益相关者（如管理者、学生、家长）之间建立密切的伙伴关系，由此建立彼此间更为信任和相互支持的关系。此外，对教师的赋权还表现在给教师更多的时间和空间进行专业学习和研究活动，以及让专业团体对教师的工作进行评估，从而使教师真正成为学校和自身工作的主人。

主要参考文献

一、报刊

1.《申报》，1872 年创办。

2.《北洋官报》，1901 年创办。

3.《大公报》，1902 年创办。

4.《东方杂志》，1904 年创办。

5.《教育杂志》，1909 年创办。

二、资料汇编

1.《中国教育年鉴》编辑部编:《中国教育年鉴（1949—1981）》，中国大百科全书出版社 1984 年版。

2.《中国教育年鉴》编辑部编:《中国教育年鉴·地方教育（1949—1984）》，湖南教育出版社 1986 年版。

3.《中国教育事典》编委会编:《中国教育事典·中等教育卷》，河北教育出版社 1994 年版。

4. 北京市教育志编纂委员会编:《北京市普通教育年鉴（1949—1991）》，北京出版社 1992 年版。

5. 陈学恂主编:《中国近代教育史教学参考资料》，人民教育出版社 1986—1987 年版。

6. 陈元晖主编，朱有瓛、戚名琇、钱曼倩等:《中国近代教育史资料汇编·教育行政机构及教育团体》，上海教育出版社 2007 年版。

7. 邓菊英、李诚编:《北京近代小学教育史料》（上、下册），北京教育出版社 1995 年版。

8. 韩朴、田红编:《北京近代中学教育史料》(上、下册),北京教育出版社 1995 年版。

9. 何东昌主编:《中华人民共和国重要教育文献(1949—1997)》,海南出版社 1998 年版。

10. 何东昌主编:《中华人民共和国重要教育文献(1998—2002)》,海南出版社 2003 年版。

11. 何东昌主编:《中华人民共和国重要教育文献(2003—2008)》,新世界出版社 2010 年版。

12. 河南省基础教育教学研究室编:《河南教研志》(1953—2003),大象出版社 2003 年版。

13. 湖南省地方志编纂委员会编:《湖南省志·第十七卷·教育志》(上、下册),湖南教育出版社 1995 年版。

14. 李友芝等编:《中国近现代师范教育史资料》(第 1—4 册)(内部资料),1983 年编印。

15. 梁吉生撰著:《张伯苓年谱长编》,人民教育出版社 2009 年版。

16. 刘英杰主编:《中国教育大事典(1949—1990)》(上、下),浙江教育出版社 1993 年版。

17. 宋恩荣、章咸主编:《中华民国教育法规选编》(修订版),江苏教育出版社 2005 年版。

18. 中共中央文献研究室编:《建国以来重要文献选编》(第一册),中央文献出版社 1992 年版。

19. 中华人民共和国教育部翻译室、北京师范大学教育学教研室翻译室译:《苏联普通教育法令选译》,人民教育出版社 1955 年版。

20. 中央教育科学研究所编:《中华人民共和国教育大事记(1949—

1982)》，教育科学出版社 1984 年版。

21. 朱有瓛主编:《中国近代学制史料》(第一辑下册)，华东师范大学出版社 1986 年版。

22. 朱有瓛主编:《中国近代学制史料》(第二辑上册)，华东师范大学出版社 1987 年版。

23. 朱有瓛主编:《中国近代学制史料》(第三辑上册)，华东师范大学出版社 1990 年版。

三、专著

1. 操太圣、卢乃桂著:《伙伴协作与教师赋权：教师专业发展新视角》，教育科学出版社 2007 年版。

2. 代蕊华主编:《教师专业发展与校本培训》，教育科学出版社 2011 年版。

3 胡庆芳、陈向青、徐谊等著:《校本教研制度创新》，教育科学出版社 2007 年版。

4. 胡艳著:《当代教师教育问题研究》，大象出版社 2010 年版。

5. 季平著:《新课程背景下教研员专业发展指南》，教育科学出版社 2014 年版。

6. 金红梅、赫秀辉、李海丽主编:《区域教研与教师专业发展》，中国青年出版社 2015 年版。

7. 梁威、卢立涛、黄冬芳著:《撬动中国基础教育的支点：中国特色教研制度发展研究》，教育科学出版社 2011 年版。

8. 梁威主编:《触摸中国基础教育的脉动：中国特色教研制度区域发展的回顾与展望》，教育科学出版社 2011 年版。

9. 刘尧、盖庆春著:《中学教研组建设论纲》，西北大学出版社 2001 年版。

10. 聂劲松、邹飞雁著:《中国百年教研制度审视》，湖南师范大学出版社 2009 年版。

11. 潘海燕、余娟著:《大学与中小学融合共生：教师专业发展学校建设研究》，华中科技大学出版社 2015 年版。

12. 王炳照主编，吴霓、胡艳编写:《中国古代私学与近代私立学校研究》，山东教育出版社 1997 年版。

13. 王永和著:《教研组建设简论》，华东师范大学出版社 2008 年版。

14. 熊明安、喻本伐主编:《中国当代教育实验史》，山东教育出版社 2005 年版。

15. 徐国梁等著:《伙伴合作：教师群体专业发展的脉动》，上海教育出版社 2010 年版。

16. 徐和平、来尧林编著:《校际教研共同体》，浙江教育出版社 2010 年版。

17. 徐珍编者:《中外教学法演进》，群言出版社 1996 年版。

18. 赵才欣著:《有效教研：基础教育教研工作导论》，上海教育出版社 2008 年版。

19. [德] 斐迪南·滕尼斯著，林荣远译:《共同体与社会：纯粹社会学的基本概念》，商务印书馆 1999 年版。

四、论文

1. 陈桂生:《我国教研组演变的轨迹》,《教育管理研究》2006 年第 4 期。

2. 成巧云、施涌:《城乡联动：农村校本教研的有效途径——以云南省昆明市五华区为例》,《中国教育学刊》2009 年第 11 期。

3. 崔允漷:《论教研室的定位与教研员的专业发展》,《上海教育科研》2009 年第 8 期。

4. 范蔚、谭天美:《校本教研生态失衡的根源探析》,《中国教育学刊》2015 年第 10 期。

5. 傅老祥:《如何抓乡片校三级小语教研网》,《江西教育》1992 年第 10 期。

6. 顾恩良:《农村联片教研的问题和策略》,《教育发展研究》2007 年第 22 期。

7. 韩爽:《以教师专业发展为指向的名师工作室运行研究——以吉林省中小学名师工作室为个案》,东北师范大学博士学位论文,2015 年。

8. 胡惠闵:《教师专业发展背景下的学校教研组》,《全球教育展望》2005 年第 7 期。

9. 胡艳、高志雄:《当前北京市中学教研组长素质状况及其影响因素研究》,《教师教育研究》2012 年第 6 期。

10. 胡艳、袁丽:《UGIS 伙伴协作的困境与出路——大学的视角》,《北京师范大学学报(社会科学版)》2015 年第 6 期。

11. 胡艳:《晚清我国中小学教师的教学研究机构及其活动》,《教师教育研究》2017 年第 3 期。

12. 胡艳:《新中国 17 年中小学教研组的职能与性质初探》,《教师教育研究》2011 年第 6 期。

13. 黄迪皋:《由外推走向内生——新中国中小学教研制度研究》,湖南师范大学博士学位论文,2011 年。

14. 江文林:《面向农村小学　改革教研工作》,《安徽教育》1989 年第 10 期。

15. 李保强:《校本教研制度建设研究回顾与前瞻》,《教育理论与实践》2007 年第 9 期。

16. 李华等:《网络协作教研的问题与对策研究》,《中国电化教育》2011年第12期。

17. 李娟、张景生、郭峰:《山东省网络教研现状与分析》,《中国电化教育》2008年第6期。

18. 李政涛:《什么是“教研组文化”? ——“教研组文化”系列之一》,《上海教育研究》2006年第7期。

19. 刘承武:《教研活动要讲求实效》,《江苏教育》1984年第19期。

20. 刘良华:“《问题”还是“方法”——走出校本教研的“方法中心”》,《教育发展研究》2004年第9期。

21. 卢乃桂、沈伟:《中国教研员职能的历史演变》,《全球教育展望》2010年第7期。

22. 卢善矩:《我怎样做校际体育教研组长》,《学校体育》1983年第2期。

23. 马玉玺:《教研员在高中新课程改革中的作用》,《教育理论与实践》2008年第28期。

24. 莫惠昌:《以城市为中心　以农村为重点　开展多层次教研活动有成效》,《江苏教育》1985年第15期。

25. 潘涌:《论新课程与教研员职业角色的创新》,《全球教育展望》2003年第1期。

26. 秦瑞亮:《深化教研体制改革　办好乡镇教研室》,《山西教育》1994年第7期。

27. 宋萑:《论中国教研员作为专业领导者的新角色理论建构》,《教师教育研究》2012年第1期。

28. 汪晓凤、陈玲、余胜泉:《基于实践性知识创生的网络教研实证研究》,《中国电化教育》2014年第10期。

29. 王经文:《教研的重点·基点·落脚点》,《湖南教育》1983年第4期。

30. 王少云:《农村学区教研站工作简述》,《宁夏教育》1999年第11期。

31. 王雪茹:《学校转型性变革背景下教研组长的角色定位》,《中小学管理》2011年第12期。

32. 魏晓彤:《"同课异构"网络教研模式的探究》,《中国电化教育》2011年第2期。

33. 徐伯钧:《微课题研究——县城教科研训一体化的有效途径》,《中小学教师培训》2014年第12期。

34. 许勇辉:《Wiki支持的区域教研模式研究》,《现代教育技术》2012年第3期。

35. 余建洲:《充分发挥教研室在教改中的作用》,《安徽教育》1985年第Z1期。

36. 张诚、蒲大勇:《几种助推教师专业发展的校本教研模式》,《教育理论与实践》2008年第15期。

37. 张平:《基于共同体文化教研组建设的实践探索》,《全球教育展望》2012年第5期。

38. 张秀荣:《领导学视角下中小学教研组长的角色定位与素质探析》,《教育探索》2010年第9期。

39. 赵云建:《网络教研中的活动设计策略研究》,《中国电化教育》2015年第10期。

40. 钟和军:《网络校本教研的实践模式与推进策略》,《中国电化教育》2004年第9期。

41. 周民书:《教研组　年级组　抑或两者并存?》,《教育管理》

1996 年第 2 期。

42. 周勇:《新课程背景下基层教研部门的重新定位》,《全球教育展望》2003 年第 8 期。

43. 朱志平:《改善教研方式, 提升教研水平》,《全球教育展望》2003 年第 8 期。

五、外文资料

1. Andy Hargreaves. *Changing Teachers, Changing Time—Teacher's Work and Culture in the Postmodern Age*. London: Cassell, 1994.

2. D. Andrews M. Lewis. The Experience of a Professional Community: Teachers Developing a New Image of Themselves and Their Workplace. *Educational Research*, 2010, 44 (3).

3. Marianne Bastid. translated by Paul J. Bailey. *Educational Reform in Early 20th-Century China*. Ann Arbor: The University of Michigan, Center for Chinese Studies, 1988.

4. Shirley M. Hord. *Professional Learning Communities: Communities of Continuous Inquiry and Improvement*. Austin, Texas: Southwest Educational Development Laboratory, 1997.

附录
教育部关于加强和改进新时代基础教育教研工作的意见

各省、自治区、直辖市教育厅（教委），新疆生产建设兵团教育局：

教研工作是保障基础教育质量的重要支撑。长期以来，教研工作在推进课程改革、指导教学实践、促进教师发展、服务教育决策等方面，发挥了十分重要的作用。进入新时代，面对发展素质教育、全面提高基础教育质量的新形势新任务新要求，教研工作还存在机构体系不完善、教研队伍不健全、教研方式不科学、条件保障不到位等问题，急需加以解决。为贯彻落实全国教育大会、全国基础教育工作会议精神，深化教育教学改革，全面提高基础教育质量，现就进一步加强和改进新时代基础教育教研工作提出如下意见。

一、总体要求

1. *指导思想*。坚持以习近平新时代中国特色社会主义思想为指导，全面贯彻党的教育方针，落实立德树人根本任务，遵循教育规律，树立科学的教育质量观，为构建德智体美劳全面培养的教育体系，发展素质教育，培养担当民族复兴大任的时代新人提供强有力的专业支撑。

2. *主要任务*。服务学校教育教学，引领课程教学改革，提高教育教学质量；服务教师专业成长，指导教师改进教学方式，提高教书育人能力；服务学生全面发展，深入研究学生学习和成长规律，提高学生综合素质；服务教育管理决策，加强基础教育理论、政策和实践研究，提高教育决策的科学化水平。

二、完善教研工作体系

3. 健全教研机构。按照《中共中央国务院关于深化教育教学改革全面提高义务教育质量的意见》要求，进一步完善国家、省、市、县、校五级教研工作体系，有条件的地方应独立设置教研机构，暂不具备条件的地方应在相对统一的教育事业单位内独立设置，形成上下联动、运行高效的教研工作机制。各级教育行政部门要加强对教研机构的组织领导，上级教研机构要加强对下级教研机构的业务指导，教研机构要加强与中小学校、高等学校、科研院所、教师培训、考试评价、电化教育、教育装备等单位的协作，形成以教育行政部门为主导、教研机构为主体、中小学校为基地、相关单位通力协作的教研工作新格局。

4. 明晰工作职责。教育部基础教育课程教材发展中心在部内有关司局指导下，组织开展基础教育教研工作，发挥专业引领作用，组织实施重大教学改革研究项目，建设基础教育教研基地，指导各地教研工作。地方各级教育行政部门要进一步明确教研机构的工作职责，充分发挥教研机构在推进区域课程教学改革、教学诊断与改进、课程教学资源建设、培育推广优秀教学成果等方面的重要作用。省级教研机构要加强对教研工作的统筹指导，市、县级教研机构要重心下移，深入学校、课堂、教师、学生之中，紧密联系教育教学一线实际开展研究，指导学校和教师加强校本教研，改进教育教学工作，形成在课程目标引领下的备、教、学、评一体化的教学格局。

5. 强化校本教研。校本教研要立足学校实际，以实施新课程新教材、探索新方法新技术、提高教师专业能力为重点，着力增强教学设计的整体性、系统化，不断提高基于课程标准的教学水平。学校要健全校本教研制度，开展经常性教研活动，充分发挥教研组、备课组、年级组在研究学生学习、改进教学方法、优化作业设计、解决教学问题、指导家庭教育等方面的作用。

三、深化教研工作改革

6. *突出全面育人研究*。聚焦构建德智体美劳全面培养的教育体系，健全立德树人落实机制，围绕如何突出德育实效、提升智育水平、强化体育锻炼、增强美育熏陶、加强劳动教育等方面重点问题，强化学科整体育人功能，深入开展内容、策略、方法、机制研究，指导学校将德智体美劳全面培养的要求有机融入教育教学全过程，促进学生德智体美劳全面发展、健康成长。

7. *加强关键环节研究*。加强对课程、教学、作业和考试评价等育人关键环节研究。强化国家课程研究，指导学校和教师准确把握国家课程方案和课程标准，做好课程实施工作；加强地方课程和校本课程开发研究，丰富学校课程体系，满足学生多样化发展需求。加强综合性和实践性教学研究，指导学校和教师不断创新教学组织形式和教育教学方式。加强作业设计研究，指导学校和教师完善作业调控机制，创新作业方式，提升作业设计水平。加强考试评价改革研究，提高考试命题质量，推动建立以发展素质教育为导向的科学评价体系。

8. *创新教研工作方式*。要根据不同学科、不同学段、不同教师的实际情况，因地制宜采用区域教研、网络教研、综合教研、主题教研以及教学展示、现场指导、项目研究等多种方式，提升教研工作的针对性、有效性和吸引力、创造力。积极探索信息技术背景下的教研模式改革。各地要对教研员每学期到学校讲授示范课、公开课，组织研究课，开展听评课和说课活动等提出明确要求；建立教研员乡村学校、薄弱学校联系点制度，组织教研员到农村、贫困、民族、边远地区学校和薄弱学校持续开展教学指导，帮助乡村学校和薄弱学校提升教育教学质量。

四、加强教研队伍建设

9. *严格专业标准*。严格教研员准入制度。教研员一般应具备以下基本条件:(1)政治素质过硬。牢固树立“四个意识”，坚定“四个自信”，坚决做到“两个维护”，认真贯彻党的教育方针。(2)事业心责任感强。有教育理想和教育情怀，热爱教研工作，自觉为提高基础教育质量贡献智慧。(3)教育观念正确。遵循教育规律和学生身心发展规律，坚持德智体美劳全面培养，积极践行发展素质教育。(4)教研能力较强。具有扎实的教育理论功底，教学经验丰富，原则上应有6年以上教学工作经历，具有中级以上教师专业技术职称，在教育教学上取得优异成绩。(5)职业道德良好。遵守教研工作学术道德，作风民主，有较强的服务精神，善于听取和总结基层经验，勇于探索教育教学改革创新。各省级教育行政部门可从实际出发，进一步明确各级教研员准入条件。

10. *认真遴选配备*。严格按照专业标准和准入条件完善教研员遴选配备办法。建立专兼结合的教研队伍，省、市、县三级教研机构应按照国家课程方案配齐所有学科专职教研员，有条件的地方应分学段配齐所有学科专职教研员；各级教研机构可在中小学或其他相关机构聘请若干名符合条件的兼职教研员。优化教研队伍年龄结构，及时遴选优秀年轻教师充实教研队伍，保持教研队伍充满活力。建立专职教研员定期到中小学任教制度，教研员在岗工作满5年后，原则上要到中小学校从事1学年以上教育教学工作。对于不履行教研职责、违背教研员职业道德、不适宜继续从事教研工作的教研员，应及时调整出教研队伍。

11. *促进专业发展*。加强教研员培训，将其纳入教师“国培计划”，教育部每年组织骨干教研员国家级示范培训；省、市、县级教育行政部门要建立教研员全员培训制度，每位教研员每年接受不少于72课时的培训。各级教育行政部门和教研机构，要根据教育教学改革需要，设立若干重点研究项目，组织教研员开展课题研究，提高教研能力和教学指导水平。教研员专业技术职称原则上执行中小学教师职称系列，也可根据自身情况，选择社会科学研究系列；各地要充分考虑教研员岗位专业要求高、指导责任重的特殊性，适当提高教研机构专业技术高级岗位比例。依法依规保障教研员工资待遇，对作出突出贡献的教研员应予以表彰奖励。

五、完善保障机制

12. 加强组织领导。各地教育行政部门要高度重视教研工作，将其摆在更加突出的重要位置，切实加强工作指导，确保教研工作正确方向，及时研究解决教研工作中遇到的困难和问题，保障教研工作有效开展。要认真做好教研机构负责人和教研员的遴选配备工作。加强教研制度建设，抓紧完善教研工作体系，积极推进教研工作创新，加大对各地各校教研工作典型经验的宣传推广力度，促进教研工作科学化、专业化和规范化发展。

13. 加大经费投入。各级教育行政部门要把教研工作经费纳入本级教育事业经费预算，保障教研工作经费随教育事业的发展逐步增加，确保教研机构日常运转和组织开展重要教研课题研究的经费需要，并对学校开展教研工作给予经费支持。

14. 强化督导评估。教研工作要作为地方人民政府履行教育职责的重要内容，各地教育督导部门要将其纳入督导评估体系，重点督导评估教研工作方向、机构设置、队伍建设、条件保障和教研工作实效等。强化督导评估结果运用，将评估结果作为评价政府履行教育职责行为和对教研机构及教研员实施绩效奖励、评优评先等方面的重要参考依据。

教育部

2019 年 11 月 20 日